# GOLDMANN
## ARKANA

## Buch

Za Rinpoche begleitet uns auf einem Weg zur Erleuchtung, der fernab von Leistungsdruck liegt: Folgt man seinen Weisungen, so gibt es keine Veranlassung dafür, im Leben stets nach absoluter Perfektion zu streben, die immer unerreichbar sein wird. Anstatt verbissen und frustriert unseren Idealen hinterherzurennen, sollen wir uns lieber darauf konzentrieren, Freude und Glück zu erleben, und dabei die eigene Unvollkommenheit erst mal im Hintergrund lassen. Erleuchtung erlangen wir, wenn wir versuchen, die sechs großen Tugenden peu à peu in unseren Alltag zu integrieren: Großzügigkeit, Moral, Geduld, Fleiß, Konzentration und Weisheit. Wie das funktioniert, zeigt Za Rinpoche überzeugend, indem er buddhistische Weisheit mit seiner persönlichen, kritischen Sicht des Zeitgeistes verbindet und in einen modernen Kontext bettet. Er überwindet die Distanz zwischen Schüler und Lehrer und führt vor Augen, dass sich viele bereits auf dem Weg zur Erleuchtung befinden, ohne es zu ahnen: Es gibt keine Abkürzung, aber eine Hintertür!

## Die Autoren

Za Rinpoche ist tibetischer Mönch, der in einem Flüchtlingslager in Südindien aufwuchs. Bereits als sechzehnjähriger Schüler auf der Highschool wurde er vom Dalai Lama als die 6. Wiedergeburt des Za Choeje Rinpoche anerkannt. 1998 leitete er die »Mystical Arts of Tibet Cultural Tour« durch 60 Städte quer durch die USA und hielt Vorträge an 30 Universitäten. Er ist Mitbegründer der »Emaho Foundation«, einer Non-Profit-Organisation mit Sitz in Scottsdale, Arizona, die die tibetische Kultur dem Westen nahebringen will und humanitäre sowie spirituelle Projekte unterstützt. Za Rinpoche unterrichtet überall auf der Welt und gilt für viele Mönche als ihr geistiges Oberhaupt.

Ashley Nebelsieck ist Schriftstellerin und Abenteurerin. Sie studierte Kunstgeschichte und Religionswissenschaft an der Arizona State University und bereist die ganze Welt, um über heilige Plätze zu forschen und zu berichten – vom Vatikan bis zu den Pyramiden von Giseh, von Callenish auf den Äußeren Hebriden über Angkor Wat in Kambodscha bis hin zu vielen anderen Orten. Sie lebt und schreibt zurzeit in Scottsdale, Arizona.

Za Rinpoche
und Ashley Nebelsieck

# Durch die Hintertür zur Erleuchtung

Das Geheimnis
der Sechs Vollkommenheiten

Aus dem Englischen
von Burkhard Hickisch

GOLDMANN
ARKANA

Die amerikanische Originalausgabe erschien 2007 unter dem Titel
»The Backdoor to Enlightenment« bei Three Leaves Press, einem Imprint von
The Doubleday Broadway Publishing Group, einem Unternehmen
von Random House Inc., New York.

**FSC**
**Mix**
Produktgruppe aus vorbildlich
bewirtschafteten Wäldern und
anderen kontrollierten Herkünften

Zert.-Nr. SGS-COC-1940
www.fsc.org
© 1996 Forest Stewardship Council

Verlagsgruppe Random House FSC-DEU-0100
Das für dieses Buch verwendete FSC-zertifizierte Papier
*München Super* liefert Mochenwangen.

1. Auflage

Deutsche Erstausgabe Oktober 2008
© 2008 der deutschsprachigen Ausgabe
Wilhelm Goldmann Verlag, München
in der Verlagsgruppe Random House GmbH
© 2007 Za Choeje Rinpoche Lama und Ashley Nebelsieck
Published in agreement with the author, c/o Baror International, Inc.,
Armonk, New York, USA.
Umschlaggestaltung: Design Team München
Umschlagmotiv und -foto: getty-images
Lektorat: Gerhard Juckoff
WL · Herstellung: CZ
Satz: Greiner & Reichel, Köln
Druck und Bindung: GGP Media GmbH, Pößneck
Printed in Germany
ISBN 978-3-442-21803-5
www.arkana-verlag.de

# Inhalt

# Erwachen hier und jetzt

*Wenn du deinen Lebensweg gehst, stehst du irgendwann*
*vor einem tiefen Abgrund. Spring! Er ist nicht so breit, wie du denkst.*

INDIANISCHE WEISHEIT

»*Vollende das, was immer schon da war.*« Otto Mackenzie las die Worte über der massiven Tür. Er arbeitete nun schon seit einigen Jahren in der Bibliothek des philosophischen Forschungszentrums, hatte aber erst in diesem Moment die verblassten Worte bemerkt, die dort auf dem Türsturz in Stein gemeißelt worden waren. »Das werde ich«, versprach Otto, während er einen Stapel Vortragsankündigungen auf seinen langen Armen jonglierte. »Spätestens dann, wenn ich diese Sache hier erledigt habe, die ich bis drei Uhr geschafft haben sollte.« Er blickte auf seine Uhr; es war halb sechs. Er schloss seine blauen Augen, öffnete die Tür und atmete tief durch seine markante Nase ein.

Ihm fiel dabei auf, dass es der Geruch war, der ihn an seinem Arbeitsplatz hielt, trotz all der Auseinandersetzungen mit seiner Chefin, der Frau des Bibliotheksleiters.

Er verdiente wenig Geld, wurde niemals gelobt und musste manchmal auch an den Wochenenden arbeiten, aber jedes Mal, wenn er die Tür öffnete, wurde er von einem Aroma eingehüllt, das für ihn der traurigste und zugleich wunderbarste Duft der ganzen Welt war: Tausende uralter Bücher aus handgeschöpftem Papier mit antiken Lederbindungen zerfielen langsam in den Regalen. Das einzige Licht fiel durch ein Dachfenster. Es erleuchtete den feinen Staub in der Luft, während es durch die Regale strömte und sich auf dem großen Schreibtisch aus massiver Eiche niederließ, der mitten im Raum stand.

»Emma?«, rief Otto zögerlich in die dunklen Ecken der Bibliothek, in der Hoffnung, das Fehlen von elektrischem Licht und die geschlossene Bürotür deuteten darauf hin, dass seine Chefin bereits gegangen war. Sie würde erzürnt sein, dass er seinen Zeitplan nicht eingehalten hatte und die Ankündigungen erst einen Tag später rausgehen konnten; aber noch wütender wäre sie, wenn sie wüsste, dass die neue Bibliothekarin schon früh gegangen war und vergessen hatte, die Bibliothek abzuschließen. Doch bevor Otto das Licht einschalten konnte, um nach dem Ersatzschlüssel Ausschau zu halten, der in der Mahagonivertäfelung versteckt war, erschreckte ihn ein Geraschel in der Dunkelheit.

»Hallo?« Eine zaghafte Stimme rief nach ihm.

Otto ging die Wendeltreppe hoch in den ersten Stock, wo die junge Bibliothekarin vor einem hohen gläsernen Bücherschrank kauerte. »Du bist Hannah, stimmt's?«

Sie wischte sich das rotbraune Haar aus ihrem hübschen Gesicht und nickte. Otto bemerkte sofort, dass sie geweint hatte. Normalerweise hatte er nicht die Geduld für diese Art von Situation, aber als er sie so einsam und verlassen dort sitzen sah, bemerkte er plötzlich seine eigene Müdigkeit. Er setzte sich neben sie und legte den Stapel mit den überfälligen Ankündigungen auf den Holzfußboden. »Ich dachte, du wärst schon nach Hause gegangen«, sagte er zu ihr.

»Eine Bibliothekarin verlässt niemals ihren Posten«, schniefte sie.

»Hattest du eine Auseinandersetzung mit Emma, dieser blöden alten Kuh?«, wollte Otto wissen.

Hannah nickte. »Sie hat die Dürer-Stiche, die ich letzte Woche auf dem Dachboden gefunden habe, an einen privaten Sammler verkauft.« Sie drückte den Stapel Bücher, den sie gerade in die Regale und Vitrinen einsortierte, gegen ihre Brust, um Kraft zu schöpfen.

»Na ja, die Bibliothek braucht das Geld«, sagte Otto.

»Das habe ich auch gedacht, als ich ihr die illuminierte Handschrift gab, die ich hinter den Büchern von Francis Bacon gefunden habe, damit sie sie in den Tresor legt«, sagte Hannah. »Diese Bücher und Handschriften sollten für alle zugänglich sein. Aus diesem Grund hat Robert Drake die Bibliothek gegründet.«

»Wer weiß, vielleicht wären sie niemals gefunden worden, wenn du nicht angefangen hättest, hier zu arbeiten.«

»Vielleicht hat Robert Drake seine Schätze gezielt versteckt, weil er nicht wollte, dass sie verkauft werden, wenn er einmal nicht mehr da ist. Hast du die ganze Sache schon einmal aus diesem Blickwinkel betrachtet?«, fragte Hannah.

»Ja, das habe ich, und zwar öfter als du denkst«, sagte Otto.

»Er soll ja verschwunden sein, kurz nachdem die Wycombes gekommen sind, um ihm zu ›helfen‹, und nun verkaufen sie sein ganzes Zeugs?«

Otto musste lächeln, als er ihre Verschwörungstheorie hörte. »Ich habe ihn nie persönlich getroffen, aber ich nehme an, er war schon alt und krank – immerhin hat er die Bibliothek erst in seinen Vierzigern eröffnet. Das Wichtigste ist, dass sie weiterhin geöffnet bleibt. Ich weiß, dass er das gewollt hätte. Okay?«

Hannah nickte entschlossen und schüttelte ihr Selbstmitleid ab. Otto reichte ihr die Hand, um ihr auf die Beine zu helfen. Da sie nun nicht mehr so sehr von ihren Gefühlen überwältigt war, dachte sie plötzlich an ihre äußere Erscheinung in der Gegenwart des jungen Mannes. Sein durchschnittliches Aussehen wurde durch seine Sommersprossen und seinen schottischen Akzent kompensiert. Dies gab ihm, gepaart mit einer stillen Zurückhaltung, eine gewisse Autorität und machte ihn fast attraktiv.

Er nahm ihr ein paar Bücher aus der Hand. »Es ist nach fünf. Was hältst du davon, dass ich dir dabei helfe, diese Nachzügler einzusortieren, und wir diesen Ort dann so schnell wie möglich verlassen?«

»Die Bücher gehören in die Vitrine 32, unterstes Regal. Ein Mann war da und stellte Nachforschungen über Freimaurerei an. Er ließ mich den ganzen Tag lang die Treppen hoch und runterlaufen und leerte diese beiden Vitrinen fast vollständig aus.«

Hannah nahm das klimpernde Schlüsselbund vom Handgelenk und öffnete für Otto die untere Tür von Vitrine 32 und die Vitrine 33 direkt daneben.

»Sind das hier die Ankündigungen, die du erwähnt hast?«, fragte Hannah. Sie kniete dabei vor der Vitrine, um die Bücher wieder an den richtigen Platz zu stellen.

Otto starrte für einen Moment in die geöffnete Vitrine. Die Bücher waren in keiner erkennbaren Ordnung einsortiert. Da er die Arbeit schnell erledigen und nach Hause wollte, stellte er die Bücher, ohne etwas zu sagen, einfach dorthin, wo Platz war.

»Ja, das sind sie. Wenn Emma nicht noch in letzter Minute so viele Änderungen vorgenommen hätte, wären sie gestern schon fertig gewesen.«

»Das war meine Schuld«, gab Hannah zu und versuchte dabei, ein schmales Buch in die überfüllte Vitrine zu quetschen. »Sie hatte mich gebeten, mir das Ganze noch einmal anzuschauen, und ich fand ein paar Fehler – oh!« Zu ihrer Überraschung rutschte das Buch an den anderen Büchern vorbei und verschwand in einer dunklen Vertiefung. Sie setzte sich auf ihre Fersen und blickte verwirrt in die Vitrine. Sie hatte den Eindruck, als wäre das Buch in eine andere Welt verschwunden, aber dann erinnerte sie sich daran, wo sie war. Wahrscheinlich hatte sie gerade ein weiteres Versteck von Robert Drake gefunden. Es gab nicht nur Verstecke, die sie bereits kannte, und neue Verstecke, die sie täglich entdeckte – das ganze Gebäude schien mit ihnen übersät zu sein.

»Was ist?«, fragte Otto.

»Nichts«, sagte sie und war enttäuscht darüber, dass ihre Stimme nicht überzeugender klang.

»Komm schon, was war denn gerade los?«

Sie schaute ihn eindringlich an. Inspiriert von der Offenheit, die sie in seinem Blick sah, tat sie etwas, was sie sich eben noch geschworen hatte, nicht zu tun – sie weihte ihn in die Geheimnisse von Robert Drake ein. »Ich glaube, ich habe etwas gefunden, Otto.«

Als sie alle Bücher aus dem unteren Teil der Vitrine 33 herausgenommen hatten, wies sie Otto darauf hin, dass die Rückwand der Vitrine ein wenig abstand, und zwar gerade genug, um die dünne Ausgabe von Saint-Germains *Trinosophia* zu verschlucken. Behutsam fischte er das alte Buch aus der Tiefe und reichte es ihr.

»Ist dort noch etwas versteckt?«, wollte Hannah wissen.

»Ich habe keine Taschenlampe«, sagte Otto, womit er ihr klarmachen wollte, dass er nicht vorhatte, mit seiner bloßen Hand in das schwarze Loch zu greifen. Er machte Platz, um ihr die Möglichkeit zu geben, selbst ihr Glück zu versuchen. Sie zögerte keine Sekunde, und nachdem ihr Arm einen Moment lang ellbogentief in der Dunkelheit verschwunden war, brachte sie ein dünnes Bündel ans Tageslicht, das sorgfältig in braunes Papier eingepackt und verschnürt war. Auf der Verpackung stand in sauberer Handschrift: *Die Hintertür zur Erleuchtung*. Sie reichte es Otto.

»Wenn es so alt ist, wie es aussieht, dann könnten wir es schon allein dadurch beschädigen, dass wir es öffnen«, sagte er. »Aber Emma wird es auf jeden Fall öffnen, und wenn es etwas Wertvolles ist, wird sie es zu Gutenberg und all den anderen Sachen in den Tresor legen, die wir nicht zu Gesicht bekommen sollen.«

»Oder sie verkauft es gleich, ohne jemandem davon zu erzählen«, sagte Hannah. »In beiden Fällen würden wir niemals mitbekommen, um was es sich handelt.«

»Dabei hast du es gefunden«, erinnerte Otto sie. »›Die Hintertür zur Erleuchtung‹, was soll das bedeuten?«

»Öffne die Verpackung«, sagte Hannah. »Wir werden Emma den Inhalt morgen früh geben.«

Otto knotete die alte Schnur auf und entfernte die Verpackung. Im Innern befand sich eine Reihe wunderschön bemalter, pergamentähnlicher Blätter, die ungefähr zehn Zentimeter hoch und 50 Zentimeter breit waren. Die goldene Schrift auf dem schwarzen Hintergrund wirkte fremdartig; vielleicht handelte es sich um Tibetisch oder Sanskrit, schlussfolgerte Hannah auf dem Hintergrund dessen, was sie über Kunstgeschichte wusste. Auf jedem Blatt war ein Nomade oder eine Lotosblüte und auf der letzten sogar ein goldenes Rad abgebildet.

»Sie sind sicher von unschätzbarem Wert«, sagte Hannah. »Ich wünschte, ich könnte sie lesen.«

»Schau nur«, machte Otto sie aufmerksam, als er die Verpackung genauer untersuchte. Geschrieben in einem alten Schrifttyp, kam eine Übersetzung zum Vorschein. »Hier steht etwas auf Englisch.«

Sie hockten sich in der immer dunkler werdenden Bibliothek nebeneinander und lasen schweigend eine Geschichte, die nur wenige Menschen jemals zu Gesicht bekommen hatten.

*Vor langer Zeit stieß ein Nomade, müde vom Wandern durch die Wüste, auf eine kleine Oase. Unter einem prächtigen Baum funkelte eine klare Quelle im Sonnenlicht, auf der eine weiße Lotosblüte schwamm. Viele Male tauchte er seine Hand in das scheinbar bodenlose Wasser und führte es zum Mund. Es war der süßeste, wunderbarste Nektar, den er jemals gekostet hatte. Auf einen Schlag spürte er eine große Erleichterung. Ohne seinen Durst sah er die Welt in einem anderen Licht. Er fühlte sich wohl und zufrieden und schwitzte nicht länger unter der heißen Sonne. Dies muss wirklich eine heilige Quelle sein, dachte er.*

*Er war sehr großzügig, denn sein erster Gedanke war, die Quelle mit allen anderen Menschen zu teilen. Und so fing er an, seinen Freunden von seiner Entdeckung zu erzählen. Sie hörten begeistert* von der klaren Quelle und dem wunderschönen Lotos und folgten ihm voller Neugier. Als sie die Quelle schließlich mit ihren eigenen Augen sahen, bestätigten sie das, was der Mann behauptet hatte. »Wir glauben, dass du die heiligste aller Quellen gefunden hast.«

»Trinkt«, forderte der Mann sie auf und reichte ihnen einen Becher.

»Wir können nicht aus dieser Quelle trinken«, waren sich die Anwesenden einig.

»Warum nicht?«, fragte der Mann. »Das Wasser ist köstlich.«

»Das bezweifeln wir nicht«, sagte ein Freund, »aber sie ist heilig.«

»Wir sollten ein wenig mehr Abstand halten«, sagte ein anderer Freund, »damit wir sie nicht verschmutzen.«

»Gute Idee«, sagten die anderen und wichen gleichzeitig einen Schritt zurück.

»Ihr könnt die Quelle nicht verunreinigen«, sagte der Mann. »Sie ist viel zu tief.«

»Wonach schmeckt sie?«, wollte ein anderer Freund von ihm wissen.

»Warum soll ich es dir beschreiben?«, sagte der Mann, ein wenig verärgert. »Probier ihr Wasser doch einfach selbst!«

»Wir müssen uns erst reinigen. Aber du hast von diesem heiligen Nektar, ohne zu zögern, getrunken. Du musst heilig sein.«

»Nein, ich bin nur jemand, der trinkt, wenn er durstig ist. Ihr seid alle frei, das zu tun, was ihr tun wollt. Ich halte nach denjenigen Ausschau, die Durst haben, und biete ihnen an, von der Quelle zu trinken.«

»Gut«, sagte ein Freund. »Du gehst los und wir bleiben hier und passen auf die Quelle auf.«

Schockiert, dass seine durstigen Freunde die Quelle lieber beschützen als aus ihr trinken wollten, zog er los, um Menschen zu finden, die sich nicht so merkwürdig verhielten. Schon bald traf er in der Wüste weitere durstige Menschen, denen er von seiner Entdeckung berichtete. Einige folgten ihm zur Lotosquelle. Dort angekommen, musste er feststellen, dass die Quelle von einem ordentlichen Holzzaun umgeben war. Seine Freunde waren in tiefer Kontemplation.

»Unser heiliger Meister ist wieder da«, sagten sie.

»Hört nicht auf die da«, ermahnte der Mann die Neuankömmlinge. »Vor euch ist der Grund, warum ihr hier seid. Probiert dieses Wasser«, sagte er und ging zur Quelle.

»Heiligen Plätzen«, sagte ein Freund, »darf man sich nur von Norden her nähern.«

»Und Normalsterbliche müssen immer ihre Schuhe ausziehen«, sagte ein anderer. »Wir müssen der heiligen Quelle unsere Demut zeigen.«

Die Neuankömmlinge waren für diese wichtige Information sehr dankbar. Sie beeilten sich, ihre Schuhe auszuziehen, und verbeugten sich.

Dann sprach einer von ihnen zur Gruppe: »Sollten wir einen so heiligen Ort nicht besser schützen als mit einem schwachen Holzzaun?« Sie kamen überein, so schnell wie möglich eine Steinmauer zu errichten.

Der Nomade versuchte den Quellenanbetern aus dem Weg zu gehen, aber jedes Mal, wenn er zum Trinken zurückkehrte, hielten sich mehr Menschen in der Oase auf. Sie führten komplizierte Rituale auf und rezitierten lange Beschwörungsformeln. Schließlich bauten sie einen großen Tempel und noch eine Mauer, um die heilige Quelle zu schützen. Dort, wo früher nur eine kleine Wüstenoase war, stolzierte nun eine priesterliche Wache vor dem großen Gebäude auf und ab.

*Reisende mit spirituellen Neigungen machten die Nektarquelle im ganzen Land bekannt. Man sagte, dass ihr Wasser alle Krankheiten heilen könne. Sobald man von ihr getrunken habe, würde man ewig leben, sagten andere. Alle stimmten darin überein, dass die Quelle denjenigen, die von ihr tranken, Frieden und Glück brächte. Aber niemand hat sich ihr jemals auch nur genähert.*

*Der Nomade konnte sich darüber nur immer wieder wundern. Er ging ruhigen Schrittes durch die Menschenmenge, durchquerte das Tor, die Mauern, die Tempelanlagen und schritt direkt auf die Quelle zu, wo er in Frieden Platz nahm und ausgiebig trank.*

*Auf seinem Weg zurück in die Wüste bettelten die Menschen, die sich um den Tempel versammelt hatten, ihn an, ihnen doch mitzuteilen, wie sie zur Quelle gelangen könnten. Er antwortete dann: »Ich habe einfach alle Hindernisse überwunden.«*

*Die Menschen nickten begeistert. »Dieser Mann weiß wirklich, wovon er spricht«, sagten sie. Da sie seine Worte nicht verstanden, wurden Legenden über ihn geschrieben.*

*Die Jahre vergingen, und die heiligen Männer zeichneten Karten und beschrieben im Detail, wie die Labyrinthe von Mauern und Hindernissen ihrer Meinung nach überwunden werden konnten, um im Inneren die Lotosquelle des Nomaden zu erreichen. Der Nomade wurde sehr alt. Kurz bevor er starb, wiederholte er die Wahrheit, bei der er immer geblieben war: »Trinkt von dem köstlichen Wasser. Schert euch nicht um die Mauern und Wachen, geht einfach an ihnen vorbei. Sie können euch nicht von der Quelle fernhalten.«*

*Alle waren der Meinung, dass seine Worte eine tiefe Bedeutung hatten, und als der heiligste aller Menschen starb und das Geheimnis der Lotosquelle mit ins Grab nahm, verharrten sie in andächtiger Stille.*

*Viele Jahre später kam ein anderer Mann, um das Geheimnis zu lüften. Dieser Mann suchte nicht mehr nach Wasser, um den Durst der Welt zu stillen, sondern nach Erleuchtung, um ihr Leiden zu lindern – und er fand sie. Aber ähnlich wie im Fall des Nomaden in der Wüste errichteten die Menschen nach ihm Mauern und Hindernisse um seine Entdeckung. Wie die Lotosquelle in der Wüste hat die Erleuchtung jedoch eine Hintertür: das Geheimnis der Sechs Vollkommenheiten. Diese Verse offenbaren das Geheimnis.*

Otto drehte das Blatt um, aber die Rückseite war leer.

»Das war's«, sagte er.

»Es ist sehr schwer, an vollständige Manuskripte von solchen alten Texten zu kommen. Drake hat auf seinen Reisen bestimmt nur diese paar Blätter gekauft. Dennoch sind sie wahrscheinlich ein Vermögen wert. In der Manuskriptsammlung gibt es massenweise solche Fragmente. Ich katalogisiere sie schon seit Wochen. Keines war jedoch so alt oder so schön aufgemacht«, sagte Hannah.

»Ich habe auf dem College Theologie studiert«, sagte Otto, »aber von dieser Geschichte habe ich nie gehört. Sie muss buddhistischen Ursprungs sein. Die Sechs Vollkommenheiten sind Eigenschaften, die man vervollkommnet haben muss, um Erleuchtung zu erlangen. Zu ihnen gehören Selbstlosigkeit, Sittlichkeit ... ich erinnere mich nicht mehr an alle.«

»Die Schrift ist Tibetisch. Ich war mir zuerst nicht sicher. Siehst du die Punkte zwischen den einzelnen Wörtern?«

»Ja! Was ist, wenn der Text echt ist? Wenn es sich wirklich um Anweisungen handelt, die uns sagen, wie man erleuchtet wird?«, sagte Otto.

»Mithilfe der Sechs Vollkommenheiten? Otto, du hast eben behauptet, dass sie bereits bekannt sind. Wie kann es sich da um ein Geheimnis handeln?«

»Es muss etwas geben, auf das noch niemand gekommen ist. Ich bin kein Experte, aber ich habe noch nie von der *Hintertür zur Erleuchtung* gehört. Kannst du dir vorstellen, was das ist? Kannst du die Welt so sehen, wie sie Jesus, Buddha und viele andere spirituelle Meister wahrgenommen haben?«

»Wir können nur Mutmaßungen anstellen«, sagte Hannah, während sie die anderen Bücher zurück in die Vitrine 33 stellte, »weil wir den Rest des Manuskripts nicht kennen. Und morgen um diese Uhrzeit wird es schon im Tresor liegen.« Um diesen Punkt zu unterstreichen, schloss sie demonstrativ die Vitrine ab und erhob sich.

»Oder bereits verkauft sein«, erinnerte sie Otto.

»Oder bereits verkauft sein«, wiederholte Hannah traurig, während sie die losen Blätter zusammenlegte und behutsam wieder einwickelte.

»Gib mir einen Tag«, rief Otto aus, bevor er über seine Worte nachdenken konnte. Er ließ – ebenso wie Hannah – seinen Ausruf kurz auf sich wirken und fuhr dann fort: »Wir wissen, dass Drake gerne Sachen versteckte. Er könnte daher den anderen Teil des Manuskripts woanders versteckt haben. Wenn wir nicht jahrelang warten wollen, bis jemand zufällig darauf stößt, bleibt uns nichts anderes übrig, als seine Übersetzung noch einmal genau zu studieren.«

»Dann gehen wir davon aus, dass er den Rest des Manuskripts ebenfalls gehabt hat«, sagte Hannah. »Was führt dich zu dieser Annahme? Warum hätte er das Manuskript aufteilen sollen?«

»Wenn jemand hinter das Geheimnis der Erleuchtung gekommen sein sollte, dann war es Drake. Immerhin hat er eine ganze Bibliothek eingerichtet, damit wir der Weisheit auf die Schliche kommen können. Wenn er ein solches Geheimnis hatte, wird er Hinweise hinterlassen haben, damit auch andere es lüften können. Aber es macht auch Sinn, das Manuskript aufzuteilen. Wenn jemand zufällig auf diesen Teil stieß, wäre er ohne die Geheimnisse der Sechs Vollkommenheiten wertlos, und umgekehrt vielleicht genauso. Gib mir einen Tag, um über alles nachzudenken.«

»Einen Tag?«, fragte Hannah. Sie wusste nicht recht, warum sie sich darauf einließ, aber seine Begeisterung hatte sie offensichtlich angesteckt. Jetzt war sie ebenfalls gespannt und neugierig, den Rest des Manuskripts zu finden.

»Versprochen«, sagte Otto. »Wir schaden niemandem, wenn wir einen Tag warten. Ich mache eine Kopie der Übersetzung, und dann verstauen wir die Blätter in der Manuskriptsammlung bei den anderen wertvollen Texten. Sie sind dort gut aufgehoben.«

»In Ordnung«, stimmte Hannah zu.

Otto brachte das Bündel nach unten. Er dachte daran, wie anders alles sein würde, sobald er den fehlenden Teil gefunden hätte. Manche Menschen widmen ihr ganzes Leben der Erleuchtung. Otto stellte sich vor, wie er jetzt schon als junger Mensch über die Weisheit der Heiligen verfügen würde. Erfolgsträume durchströmten seinen Geist, während er die Übersetzung kopierte.

Oben auf der Treppe fiel Hannahs Blick auf Drakes Porträt. Seine blauen Augen schauten sie aus einem blassen Gesicht an, sein schwarzes Haar war in Wellen zurückgekämmt. *Wir werden dein Geheimnis noch einen Tag für uns behalten*, versprach Hannah dem eindrucksvollen Bild.

Von diesem Blickwinkel aus fiel ihr auf, dass sich die Vitrine 33 direkt über dem Porträt befand und dass oberhalb der Vitrine eine Buddhastatue in einer großen Nische stand und friedfertig auf sie herabblickte. Durch das Dachfenster sah sie die Sterne im klaren Abendhimmel funkeln.

*Die Hintertür zur Erleuchtung*, dachte Hannah. Konnte es tatsächlich so etwas geben?

## Erwachen hier und jetzt aus erleuchteter Sicht

Was glauben Sie, wie sich Ihr Leben anfühlen würde, wenn Sie erleuchtet wären? Würden alle Ihre Gebete erhört? Hätten Sie alles, was Sie sich jemals wünschten? Wären Sie vollkommen glücklich? Würden Sie die Geheimnisse des Universums verstehen und die Rätsel des Lebens lösen? Vielleicht könnten Sie Krieg und Leiden beenden, wenn Sie erleuchtet wären. Vielleicht könnten Sie auch allen anderen helfen, selbst erleuchtet zu werden. Stellen Sie sich all diese Möglichkeiten vor! Was hält Sie in diesem Moment von der vollkommenen Erleuchtung ab? Wenn Sie sich eine geheime Hintertür vorstellen, mit deren Hilfe Sie Ihr Potenzial verwirklichen, Ihre Träume leben, sich der Glückseligkeit öffnen könnten, hätten Sie dann den Mut, diese Tür auch zu benutzen? Sie halten jetzt den Schlüssel für diese Hintertür in den Händen.

Jede Religion oder Philosophie hat eine Theorie, wie man

Vollkommenheit, Glück und inneren Frieden finden kann und welche Menschen es aus welchen Gründen verdienen. Ob wir nach diesem Leben erleuchtet werden oder Erleuchtung erst nach vielen Lebensspannen harter Arbeit erlangen, wir wissen alle, dass wir glücklicher, verständnisvoller und ausgeglichener sein können. Vielleicht haben wir nicht genau dieselbe Definition von Vollkommenheit, aber wir wissen, dass wir diesen Zustand noch nicht erreicht haben.

Wenn wir optimistisch sind, reden wir uns ein, dass ein Erleuchteter schon einmal in Indien oder im Nahen Osten oder in Utah gelebt hat und wir selbst ein erleuchtetes Leben führen könnten, wenn wir uns nur genug anstrengen würden. Denn in einer Sache sind wir uns alle einig: Wenn es Erleuchtung gibt, dann entweder in der Vergangenheit oder irgendwann in der Zukunft. Unser Verstand hat die Erleuchtung komplett aus der Gegenwart verbannt. Wie konnte das geschehen?

Nach der Wahrheit zu suchen, ist irgendwie mit Angst verbunden. Was ist, wenn uns das nicht gefällt, was wir vielleicht finden? Das Dasein ist so unermesslich, dass wir uns fürchten, wir könnten uns selbst verlieren, wenn wir uns zu sehr darauf einlassen. Vielleicht glauben wir auch aus Bescheidenheit, dass so etwas wie Erleuchtung grundsätzlich außerhalb unserer Möglichkeiten liegt. Wir haben Schwächen und machen Fehler – wie kann da Erleuchtung auch für so durchschnittliche Menschen wie uns gemeint sein? Aus Pietät gegenüber unseren geistigen Vorbildern haben wir ihre Errungenschaften und ihre Weisheit auf ein Podest gehoben und dabei vergessen, dass sie ein Beispiel gesetzt haben, dem *andere nachfolgen sollen*.

Eines dieser geistigen Vorbilder, Siddharta Gautama, der

Buddha, war kein Gott, kein Prophet oder Messias, sondern ein ganz normaler Mensch wie wir, der durch eigene Anstrengung zur Erleuchtung gelangte. Das Wort *Buddha* stammt aus dem Sanskrit und bedeutet »Erleuchteter« oder »Erwachter«. Siddharta wurde vor 2500 Jahren in Nordindien in die reiche Königsfamilie des Shakya-Clans geboren.

Bei seiner Geburt sagte ein Astrologe voraus, dass er entweder ein großer König werden oder den Palast verlassen würde, um sich auf die spirituelle Suche zu begeben. Siddhartas Familie wollte nicht, dass ihr geliebter Sohn den Palast verließ, und daher sorgte sie dafür, dass es ihm an nichts fehlte. Der König erfüllte Siddharta jeden Wunsch und verbarg die harten Lebensbedingungen außerhalb der Palastmauern vor ihm. Dennoch wurde Siddharta wie viele, die mit Luxus gesegnet sind, immer unzufriedener und begann sich zu fragen, ob er nicht sein Leben vergeudete.

Eines Tages schlich er sich aus dem Palast in die angrenzende Stadt und sah Krankheit, Alter und Tod. Schockiert von den harten Bedingungen des Daseins, fühlte er sich getrieben, nach der wahren Bedeutung des Lebens zu suchen. Mit 29 Jahren traf Siddharta die kühne Entscheidung, sein behütetes Leben hinter sich zu lassen und als Wahrheitssucher umherzuziehen. Er suchte spirituelle Meister auf, die ebenfalls nach der letzten Wahrheit suchten. Er probierte viele Methoden aus und versagte sich jeden Komfort in der Hoffnung, dass ihn dieser Pfad zur Erleuchtung führen würde. Er studierte die besten spirituellen Schriften seiner Zeit und wusste dennoch nicht, wie er dem Leiden entkommen konnte. Alle religiösen Autoritäten sagten ihm, er müsse noch viele Leben warten, bis er glücklich sein würde, und dass nur die Götter frei von Leid wären. Siddharta aber gab sich mit dieser Antwort nicht zufrieden, und auch wir sollten es nicht tun.

Nachdem er sechs Jahre lang alles, was er lernen konnte, von den asketischen Meistern und ihren Methoden gelernt hatte, war er davon überzeugt, dass der Versuch, durch radikale körperliche Maßnahmen erleuchtet zu werden, sinnlos ist. Siddharta beschloss stattdessen, allein die Erleuchtung jenseits der physischen Welt zu suchen, indem er seinen eigenen Geist benutzte. In einem Hain am Ufer des Niranjana in Bodh Gaya setzte er sich unter einen großen Feigenbaum und schwor, alle Anstrengungen und alle Erwartungen loszulassen. Während er so in tiefer Meditation saß, wurde ihm Schicht für Schicht die wahre Natur der Wirklichkeit offenbar. Als der Morgenstern am östlichen Horizont aufging, verstand er die Ursache allen Leidens und wusste, wie man es beenden konnte. In diesem Moment erlangte er Erleuchtung, den vollständig erwachten Zustand. Alle Antworten, nach denen er gesucht hatte, hatten sich ihm offenbart, und er fühlte eine tiefe Erkenntnis der Wahrheit, die er nicht mit Worten ausdrücken konnte; er lachte einfach nur.

Als ihn Jahre später ein Schüler fragte, warum er gelacht habe, erklärte er ihm, dass er so lange nach der Erleuchtung gesucht hatte und schließlich feststellen musste, dass sie immer schon da gewesen war. Nach all den Bemühungen, Versuchen und Schmerzen erkannte er, dass sich die Welt des Leidens von der Welt der Erleuchtung nur durch einen Wandel in seinem Bewusstsein unterschied. Nach außen hin war er die gleiche Person, aber er sah die Welt in einem anderen Licht.

In der Meditation identifizierte er sechs Eigenschaften, die für seinen perfekten Zustand ausgeglichenen Glücks verantwortlich waren: Selbstlosigkeit, Sittlichkeit, Geduld, Streben, Meditation und Weisheit – die Sechs Vollkommenheiten. Mehr als 2000 Jahre später beten immer noch Millionen von Menschen jeden Tag, durch Vervollkommnung dieser Eigenschaften erleuchtet zu werden, um anderen fühlenden Wesen helfen zu können, glücklich und frei von Leiden zu sein.

Im Laufe der Jahre haben viele Gelehrte den Pfad der Vollkommenheit analysiert und verschiedene Wege vorgeschlagen, um frei von Leid zu sein. Aber welche Methode auch immer sie uns nach jahrelanger harter Arbeit als die wirkungsvollste vorschlugen, wir konnten immer nur hoffen, ein Leben in Glückseligkeit zu führen, nachdem wir uns *Tausende* von Leben darum bemüht haben. Selbst für die geduldigste Person ist dies eine schrecklich lange Zeit, um auf das Glück zu warten. Und was ist, wenn wir keine Geduld haben oder nicht mit Sicherheit sagen können, ob wir nur noch ein Leben oder Millionen von Leben vor uns haben? Selbst wenn wir an ein himmlisches Leben nach dem Tod glauben, wäre es trotzdem schön, auch jetzt schon glücklicher zu sein. Die Gelehrten scheinen immer die Tatsache zu übersehen, dass auch der Buddha *jetzt* in Frieden leben und frei vom Leid sein wollte.

Die Sechs Vollkommenheiten sind keine Charaktereigenschaften, die Buddha erworben oder entwickelt hat; sie existierten vielmehr schon die ganze Zeit in ihm. *Es handelt sich um angeborene Eigenschaften, die wir alle besitzen.* Buddhas Einsicht bestand darin, diese Eigenschaften zu erkennen und ihre Bedeutung für seine eigene Erleuchtung zu erfassen. Im Tibetischen bedeutet das Wort Vollkommenheit wörtlich »zur anderen Seite hinübergehen«, »über etwas hinausgehen« oder »den Ausgleich finden«. Als der Buddha erkannte, wie diese Eigenschaften sein gesamtes Dasein durchdrangen, begab er sich mental von der Welt des Leidens in die Welt der Erleuchtung. Er war über die Begrenzungen der physischen Welt, über die Vorstellung von Gut und Böse hinausgegangen, um einen vollkommen ausgeglichenen Zustand zu erlangen – die vollkommene Gelassenheit. Dieses Buch soll Ihnen helfen, über Ihre Begrenzungen hinauszugehen und in eine Welt des Friedens und der Erleuchtung einzutauchen, indem Sie erkennen, dass die gleichen Eigenschaften auch schon in Ihnen vorhanden sind.

Für den Buddha waren die Sechs Vollkommenheiten die Bohlen einer natürlichen Brücke, die wir benutzen können, um den Ozean des Leidens zu überqueren und in den Zustand der Erleuchtung einzutreten. Wir aber haben bestimmte Regeln mit dieser Brücke verknüpft, wodurch jeder Schritt zu einer weiteren unüberwindbaren Hürde wird. Anstatt die grundlegende Natur dieser Eigenschaften zu würdigen, sind wir besessen von ihren physischen Manifestationen und verbinden extreme Vorstellungen mit Vollkommenheit und Erleuchtung, wie zum Beispiel:

- Wir können nicht erleuchtet werden, bevor wir nicht auf vollkommene Weise selbstlos sind, glücklich darüber, einem hungrigen Hund als Futter zu dienen. Wenn uns das unmöglich erscheint, sind wir noch nicht reif für die Erleuchtung.

- Wir können nicht erleuchtet werden, bevor wir nicht eine vollkommene Moral entwickelt haben und alle Vorschriften befolgen, die die Gesellschaft uns auferlegt, selbst wenn diese sich jeden Tag ändern. Wenn wir uns nicht an alle Regeln halten, werden wir niemals Erleuchtung erlangen.

• Wir können nicht erleuchtet werden, bevor wir nicht vollkommen geduldig sind und so lange glücklich auf den Eintritt ins Nirwana warten, bis jede andere Person auf dieser Welt vor uns erleuchtet ist. Wenn wir diese vollkommene Geduld nicht aufbringen, sind wir noch nicht reif für die Erleuchtung.

• Wir können nicht erleuchtet werden, bevor unser Streben nicht vollkommen ist und wir mit jeder Arbeit zufrieden sind und niemals ermüden. Wenn wir müde und unzufrieden werden, sind wir noch nicht reif für die Erleuchtung.

• Wir können nicht erleuchtet werden, bevor unsere Meditation nicht vollkommen ist. Unser Geist darf sich niemals von der Kontemplation des Absoluten abwenden. Wenn wir zu sehr in die Welt um uns herum verstrickt sind, sind wir noch nicht reif für die Erleuchtung.

• Wir können nicht erleuchtet werden, bevor wir nicht vollkommen weise sind. Wir sind nicht allwissend und daher offensichtlich auch nicht wert, erleuchtet zu sein.

Wenn Sie ähnliche Ansichten haben, dann klingt Erleuchtung mehr nach einem Straflager als nach dem Paradies. Es ist kein Wunder, dass sich niemand beeilt, dorthin zu kommen. Wer könnte all diesen Anforderungen gerecht werden?

Der historische Buddha verließ unangekündigt Frau und Kind in der Nacht, um Befreiung vom Leiden zu suchen. Was hat das mit Selbstlosigkeit, Sittlichkeit und Geduld zu tun? Der Buddha war so erleuchtet, wie man es nur sein konnte, und dennoch war er immer noch ein Mensch. Lassen Sie es nicht zu, dass Ihnen Gelehrte oder Fanatiker etwas anderes erzählen. Buddha war ein Mensch, genau wie Sie. Genau wie Sie wollte er frei vom Leiden sein. Sie glauben nicht daran, dauerhaft glücklich sein zu können, weil Sie nicht an das allgemein akzeptierte Modell der Vollkommenheit heranreichen? Auch Buddha erfüllte nicht die Erwartungen. Der einzige Unterschied besteht darin, dass er über diese Erwartungen hinausging.

Auch wir müssen über diese vereinfachenden Erwartungen einer Vollkommenheit unseres Körpers und unseres Verhaltens hinausgehen. Die populären buddhistischen Interpretationen der Sechs Vollkommenheiten – Selbstlosigkeit, Sittlichkeit, Geduld, Streben, Meditation und Weisheit – gelten alle als Eigenschaften, an denen wir arbeiten müssen. Sie werden alle als wertvoll angesehen und sind dennoch alle nur Ideen, die wir uns im Geist erschaffen haben.

Aber wenn wir über die physischen Manifestationen dieser Eigenschaften hinausschauen, stellen wir fest, dass ihr wahrer Kern – Unbeständigkeit, Freiheit, Kausalität, Intention, Sein und Einheit – aus grundlegenden Eigenschaften besteht, die wir alle von Natur aus besitzen. Wir stellen Ihnen diese »Hintertür«-Vollkommenheiten in unserem Buch vor. Niemand hat sie erfunden. Sie müssen nichts tun, um sie zu erwerben. Sie müssen nicht an ihnen arbeiten. Wenn Sie einfach von ihrer Existenz überzeugt sind und ein bisschen darüber nachdenken, werden sie feststellen, dass uns noch eine andere grundlegende Eigenschaft angeboren ist: Erwachen. Sobald wir über die physische Manifestation dieser sechs Eigenschaften hinausschauen, finden wir etwas Erstaunliches: einen Führer zu unserer wahren Natur, einen längst vergessenen Wegweiser, der uns Schritt für Schritt zum größten Schatz auf der Welt führt – einem erleuchteten Bewusstsein.

Dies ist kein buddhistisches Buch und noch nicht einmal ein religiöses Buch. Es ist ein Buch darüber, die Welt ohne irgendwelche Begrenzungen zu sehen. Es ist ein praktisches Handbuch, um hier und jetzt unser volles Potenzial zu leben – und zwar unabhängig von Religion, Wohnsitz und Einkommen. Es handelt von Dingen, auf die wir alle ein Anrecht haben: Frieden, Fülle, Freiheit, die Früchte unserer Arbeit und unseren freien Willen. Wir alle haben das Recht, uns als Teil einer globalen Gemeinschaft zu betrachten. Wir haben das Recht, einfach nur zu existieren. Diese Rechte für uns einzufordern, kann unser Leben für immer verändern.

Der Nomade in der Wüste hatte Durst und daher trank er einfach. Buddha wollte aus dem Traum des Leidens erwachen und daher erlangte er Erleuchtung. Er kämpfte jahrelang um sie, aber als er schließlich aufhörte, sich mit den Ablenkungen und Versuchungen der physischen Welt herumzuschlagen, setzte er sich einfach hin und wurde erleuchtet.

## Durch die Hintertür: Erwachen hier und jetzt

Wir träumen alle von einem besseren Leben. All die Dinge, die Sie jemals für erstrebenswert gehalten haben – Glück, liebevolle Beziehungen, Gesundheit, Fülle, Gelassenheit –, sind Eigenschaften der Erleuchtung und kennzeichnen unser volles Potenzial, das uns bislang unzugänglich erschien.

Im Abschnitt »Durch die Hintertür«, dem vorletzten Teil eines jeden Kapitels, können Sie das anwenden, was Sie gelernt haben, um Ihr Leben konkret zu verändern. Benutzen Sie die Hintertür, um das zu erreichen, was Sie sich wünschen. Vergrößern Sie Ihr Verstehen, Schritt für Schritt, Kapitel für Kapitel. Selbst wenn Sie nicht wissen, was Sie eigentlich wollen, können Sie die Vorschläge, die wir Ihnen im Abschnitt »Durch die Hintertür« geben, dafür nutzen, um Ihr allgemeines Wohlbefinden zu steigern, Ihre Nöte zu überwinden und sich innerlich für Glück und Wohlstand zu öffnen.

Um ein erleuchtetes Leben zu führen, müssen Sie keinen Regeln folgen, Ihr Verhalten nicht radikal verändern und auch keinen neuen Glauben annehmen. Sie können das erleuchtete Sein mit Ihren eigenen Augen wahrnehmen und mit Ihrem eigenen Geist verstehen. Sie müssen nichts weiter tun als aufwachen. Brauchen Sie dazu ein wenig Hilfe?

Während Otto und Hannah die verschwundenen Blätter wiederfinden, werden wir uns mit dieser alten Weisheit beschäftigen und Wege erkunden, um die Welt mithilfe dieser Weisheit zu verändern. Aber danach liegt es ganz an Ihnen, selbst ein erleuchtetes Leben zu führen.

## ERWACHEN HIER UND JETZT
## AUF DEN PUNKT GEBRACHT

*»Schert euch nicht um die Mauern und Wachen, geht einfach an ihnen vorbei. Sie können euch nicht von der Quelle fernhalten.«*

**Die Hintertür zur Erleuchtung** ist eine Methode, erleuchtet zu werden, indem Sie erkennen, dass sechs vollkommene Eigenschaften bereits in Ihrem Leben und Ihrer Umwelt existieren.

### Durch die Hintertür

All die Dinge, die Sie jemals für erstrebenswert gehalten haben – Glück, liebevolle Beziehungen, Gesundheit, Fülle, Gelassenheit –, sind Eigenschaften der Erleuchtung und kennzeichnen unser volles Potenzial. »Durch die Hintertür« ist ein Prozess, um mithilfe dieser Wahrheiten Ihr Leben Schritt für Schritt zu transformieren.

### Vorteile und Nutzen

Die Hintertür zur Erleuchtung
• bietet unmittelbares Erwachen,

- ist eine Methode der Selbstverbesserung, die auf keinem Glauben, keiner Mystik oder Religion beruht,
- kann benutzt werden, um jedes Ziel zu erreichen, das Sie anstreben: Glück, Gesundheit, Liebe, Fülle, Ruhm und Erleuchtung.

**Fazit**

Um ein erleuchtetes Leben zu führen, müssen Sie keinen Regeln folgen, Ihr Verhalten nicht radikal verändern und auch keinen neuen Glauben annehmen. Sie können die Welt der Erleuchtung mit Ihren eigenen Augen wahrnehmen und mit Ihrem eigenen Verstand interpretieren.

## Kapitel 1

# Die Hintertür aufschließen

*Ist die Welt voller Leid,*
*so ist sie doch auch voller Beispiele für dessen Überwindung.*

HELEN KELLER

»Aua!« Hannah stellte den Teekessel ab, legte den verschlissenen Topflappen beiseite und führte den verbrannten Finger an ihre Lippe. »Zu dumm«, murmelte sie in den Telefonhörer, den sie zwischen Schulter und Wange eingeklemmt hatte. Sie spannte das Kabel bis zur Spüle, wo sie ihren Finger in kaltes Wasser hielt.

»Was?«, beschwerte sich eine Stimme am anderen Ende der Leitung.

»Ich meine nicht dich, Mom. Ich habe mich gerade verbrannt.« Hannah blickte durch das laufende Wasser auf ihren Finger und sah, wie sich eine Blase bildete.

»Schmier Butter auf den Finger«, empfahl ihre Mutter.

Hannah lächelte. »Gute Idee«, sagte sie, obwohl sie wusste, dass es keine gute Idee war. Aber es hatte keinen Sinn, sich mit ihrer Mutter zu streiten. Da sie nun endlich ihre eigene Wohnung hatte – ihre eigene kleine Fünfzigerjahre-Küche mit einem Teekessel aus zweiter Hand, an dem sie sich ihre eigenen Finger verbrennen konnte –, konnte sie es sich leisten, Nachsicht mit ihrer Mutter zu haben. Sie hatte endlich die Freiheit, das zu tun, was sie tun wollte. »Aber du wolltest gerade etwas erzählen. Was ist mit Dad?«

»Der Arzt meint, deinem Vater ginge es nicht so schlecht, wenn er mehr Rücksicht auf seinen Zucker genommen hätte.«

»Wirklich? Jeder weiß doch, dass Ärzte die schlechtesten Patienten sind.«

»Er will ihn operieren.«

»Wen, Dad? Da hat er sich den Falschen ausgesucht. Dad würde niemals einwilligen, unters Messer zu kommen. Auf eine Operation wird er sich niemals einlassen.«

»Aber es geht ihm schlecht, Hannah. Er steht überhaupt nicht mehr auf. Seit er pensioniert ist, scheint er das Interesse am Leben verloren zu haben. Er hat kleinere Schlaganfälle gehabt, und schon der nächste könnte ihn umbringen. Er hat noch nicht einmal mehr Appetit.«

»Dad hat keinen Appetit? Ich wette, wenn du ihm einen Teller mit Plinsen und Schmand vor die Nase hältst …« Hannah spannte das Telefonkabel bis zum Äußersten, um das Medizinschränkchen im Badezimmer zu erreichen. Sie fand ein Pflaster, das sie statt der Butter nahm, und ließ sich aufs Sofa fallen. Eines Tages würde sie eine Wohnung haben, groß genug, dass sie ein schnurloses Telefon brauchte.

»So was darf er ja gar nicht mehr essen. Aber er sagt, er würde lieber verhungern, als das zu essen, was das Krankenhaus empfiehlt.«

Die Art, wie ihre Mutter das Wort »verhungern« aussprach, hatte einen sehr ernsten Unterton. Auf schmerzvolle Weise sah

Hannah ihre neu gewonnene Unabhängigkeit in einem anderen Licht.

»Ich werde wieder nach Hause zurückkommen«, entschied sie sich.

»Das kommt gar nicht in Frage. Seit du Drakes Bücher in der Highschool gelesen hast, hast du davon geträumt, Bibliothekarin an seiner Bibliothek zu werden. Du hast den Job jetzt noch nicht einmal einen Monat und willst schon wieder nach Hause kommen? Dein Vater wird schon wieder auf die Beine kommen. Wir müssen es nur schaffen, dass er sich für seinen Zucker neu einstellen lässt.«

Hannah seufzte. »Kann ich mit ihm sprechen?«

»Er schläft gerade, Schatz. Ich werde ihn von dir grüßen.«

Ihr Vater wurde alt. Er war krank, und trotz des Optimismus ihrer Mutter war es nur noch eine Frage der Zeit, wann er sterben würde. Sie hatte immer großes Vertrauen in das Leben gehabt, denn sie wusste, dass sie sich auf die Liebe und Unterstützung ihres Vaters verlassen konnte und dass mit ihm jedes Problem lösbar war. Ohne ihn würde sie sich einsam und schutzlos fühlen. Während Hannah ihren Finger verband, musste sie an die Hintertür zur Erleuchtung denken. Vielleicht stand auf den Blättern etwas geschrieben, das ihm helfen könnte? Selbst wenn er sich einfach nur für sie interessieren würde, könnte er dadurch vielleicht aus seiner augenscheinlichen Depression herauskommen und sein Leben wieder tatkräftig in die Hand nehmen.

»Erzähl ihm von dem Manuskript, das ich in der Bibliothek gefunden habe«, sagte Hannah. »Ihn interessieren solche geheimnisvollen Dinge.«

»Vergrabene Schätze?«, meinte ihre Mutter und spielte damit

auf das Geld an, eine der Leidenschaften ihres Mannes. Hannah lachte und hatte Tränen in den Augen, als sie sich daran erinnerte, wie stur ihr Vater sein konnte, als es ihm gesundheitlich noch besser ging. Als sie ihn einmal fragte, ob er ihr nicht Italien zeigen wollte, hatte er geantwortet, dass er nicht vorhabe, auch nur einen Tag frei zu machen, bevor er 150 Jahre alt sei. Er machte einen Witz darüber, das Geld dafür bereits ausgegeben zu haben. Aber Hannah dachte auch an eine andere Leidenschaft ihres Vaters, die ihn dazu gebracht hatte, Medizin zu studieren. Jetzt, wo er krank war, war diese Leidenschaft wieder mehr in den Vordergrund gerückt.

»Nein«, sagte Hannah. »Ich spreche von seiner anderen Leidenschaft: einen Sinn im Leben zu finden.«

Die Bibliothek des philosophischen Forschungszentrums war keine Leihbücherei, und dennoch hatte sich Otto Mackenzie an diesem Abend einen ganzen Stapel Bücher »ausgeliehen.« Die *Steganographia* und die *Polygraphia* von Trithemius, John Wilkins' Werk über Kryptografie und viele andere alte und seltene Exemplare lagen über seinen Küchentisch verstreut. Derselbe Bibliothekar, der dafür verantwortlich war, dass die Bücher in ihren Vitrinen und Schränken sicher verstaut waren, hatte ihnen bis zum Morgen Ausgang verschafft.

Während er eine Flasche Guinness nach der anderen aus dem Bierkasten nahm, studierte Otto die Kodes und Kryptogramme der alten Meister und versuchte die Botschaft mit jeder ihm zur Verfügung stehenden Methode zu knacken. Numerische Kodes, Buchstabenkodes und binäre Kodes, mündlich überlieferte Kodes und musikalisch überlieferte. Er ignorierte die Kodes, die zu komplex waren. Wenn es wirklich einen Kode geben sollte, dann musste er davon ausgehen, dass Drake seine Entschlüsselung beabsichtigt hatte. Wenn es nach diesen Büchern ging, dann hätte er zahllose Möglichkeiten gehabt, das Geheimnis für immer zu bewahren. Otto arbeitete und trank bis tief in die Nacht hinein, versuchte es mit einer Methode nach der anderen, bis er schließlich erschöpft seine Stirn auf die aufgeschlagenen Seiten von Ethan Allen Hitchcocks *Rotem Buch von Appin* fallen ließ, während die Lichter der philosophischen Bibliothek von der gegenüberliegenden Seite der von Ulmen gesäumten Straße in seine Wohnung schienen. Als das Telefon läutete, erschrak Otto so sehr, dass er beinahe den Rest warmen Biers auf Athanasius Kirchers *Oedipus Aegypticus* verschüttet hätte. Er betete, dass es ein Telefonverkäufer oder ein fehlgeleitetes Fax sei. Aber es hörte nicht auf zu läuten; und die LED-Anzeige blinkte bedrohlich. Otto schaute nicht näher hin, damit er nicht die Nummer des Anrufers sah und die Nerven verlor. Schließlich griff er zum Hörer.

Er räusperte sich und versuchte nüchtern zu klingen. »Ja?«

»Ich weiß, dass es schon sehr spät ist, und es tut mir leid, aber ich musste dich einfach anrufen und dir die Neuigkeit mitteilen«, sagte eine weibliche Stimme am anderen Ende.

»Ich bin gar nicht der Vater«, sagte Otto mit einem ironischen Ton in der Stimme.

»Sehr witzig, Otto. Ich habe gerade eine Ultraschallaufnahme machen lassen. Es ist ein Junge.«

»Dann sollten wir nicht länger ›es‹ sagen, nehme ich an. Herzlichen Glückwunsch, Chloe.«

»Mein Bruder kann jetzt beim Streichen des Kinderzimmers helfen. Aber nicht rosa.«

»Gott sei Dank gibt es hin und wieder noch kleine Wunder«, sagte Otto.

»Vielleicht türkis, wie der Ozean.« Sie hielt kurz inne. »Otto, ich finde, es gibt keinen Grund, warum du nicht wieder nach Hause kommen könntest. Du wirst dieses Jahr 33, vielleicht ist es jetzt allmählich wirklich an der Zeit, dass du eine Familie gründest.«

»Fang bitte nicht damit an, Chloe. Dies hier ist mein Zuhause.« Otto schaute sich in seiner winzigen Wohnung um: Mikrowelle, Spüle, frisch gestrichene Einbauschränke, der Computer auf einem fahrbaren Schreibtisch, ein Futonsofa. Die Bettdecke handgemacht von seiner Mutter. »Ich weiß, wir sagen nicht länger, dass es – er – ein Fehler gewesen ist, aber mir tut immer noch schrecklich leid, was geschehen ist. Ich habe dich sehr gern, schon seit wir Kinder waren, aber ich liebe dich nicht, was auch immer das heißt.«

»Otto, ich meine ja nicht …«

»Lass mich ausreden. Ich bin nicht bereit, Vater zu sein. Mir ist klar, dass damit eine große Verantwortung einhergeht, und ich bin einfach nicht bereit, mein Leben aufzugeben. Ich weiß, dass ich ein Arschloch bin und mich nicht richtig verhalten habe. Aber du kennst mich. Ich habe Ferien mit dir in Devon gemacht, aber ich hatte nicht vor, ein verdammtes Familienoberhaupt zu werden. Du wolltest das, Chloe, und dafür trägst du die Verantwortung.«

Sie waren beide für einen Moment still und dann sagte Chloe: »Ich dachte nur, die Neuigkeit würde dich interessieren, das ist alles.«

»Ja, danke, dass du es mir gesagt hast«, erwiderte Otto höflich.

»Wenn du mich jetzt entschuldigen könntest, ich bin gerade sehr mit etwas beschäftigt.«

»Es tut mir leid, wenn ich dich gestört habe. Mir war nicht klar, dass du getrunken hast«, sagte sie und beendete das Gespräch.

Otto legte den Hörer auf und lehnte sich zurück. Er blickte sich erneut in seiner Wohnung um, diesmal aus der frischen Perspektive eines Betrunkenen, der gerade die letzte Verbindung zur einzigen Frau gekappt hatte, die ihm jemals etwas bedeutet hatte, und der seinen eigenen Sohn wahrscheinlich niemals kennenlernen würde: der Tisch voller Flaschen, ein leerer Kühlschrank, leere Regale. Nachdenklich betrachtete er sein Futonbett. Wann war er das letzte Mal woanders eingeschlafen als über seinem Computer oder über seinem Tisch? Versunken in einem endlosen Strom von Arbeit und Bier, wusste er nur zu gut, dass er beides nicht auf Dauer durchhielt, auch wenn er sich noch so sehr anstrengte.

Irgendwie hatten Chloes Worte ihn getroffen. Warum wurde er nicht endlich erwachsen? Ein Drittel seines Lebens lag bereits hinter ihm, und er befand sich in dieser Wohnung, weit weg von allen, die ihn liebten, mit einer Arbeit, die ihm nichts bedeutete. Jeder Gedanke an die Zukunft löste ein Unbehagen in ihm aus.

Sein Blick fiel auf die Bücher, die auf dem Tisch lagen. Vor wenigen Stunden noch hatte dieser kleine Fund ihm so viel bedeutet. Er hatte sich vorgestellt, wie anders sein Leben sein würde, wenn er hinter das Geheimnis des alten Drake kommen würde. Konnte er sich selbst nicht wunderbar beweisen, wie klug und wichtig er war, wenn er das größte Rätsel der Welt löste?

Seine Gedanken an Ruhm und Anerkennung erschienen ihm auf einmal lächerlich. Nachdenklich legte er die Bücher auf einen Stapel.

Ein Buch hatte Drake selbst geschrieben. Otto öffnete es und sah sich sein Porträt an. »Drake, alter Mann, du hast mich drangekriegt. Ich bin nur der, der die Rundbriefe auf deine Website stellt und dort die Tippfehler korrigiert.« Er blickte auf den Text, der sich unter dem Foto befand. »Wer bin ich denn, dass ich die Hintertür zur Erleuchtung finden würde, wie auch immer sie aussehen mag? Ich bin ein Niemand. Hier steht, dass du ein Freimaurer 33. Grades gewesen bist.« Er klappte das Buch wieder zu. »Schön für dich – ich bin ein 33-jähriger Betrunkener.«

»Moment mal!« Da war wieder diese Zahl: 33. Er schlug in dem Buch, das vor ihm lag, Seite 33 auf. Auf dem Seitenrand war ein verblasster Stempel. RLD. Robert Lewis Drake. Er öffnete ein anderes Buch auf Seite 33. Da war wieder dieser Stempel. Und beim nächsten Buch schon wieder.

»Und du hast das Bündel mit den Blättern in Vitrine 33 versteckt? Scheint eine wichtige Zahl zu sein, nicht wahr? Aber so einfach kann es nicht sein«, sagte Otto laut. Doch als er jedes 33. Wort von Drakes Übersetzung einkreiste, stellte er fest, dass es tatsächlich so einfach war.

»Hast du dir das ausgedacht?«, flüsterte Hannah am nächsten Tag bei der Arbeit über ihren Schreibtisch. Die Bibliothek hatte nur wenige Besucher an diesem Nachmittag, aber Hannah war reichlich ausgelastet mit Nachforschungen. Der Tag hatte einfach nicht genug Stunden, um alle Anfragen erledigen zu können, die über ihren Tisch gingen. Ihre Assistentin, die ältliche Mrs. Granger, kam nur an drei Tagen die Woche, und sie war zu langsam, um wirklich eine Hilfe zu sein. Hannah legte alle Bücher und Zettel zur Seite und nahm die Blätter, die Otto ihr hinhielt.

»Überzeug dich selbst«, sagte Otto.

Hannah setzte ihre Brille auf und überprüfte Ottos Darstellung. Sie war über jeden Zweifel erhaben. Eine Botschaft von Robert Drake, ein Hinweis, wo sie die geheime Tür zur Erleuchtung finden konnten:

*»Viele dürstet nach dem großen Geheimnis, aber sie können nicht ohne einen geeigneten Grund von der Quelle trinken. Mein Freund, vermeide beide Neigungen, und das geschriebene Wort im Innern wird dir die Hintertür wieder aufschließen.«*

»Ergibt das für dich irgendeinen Sinn?«, fragte Otto.

»Es ist offensichtlich ein weiterer Test. Wenn wir nicht aus der richtigen Motivation heraus nach Erleuchtung suchen …«

»Oder überhaupt wissen, was Erleuchtung ist«, unterbrach sie Otto.

»Dann war's das«, beendete Hannah ihren Satz. »Hast du irgendeine Idee?«

»Der geeignete Grund, um Erleuchtung zu suchen? Es handelt sich um ein bestimmtes Wort. *Das geschriebene Wort im Innern*, und es muss auf diesen Seiten stehen.

»*Frömmigkeit?*«, versuchte es Hannah. »Einfach ein guter Mensch zu sein oder es sein zu wollen, wäre das ein guter Grund?«

»Offensichtlich nicht gut genug«, sagte Otto und überprüfte

die Übersetzung. »Frömmigkeit steht dort nicht. Wie wäre es mit *Neugier*?«

»Na toll«, machte sich Hannah lustig, »›ich bin ja so neugierig auf den Sinn des Lebens‹«.

»*Frei sein*? Ich glaube, das sind eher zwei Wörter«, meinte Otto.

Ein junger Besucher der Bibliothek mit einer Baseballmütze auf dem Kopf warf Otto einen missbilligenden Blick zu. Hannah schüttelte den Kopf.

»Okay. Nun bist du wieder dran«, sagte Otto.

»Wie wäre es damit, allen anderen dabei zu helfen, selbst erleuchtet zu werden? Wie nennt man das?«

»Mit einem Wort?«, fragte Otto. Hannah nickte.

»Überheblich«, meinte Otto. »Aber das steht hier auch nicht.«

»Könnten Sie bitte leise sein«, zischte ein hagerer alter Mann im Tweedanzug sie an.

»Das ist der Typ mit all den Büchern über Freimaurerei. Aber er hat Recht, wir können das Problem jetzt nicht lösen. Lass die Blätter hier, vielleicht gelingt mir ja ein altmodischer Bibliothekszauber.«

»Wollen wir uns nach der Arbeit treffen?«, fragte Otto.

»Nachdem Emma gegangen ist.« Hannah nickte in Richtung auf die alterslose asiatischen Frau, die im Nachbarraum an einem großen Schreibtisch saß. »Wenn sie von der Sache Wind bekommt, können wir alles vergessen.«

Wie es sich zeigte, stellte Emma an diesem Nachmittag kein Problem dar. Kurz nachdem sie Otto wegen der Ankündigungsblätter, die noch nicht fertig waren, zur Rede gestellt hatte, verließ sie die Bibliothek. Um 17 Uhr war Otto so neugierig, ob Hannah irgendetwas herausgefunden hatte, dass er sich heute keine Arbeit einpackte, um sie mit nach Hause zu nehmen.

»Irgendetwas Neues?«, fragte er sie, als sie endlich allein waren.

Hannah grinste. »Ich hab's. Alles, was ich gefunden habe, passt nahtlos zusammen. Buddha hatte nur eine Motivation, um Erleuchtung zu erlangen.«

»Welche?«

»Dass die Welt beschissen ist. Es gibt Krankheit, Alter und Tod, falsche Werte, ständige Veränderung und einfach nur Dummheit, wohin man auch schaut. Wenn das nicht Grund genug dafür ist, sich nach etwas Besserem umzuschauen, dann weiß ich es nicht.«

»Ich habe nichts dagegen einzuwenden, obwohl ich glaube, dass ›frei sein‹ irgendwie besser klingt. Aber wie heißt denn nun das gesuchte Wort? Ich glaube kaum, dass Drake das Wort ›beschissen‹ benutzt hat.«

»›LEIDEN‹ ist das Wort, nach dem wir suchen«, sagte Hannah und reichte ihm die Übersetzung. »Es steht hier in Großbuchstaben.«

»Das würde auch das goldene Rad erklären. Es steht für den Kreislauf des Leidens.«

»Das hättest du auch schon mal früher sagen können. Aber freu dich nicht zu früh, ich habe immer noch keine Ahnung, wo er den Rest der Blätter versteckt hat. ›*Vermeide beide Neigungen, und das geschriebene Wort im Innern wird dir die Hintertür wieder aufschließen.*‹ Sagt dir das irgendetwas?«

»Ja, das sagt mir wirklich etwas. Wenn ich mich recht erinnere, ist die Erleuchtung der mittlere Pfad, der Pfad zwischen übertriebener Askese auf der einen und übertriebener Genusssucht auf der anderen Seite. Vermeide also die Extreme, darum geht es.«

»Ich glaube nicht, Otto, dass uns das weiterhilft.«

»›*Das geschriebene Wort im Innern.*‹ Vielleicht sollten wir noch mal einen Blick auf das Original werfen.«

Oben in der Manuskriptsammlung untersuchten sie daraufhin die ursprüngliche Übersetzung auf dem Leuchttisch, wobei sie das Wort LEIDEN mit einer Lupe inspizierten.

»O nein«, sagte Otto mutlos, als er das Wort näher betrachtete. »Wenn man es sich genau anschaut, besteht das Wort hier aus drei verschiedenen Schrifttypen.«

»Wie kommst du darauf?«, fragte Hannah und blinzelte durch die Lupe.

»Weil das erste *E* sich vom zweiten unterscheidet und ein paar Buchstaben leicht kursiv gedruckt zu sein scheinen.«

Hannah schaute sich das Wort genauer an.

»O ja«, sagte sie.

»Ich habe gestern Abend etwas darüber gelesen. Es handelt sich um eine biliterale oder in diesem Fall triliterale Chiffrierung. Drei verschiedene Alphabete wurden dafür benutzt. Jeder Buchstabe von jedem benutzten Alphabet lässt sich durch einen Wert von *a* oder *b* darstellen. Es bedarf einer Kombination von fünf *a*'s oder *b*'s, um einen Buchstaben zu erzeugen, und die endgültige Botschaft wird dann lesbar, wenn man eine Dechiffrierscheibe benutzt.«

»Sonst noch was?«, fragte Hannah.

»Nein, das war's. Ich werde das Blatt Emma, dem Drachen,

überreichen und mich wieder meinem qualvollen Dasein widmen, vielen Dank.«

»Gut, mach das, denn ich habe soeben den Kode geknackt.«

»Wirklich?«

»Drake sagte, *vermeide beide Neigungen*. Es ist gar kein triliteraler Kode. Zwei Buchstaben sind kursiv, sie neigen sich nach rechts, während das zweite E hier eher verdruckt zu sein scheint. Wenn man die *geneigten* Buchstaben des Wortes weglässt, hat man nur noch ...«, sagte sie.

»L-E-I-E. Diese Buchstaben des Wortes *Leiden* bleiben übrig.«

»Schau noch mal genau hin. Das l ist in Wirklichkeit eine 1 und das zweite E ...«

»... ist eine umgekehrte Drei. Ich sehe es jetzt, LE13. Bringt uns das irgendwie weiter?«

»Es handelt sich dabei um eine Signatur, eine Standortnummer in Drakes verrückter Bibliothek. Mit dem Dezimalsystem hat er sich anscheinend nicht anfreunden können.«

Unter den Büchern über Geheimgesellschaften und Magie stach LE13 als ein ungewöhnlich großes, neu eingebundenes Exemplar des Buches *Geschichte der Magie* von Eliphas Lévi hervor.

»Nicht schon wieder ein Rätsel«, stöhnte Hannah.

»Nein. Schau dir die Form des Buches an. Das gesuchte Blatt befindet sich in der Bindung«, sagte Otto. »Es kann nicht anders sein. Reiß sie auseinander.«

»Sie auseinanderreißen? Und was ist, wenn das Blatt dort gar nicht ist?«, fragte Hannah.

»Dann bist du eine böse Bibliothekarin und meine Hände werden weiterhin sauber sein.«

Sein Tonfall half ihr dabei, ihr schreckliches Vorhaben mehr von der lustigen Seite aus zu betrachten.

»Ich brauche etwas, um den Buchblock vom Einband trennen zu können …« Bevor Hannah ihren Satz beenden konnte, klappte Otto sein Taschenmesser auf und legte es ihr in die Hand.

»Das stammt noch aus der Zeit, als ich eine richtige, handfeste Arbeit hatte«, erklärte Otto.

»Vorne oder hinten?« Hannah überlegte gequält, wo sie den ersten Einschnitt in das Buch machen sollte.

»Hintertür, nicht wahr? Also schneid hinten zuerst«, riet Otto.

Hannah legte das Messer an das Buch, doch dann zögerte sie noch einmal.

»Um eins klarzustellen«, sagte sie, »ich würde so etwas nie mit einer Originalbindung machen.«

»Nun schneid schon!«, rief Otto.

Sie tat es, und zum Vorschein kam ein weiteres Blatt, eingeschlagen in das vertraute braune Papier und dünner, als sie erwartet hatte.

In diesem Moment, mitten in ihrer Begeisterung, trat das Leiden der Welt in den Hintergrund und wurde von einer Flut des Staunens und der Hoffnung hinweggespült.

## Leiden aus erleuchteter Sicht

Wenn Sie für einen Moment alle Aktivitäten einstellen und Ihren Seinszustand genau untersuchen, wie fühlen Sie sich dann wirklich? Haben Sie das Gefühl, gegen Windmühlen zu kämpfen? Egal, wie sehr Sie sich auch anstrengen, irgendetwas bleibt immer unerledigt? Fühlen Sie, wie die Belastungen des Daseins Sie langsam zermürben?

Wissen Sie, warum Sie diese unangenehmen Vorstellungen und diesen nagenden Zweifel haben? Weil, so unpopulär und unangenehm diese Vorstellungen auch sein mögen, sie dennoch der Wahrheit entsprechen. Sie haben richtig gehört: Das Leben ist eine einzige Plackerei.

Es gibt die seltsame Tendenz in der Gesellschaft, sich so zu verhalten, als ob diese Tatsache nicht existieren würde. Das Leiden in der Welt ist ein Problem, dem wir offensichtlich nicht entrinnen können, und daher denken wir manchmal, das Beste wäre, unseren Zustand zu ignorieren und darauf zu hoffen, dass er sich ändern wird. Natürlich können wir uns ständig damit beschäftigen, Dinge zu erwerben und Aktivitäten nachzugehen, die uns von der realen Situation ablenken, aber am Ende des Tages sind wir müde und erschöpft. Am nächsten Morgen wachen wir ebenso müde und erschöpft auf. Und am Ende unserer müden und erschöpften Tage stellen wir geschockt fest, dass unser Leben vorbei ist. Bislang haben wir so gelebt, aber es gibt auch eine andere Lebensweise.

Indem wir erkennen, dass wir bereits in einem erleuchteten Zustand leben, können wir die Mühsal transzendieren, die unser Leben durchdringt. Wir können dadurch mehr Wohlstand, Frieden und Glück für uns finden, als wir uns jemals bisher vorstellen konnten. Wir können das Leben führen, das wir uns immer erträumt haben.

Erleuchtung ist kein Handeln; es ist ein Verstehen, das uns ermöglicht, das *Leiden der Welt zu transzendieren*. Die Hintertür ist der direkteste Weg zu diesem Zustand. Aber bevor wir uns genau anschauen, was uns davon abhält, unsere Träume zu leben, müssen wir eine ehrliche Bestandsaufnahme der Situation machen, in der wir uns als Menschen befinden, und genau erkennen, was uns zurückhält. Dann kann sich unser erleuchtetes Leben – und damit unsere wahre Existenz – frei entfalten.

Die erste Form des Leidens, mit der wir uns befassen müssen, ist *körperlicher Schmerz.* Es handelt sich dabei um solche normalen Empfindungen, wie Hannah sie gehabt hat, als sie sich den Finger am Teekessel verbrannt hat. Der Schmerz als ursprünglicher Auslöser des Leidens ist etwas, was selbst die primitivsten Organismen, insofern sie über ein Nervensystem verfügen, zu vermeiden trachten. Wir können den Schmerzimpuls jedoch nicht vermeiden; er wird oftmals sogar noch durch Stress und zusätzliches Dramatisieren verschlimmert. Auf jeden Fall nimmt der Schmerz einen größeren Teil von unserem Alltag ein, als wir uns in der Regel eingestehen.

Schmerzen sind unangenehm, aber sie sind nicht als solche negativ. Wären sie nicht so unangenehm, könnten sie ihre Funktion auch gar nicht erfüllen. Der Schmerzimpuls alarmiert uns, wenn wir hungrig sind, uns verletzt haben oder wenn unsere Körpertemperatur einen gefährlichen Zustand erreicht. Mithilfe von Schmerzen übermittelt unser Nervensystem die Bedürfnisse des Körpers an das Gehirn. Anhand von Schmerzen lernen wir, was unser Körper braucht und was ihn bedroht.

Wenn das Nervensystem nicht funktionsfähig ist, geschehen schreckliche Dinge. Ein Beispiel dafür ist die Nervenlepra. Der Leprabazillus greift die Nervenenden an und zerstört die Fähigkeit des Körpers, Schmerz zu empfinden. Da Leprakranke keinen Schmerz fühlen, verletzen sie sich leicht bei alltäglichen Dingen, wie zum Beispiel sich kratzen, eine heiße Kaffeetasse halten, unbequeme Schuhe tragen oder Nahrungsmittel kauen. Diese Verletzungen entzünden sich, und ihr Gesundheitszustand wird schlimmer, weil der Schmerz sie nicht daran erinnert, dass sie verletzt sind. Letzten Endes kommt es auf diese Weise zu starken Entstellungen. Mithilfe des Schmerzes teilt der Körper den ganzen Tag über dem Gehirn seine Grenzen mit. Die Erfahrung von Schmerz ist also ein natürlicher Teil des Lebens.

Die zweite Form von Leiden ist *Unzufriedenheit*, das Verlangen nach dem, was wir nicht haben. Wir erkennen in diesem Zustand nicht mehr, wann es genug ist. Hierbei handelt es sich um eine der größten Herausforderungen, mit der wir heute konfrontiert sind.

Hannahs kranker Vater leidet an einigen der am weitesten verbreiteten Formen von Unzufriedenheit: Gier und Stolz. Obwohl das zu starke Ausleben von beidem seine Gesundheit zerstört hat, legt er weiterhin Verhaltensweisen an den Tag, die ihn krank machen. Gier ist ein zwanghaftes Verhalten und ein unnatürliches Anhaften an den Dingen. Wenn wir der Gier nachgeben, haben die Dinge, die uns glücklich machen sollten, das Potenzial, uns ins Elend zu stürzen. Selbst mit dem Ratschlag von Experten und seinem eigenen Wissen als ausgebildeter Arzt war seine Unzufriedenheit größer als sein Wille, ihr zu widerstehen. Vielleicht hat er sich ungesunde Ernährungsgewohnheiten zugelegt, während er sich die Nächte um die Ohren schlug, besessen davon, immer noch mehr Geld zu verdienen. Er sagte, es geschehe zum Wohle seiner Familie, aber Hannah und ihr Bruder hatten immer alles, was sie sich wünschten. Wenn man sie gefragt hätte, was sie sich wirklich wünschten, dann hätten sie geantwortet, dass sie sich wünschten, ihr Vater hätte mehr Zeit für sie.

Als er schließlich erkannte, dass er Übergewicht hatte und zuckerkrank war, hätte er vielleicht sein Leben verändern und sich erholen können, wäre er nicht ebenfalls so sehr von seinem Stolz besessen gewesen: eine Abhängigkeit vom Status, eine Sucht nach Wichtigkeit oder alles in allem eine starke Selbstüberschätzung. Er war nicht in der Lage, sich selbst und seine Position in der Welt nüchtern zu betrachten. Er wollte für sein Können und seine Kompetenz bewundert werden und konnte nicht zugeben, dass ein anderer seinen Gesundheitszustand besser beurteilen konnte als er selbst. Er weigerte sich ständig, sich behandeln zu lassen, und so ging es mit seiner Gesundheit immer mehr bergab. Seine Unzufriedenheit konnte Hannahs Vater sein Leben kosten.

Unzufriedenheit erzeugt Stress in unserem Leben, was sich auf unseren Schlaf, unser Glücksgefühl und – wie im Fall von Hannahs Vater – auf unsere Gesundheit auswirkt. Unzufriedenheit zerstört darüber hinaus die Beziehung zu unserem Partner, unseren Kindern, unseren Familienangehörigen und Freunden. Wir kennen es alle, Erwartungen an andere zu haben, die deren Fähigkeiten übersteigen, und wir kennen alle Situationen, in denen ein geliebter Mensch von uns mehr Zeit und Aufmerksamkeit fordert. Der Wunsch, mehr als einen gerechten Anteil haben zu wollen, hat historisch gesehen dazu geführt, dass Clans, Stämme und Nationen miteinander Krieg geführt haben. Wenn sich alle mit dem begnügen würden, was sie brauchen, anstatt sich das zu nehmen, was sie haben wollen, würden wir ökologisch, politisch und kulturell in einer besseren Welt leben.

Wir konsumieren mehr, als wir brauchen und als für uns gesund ist. Fettleibigkeit breitet sich in manchen Ländern wie eine Epidemie aus, während ein Großteil der weltweiten Bevölkerung unterernährt ist oder hungert. Ein Bruchteil der Weltbevölkerung konsumiert den Großteil der weltweit hergestellten Waren. Wenn etwas kaputt ist, ist es oft einfacher, es neu zu kaufen, als es zu reparieren. Unsere Kleidung kommt *jede Saison* außer Mode. Also kaufen wir uns einfach etwas Neues. Unsere Möbel werden altmodisch und unsere Häuser werden alt. Wir kaufen uns einfach neue.

Wir verhalten uns so, als bestünde der hauptsächliche Lebenszweck des Menschen darin, Müll zu produzieren. Je teurer und umfangreichen die Sachen werden, die bei uns pro Jahr in der Mülltonne landen, desto erfolgreicher fühlen wir uns. Wir fühlen uns gezwungen, jeden Tag mehr zu konsumieren und länger zu arbeiten, um unseren Konsumbedürfnissen nachkommen zu können. Währenddessen läuft unsere Lebensuhr ab.

Die dritte Form des Leidens ist das *Leiden an Konstrukten*. Unser Geist erzeugt komplizierte Ideen und Konstrukte (Gedankengebäude), die uns oft großes Unbehagen bereiten. Alles in unserer Gesellschaft baut auf dem auf, was zuvor da war. Häuser, Brücken, Straßen – Dinge, die wir allgemein als Konstrukte ansehen –, aber auch Sport, Sprache, Musik und romantische Liebe. Die Liste ist endlos. Die Natur ist kein menschliches Konstrukt, wohl aber die Vorstellung, die wir uns von ihr machen. Der Weltraum ist wahrscheinlich ebenfalls kein menschliches Konstrukt, mit Sicherheit aber die Art und Weise, wie wir über ihn denken. Wir erschaffen Ideen. Wir stellen Regeln auf. Wir entwickeln Kulturen. Wir bilden Staatsformen. Wir lieben die

Vorstellung, dass unsere Konstrukte von Dauer seien, fundamental und universell, dabei sind sie nur das, was sich irgendjemand ausgedacht hat.

Denken und Kreativität werden über alles geschätzt. Wir haben ein paar großartige Ideen, wir haben ein paar schlechte Ideen und wir haben in der Zwischenzeit viele mittelmäßige Ideen. Wir erschaffen ein paar Meisterwerke und Werkzeuge, die uns das Leben erleichtern, und wir produzieren riesige Müllberge. Langfristig gesehen erdenken und erschaffen wir so ziemlich alles. Aber die Konstrukte als solche sind nicht das Problem. Das Leiden entsteht dadurch, dass wir unsere Ideen und Vorstellungen dafür missbrauchen, uns schrecklich unwohl und unfrei zu fühlen.

Otto hat ein wirkliches Problem mit seinen Konstrukten. Er mag Chloe sehr, aber seine Vorstellungen über Liebe und Verantwortung halten ihn nicht nur davon ab, bei ihr zu bleiben, sie haben ihn auch aus seinem Land getrieben, weit genug weg, um sicher vor den Erwartungen zu sein, die sie seiner Meinung nach an ihn haben musste. Als ein kurzes Wiedersehen zu Chloes Schwangerschaft führte, fühlte er sich festgenagelt und überwältigt von seinen Vorstellungen, wie er als Vater zu sein hatte. Er hat sehr klare Moralvorstellungen und ärgert sich, dass er seinem eigenen Standard nicht gerecht werden kann. Wenn Chloe auf ihn zugeht, fängt er an zu argumentieren und sich zu verteidigen, und zwar nicht auf der Grundlage dessen, was sie sagt oder tut, sondern was er glaubt, was sie – seinen eigenen Erwartungen entsprechend – denkt und fühlt. Er selbst fühlt sich gespalten; auf der einen Seite bietet sich ihm die seltene Chance zum Glücklichsein, aber auf der anderen lähmen ihn seine Vorstellungen von Liebe, Moral und Elternschaft und lassen ihn verbittern. Wenn er seinen eigenen Ansprüchen nicht gerecht wird, bestraft er sich selbst. Er hat sich dafür entschieden, dass sein Leben aus Mühsal und Arbeit besteht.

Der einzige Trost, der ihm seiner Meinung nach bleibt, besteht darin, seine Probleme im Alkohol zu ersäufen. Er ist davon überzeugt, dass Männer sich so verhalten – und wäre er in anderen Lebensumständen aufgewachsen, hätte es leicht sein können, dass er von Drogen, von Sex oder von anderen Dingen abhängig geworden wäre.

Rechtfertigt Ottos Angst vor Verantwortung ein Leben mit schlecht bezahlten Jobs und einer kranken Leber? Wer weiß, aber das Fatale an geistigen Konstrukten ist ja gerade, dass sie willkürlich sind. Es gibt keine Instanz in der Außenwelt, die darüber entscheidet, ob unsere Vorstellungen über uns selbst gerechtfertigt sind oder nicht.

Die vierte Form des Leidens ist *die Notwendigkeit ständigen Handelns*. Handeln durchdringt unser gesamtes Dasein. Unterschiedliche Kräfte beeinflussen sich gegenseitig und führen ständig zu Aktivität und Veränderung. In diesem System gefangen zu sein, kann uns das Gefühl von Machtlosigkeit geben und wütend machen. In diese Welt der unablässigen Veränderung geboren zu sein, kann sich anfühlen, als würden wir auf einem Motorrad, dessen Hebel und Griffe uns fremd sind, durch eine geschäftige Straße rasen. Während wir an Hindernissen und Gefahren vorbeisausen oder damit zusammenstoßen, versuchen wir das Motorrad richtig zu lenken, die Geschwindigkeit zu verlangsamen oder einfach abzusteigen. Das Leiden als Notwendigkeit zu ständigem Handeln ist die Angst, die in uns durch die unablässige Auseinandersetzung mit dem Dasein entsteht.

Wenn uns die Trümmer um die Ohren fliegen, während das Leben an uns vorbeisaust, sind wir frustriert und ohne Hoffnung oder suchen am falschen Ort nach kreativen Lösungen. Hannah spürt diese Art von Unbehagen in ihrem Leben. Bei ihrer Arbeit kommen auf jede Anfrage, die oft zu stundenlangen Nachforschungen führt, drei weitere Anfragen, die sie zu bearbeiten hat. Wie kann sie jemals mit allen Anfragen Schritt halten? Dabei ist sie noch nicht einmal an einem Punkt in ihrem Leben, wo sie sich Sorgen darüber macht, ob sie ihre Rechnungen bezahlen kann und ihre Hausarbeit schafft, wo ihre Haushaltsgeräte der Reihe nach kaputtgehen und ihr neues Auto in die Werkstatt muss. Eines Tages wird sie Kinder haben, die die Grippe bekommen, zur Tanzstunde gefahren werden müssen und jeden Abend ein warmes Essen erwarten. Wie kann Hannah es schaffen, ein Gefühl von Kontrolle oder Kraft zu entwickeln, wenn sie sich im Angesicht von diesem Chaos hilflos und sinnlos fühlt?

Die letzte, hartnäckigste Form des Leidens ist *Unwissenheit*, der einfache Mangel an wirklichem Verständnis. Von Anfang an hat Unwissenheit uns Menschen heimgesucht. Unsere Vorsicht vor dem Unbekannten hat uns genützt und uns oft vor Schaden bewahrt, aber immer wieder verletzt uns das, was wir nicht kennen. Durch logische und wissenschaftliche Vernunft sind wir in der Lage, viele unbekannte Dinge zu erklären und dadurch ein Gefühl von Sicherheit zu bekommen, aber auf einer bestimmten Ebene werden wir immer unwissend bleiben. Während wir die Regeln lernen, verändern sie sich. Wir heilen bestimmte Krankheiten und neue entstehen. Unsere Lösungen bestehender Probleme erschaffen neue Probleme.

Hannah und Otto leiden auf verschiedene Weise unter Unwissenheit, aber beide führen zu einem Gefühl von Angst. Hannah hat aus vielen Gründen Angst um das Leben ihres Vaters. Sie liebt ihn und daher möchte sie, dass er ein langes und erfülltes Leben genießt. Wenn er stirbt, wird sie ihn sehr vermissen, und sie hat Angst davor, für ihr eigenes Wohlergehen verantwortlich zu sein. Sie hat gerade einen guten Anfang mit einem neuen Lebensabschnitt gemacht – sie hat das College hinter sich und ist glücklich über ihren ersten richtigen Job, auch wenn sie sich ein wenig überfordert fühlt. Aber was ist, wenn etwas schiefläuft? Was ist, wenn sie mit Problemen konfrontiert wird, die sie nicht bewältigen kann? Sie kann sich ihr Leben nicht vorstellen ohne das Sicherheitsnetz, das ihr Vater ihr immer geboten hat.

Hannah hat auch Angst zu versagen. Sie hat deshalb ihre Ziele heruntergeschraubt und strebt nicht den Berufsweg an, der ihr wirklich vorgeschwebt hat. Normale Hochs und Tiefs kümmern sie nicht weiter, aber wenn es um die Verwirklichung ihrer Träume geht, zieht sie es vor, inaktiv zu bleiben. Anstatt ihre Träume zu leben und Risiken einzugehen, sind ihre Wünsche für sie nur geistige Möglichkeiten, die im Hintergrund bleiben.

Otto hat seine eigenen Ängste. Er weiß, dass er für sich selbst sorgen kann, befürchtet aber, dass es nicht auch für Chloe und das Kind reicht, das sie erwarten. Was ist, wenn sie etwas brauchen, das er nicht bereitstellen kann? Was ist, wenn die Beziehung zu Chloe schließlich genauso kümmerlich wird wie die Beziehung seiner Eltern? Seine Ängste haben ihn bequem, depressiv und mutlos gemacht.

Wahrscheinlich haben auch Sie diese Formen von Leid

schon einmal erfahren. Sie können sie leugnen und einfach nicht wahrnehmen, aber die unangenehme Wahrheit ist, dass die Welt voll von Leiden, Tod und Verfall ist. Sie ist jedoch auch voll von Leben, Wachstum und Freude.

## Durch die Hintertür: Leiden verringern

Sobald Sie sich eingestehen, dass nicht alles positiv in Ihrem Leben läuft, können Sie sich anschauen, wie Sie durch Ihre eigenen Fehlinterpretationen der Welt Ihr Leid erzeugen und verstärken. Dies ist der erste Schritt durch die Hintertür.

### Erster Schritt: *Identifizieren* Sie das, was in Ihrem Leben schwierig ist!

Seien Sie offen für die Möglichkeit, dass Ihre Schwierigkeiten überwunden werden können. Nähren Sie in sich den Wunsch, sie aus Ihrem Leben zu verbannen. Es ist eine große Erleichterung, sich den Problemen des Lebens zu stellen, anstatt sich zu verstecken, sie zu ignorieren und auf den Tag zu hoffen, an dem sie verschwunden sein werden. Schreiben Sie alles auf, was in Ihrem Leben schwierig ist. Seien Sie gründlich und lassen Sie nichts aus. Nehmen Sie nun dieses Blatt Papier und verbrennen Sie es. Während Sie beobachten, wie sich der Rauch auflöst, verabschieden Sie sich von Ihrer alten Lebensweise und schwören Sie sich, dass Sie nicht eher aufgeben, bis sich Ihr Leiden wie Rauch im Nichts auflöst. Wenn Sie sich auf diese Weise geöffnet und eine starke Intention geschaffen haben, können Sie lernen, die Stunden, in denen Sie sich bislang abgestrampelt haben, in Stunden der Freude und des Genusses zu verwandeln. Sie können das Leiden, das Sie in der Welt erfahren, verringern, bis Sie – befreit – die Hintertür zur Erleuchtung erreichen.

## LEIDEN AUF DEN PUNKT GEBRACHT

*»Viele dürstet nach dem großen Geheimnis,
aber sie können nicht ohne einen geeigneten Grund
von der Quelle trinken.«*

Das Leben ist voller Schwierigkeiten. Zu den verschiedenen Formen des Leidens gehören:

- **Schmerz:** körperliches Unwohlsein
- **Unzufriedenheit:** Verlangen nach immer mehr
- **Konstrukte:** unsere eigenen begrenzten Ideen und Vorstellungen
- **Notwendigkeit zu ständigem Handeln:** in der konstanten Veränderung der Welt um uns herum gefangen sein
- **Unwissenheit:** Mangel an Weisheit

**Durch die Hintertür**
   **Erster Schritt: *Identifizieren* Sie das, was in Ihrem Leben schwierig ist!**

**Übung**
Notieren Sie alle Probleme und Schwierigkeiten, denen Sie sich gegenübergestellt sehen. Nehmen Sie nun

dieses Blatt Papier und verbrennen Sie es. Schwören Sie sich, dass Sie nicht eher aufgeben, bis sich Ihr Leiden wie Rauch im Nichts auflöst.

**Fazit**
Sobald Sie die Existenz des Leidens anerkennen, können Sie nach Möglichkeiten suchen, es zu verringern.

## Kapitel 2:
# Die Vollkommenheit der Unbeständigkeit

*Dies ist die Freude der Rose,*
*dass sie blüht*
*und vergeht.*

WILLA CATHER

»Was um Himmels willen machen Sie mit diesem Buch?«

Mrs. Grangers knarrende Stimme schallte durch die dunkle Bibliothek und schockierte Hannah so sehr, dass sie schnell das Messer in ihrer Jackentasche verschwinden ließ und das Buch wieder zuklappte, das das beinhaltete, was sie so sehr begehrten. Ottos Augen suchten die Regale in ihrer Umgebung ab. Sie hatten keine Zeit, um das Beweisstück zu verbergen. Sie waren auf frischer Tat dabei erwischt worden, wie sie Bibliothekseigentum beschädigten.

Mrs. Granger war genauso alt und hinfällig wie viele Bücher in der Bibliothek, und sie war schon länger dort als die meisten davon.

»Jemand hat das Buch …« Hannah stockte, denn ihr fehlten die Worte, um ihre Lüge fortzusetzen.

»… mit Klebeband beklebt«, fiel Otto ein. »Es sah schrecklich aus. Ich habe ihr mein Messer gegeben, und nun ist alles wieder in Ordnung.«

»Alle beschädigten Bücher müssen zur Restauration abgege-
ben werden.« Mrs. Granger streckte ihre Hand aus, die aufgrund
ihres Alters fast durchsichtig war. »Geben Sie mir das Buch!«,
sagte sie. »Ich werde dafür sorgen, dass Emma es erhält.«

»Es war nur ein kleines Stück Klebeband, im Grunde genommen nur ein Stück Papier«, sagte Otto beschwichtigend und
nahm Hannah das Buch aus den zitternden Händen.

»Dies sind sehr empfindliche Bücher, Hannah, die fachge-
recht restauriert werden müssen«, sagte Mrs. Granger. »Sie haben ja keine Ahnung, womit Sie es zu tun haben.«

»Sie haben Recht, aber ich verstehe allmählich, wie wertvoll
diese Bücher sind«, sagte Hannah und meinte es auch so.

Mrs. Granger schaute beide einen Moment lang an, dann
nahm sie einen goldenen Schlüssel aus ihrer Tasche und reichte
ihn Hannah. »Ich bin froh, dass Sie sich endlich für unsere
Schätze interessieren. Tun Sie mir also den Gefallen und legen
Sie das Buch ins Reparaturfach, wenn Sie fertig sind. Meine
Knie freuen sich, wenn sie nicht extra die Treppen dafür hoch-
steigen müssen.«

Hannah betrachtete den goldenen Schlüssel. Auf dem kleinen, silbernen Anhänger stand einfach nur *Zugang*.

»Zugang zu was?«, fragte Hannah.

»Zu meinem alten Büro im ersten Stock. Da Sie die Bibliothekarin sind, ist es jetzt sowieso Ihr Büro. Ich hatte ganz vergessen,
Ihnen den Schlüssel zu geben.«

»Das hat sie mit Absicht vergessen«, sagte Hannah, als sie mit
Otto im Innenhof war. Die Blumen blühten und die Zitronen-
bäume trugen reife Früchte. Sie musste ihren Ärger loswerden.
»Diese Frau geht mir auf den Geist. Ich brauche jemanden, der

mir bei den Nachforschungen hilft, und niemanden, der mir ständig über die Schulter schaut. Dabei soll sie eigentlich meine Assistentin sein und mir helfen.«

»Machst du Witze? Dieser Dinosaurier ist die Bibliothekarin, seit Drake die Bibliothek vor Urzeiten eröffnet hat. In Drakes Stiftungsurkunde steht, dass die Wycombes sie so lange hier behalten müssen, wie die Bibliothek es sich leisten kann. Und sie können sie nicht loswerden, ohne gegen seinen Willen zu verstoßen. Mrs. Granger wacht über diesen Ort mit Habichtsaugen.«

»Wir müssen uns also mit ihr abfinden«, sagte Hannah. »Aber ich fühle mich schon besser, wenn ich weiß, dass sie auch für die Wycombes nur ein notwendiges Übel ist. Wo sollen wir also das neue Blatt lesen?« Hannah dachte daran, ihre Wohnung zur Verfügung zu stellen, die keinen Häuserblock weit entfernt war, aber dann fiel ihr ein, dass Otto glauben könnte, sie hätte Hintergedanken.

»Ich hab keine Ahnung. Nicht weit von hier gibt es eine Kneipe. Wir könnten dorthin gehen«, schlug Otto vor. Nach dem Zusammenstoß mit Mrs. Granger konnte er einen Drink gebrauchen.

»Du meinst eine Bar? Mit lauter Betrunkenen? Bist du verrückt? Weißt du gar nicht, wie wertvoll das hier ist?«

»Kein Grund, sich aufzuregen. Es war nur ein Vorschlag.« Otto war insgeheim erleichtert und vollkommen zufrieden, als er schließlich mit Hannah und dem Geheimnis der Erleuchtung bei *Starbucks* landete. Nachdem sie es sich mit einem starken Kaffee in einer abgeschiedenen Ecke in großen Armsesseln bequem gemacht hatten, nahm Hannah ihren Fund aus der Tasche und überreichte ihn Otto.

Er wog ihn in seinen Händen.

»Fühlt sich ziemlich leicht an, meinst du nicht?«, sagte er ein wenig enttäuscht.

»Vielleicht ist das Geheimnis der Erleuchtung sehr kurz. Knapp und präzise.«

Hannah nahm ihm das eingepackte Blatt wieder ab und zupfte mit ihren kurzen, sorgfältig geschnittenen Fingernägeln am Faden. Als sie den Knoten gelöst hatte, war sie ebenso enttäuscht wie Otto. »Da ist tatsächlich nur ein Blatt.«

Er beugte sich vor, um das schwarze Blatt in Hannahs Schoß näher zu betrachten. Oben über dem Text war sehr fein ein goldenes Muschelhorn gemalt.

Hannah legte das Blatt behutsam zur Seite, um die Übersetzung lesen zu können, die mit der Hand innen auf das Umschlagpapier geschrieben war.


*»Ein Sucher, der die Praxis der Selbstlosigkeit von bestimmten Objekten und Vorstellungen abhängig macht, ist wie jemand, der im Dunkeln tappt; er wird nichts finden.*

*Objekte und Vorstellungen vernebeln die Sicht. Wenn er bei der Praxis der Selbstlosigkeit nicht von materiellen Dingen und Vorstellungen abhängig ist, dann ist er wie jemand, der in der Sonne spaziert; er kann alle Formen und Farben sehen. Fülle, Schönheit und Komplexität sind nur möglich aufgrund von Veränderung.*

*In einer unbeständigen, sich ständig wandelnden Welt existiert überall das gleiche Potenzial. Um erleuchtet zu werden, muss man erkennen, dass die wahre selbstlose Natur aller Erscheinungen im Überfluss der Unbeständigkeit liegt.«*

Und darunter dann Drakes Hinweis:

*»Lass es nicht zu, dass Gier von dir Besitz ergreift. Wie kann dich das Viele zufriedenstellen, wenn du noch nicht mal das Eine würdigen kannst? Wenn du deine Bindung an Dinge verbrennst, wird dir dein Weg offenbart werden. Sei selbstlos und lass es zu, dass unbeständige Dinge unbeständig sind, dann wirst du den nächsten Vers finden.«*

»Soll das ein Witz sein?«, rief Otto verärgert aus. »Der *nächste* Vers? Heißt das, alle Verse sind einzeln versteckt?«

»Du meintest, es gäbe Sechs Vollkommenheiten. Vielleicht gibt es sechs Blätter«, mutmaßte Hannah.

Otto ließ sich verwirrt in seinen Sessel sinken. Die Möglichkeiten waren endlos. Nach der Auseinandersetzung mit Emma wegen der Vortragsankündigungen und nach dem Gespräch mit Chloe war der Traum, den Rest der versteckten Blätter zu finden, das Einzige, was ihn noch an seinem Arbeitsplatz hielt. Aber Drake legte ihm immer neue Hindernisse in den Weg. Otto sah sich den Coffee-Shop verlassen, seine paar Sachen zusammenpacken und in den Osten ziehen.

In diesem Moment legte Hannah ihre Hand auf seinen Arm. Er spürte, dass sie ihn trösten wollte. Wenn er seine Hand nun auf ihre legte, könnte ihre unschuldige Geste der Beginn einer Beziehung sein. Dann dachte er an die restlichen Blätter. Vielleicht würde er ja kein einziges mehr finden, aber um überhaupt noch eine Chance zu haben, musste er dableiben. Es wäre viel einfacher – allerdings auch langweiliger –, wenn sie einfach nette Kollegen blieben. Also griff er nicht nach ihrer Hand.

Er beobachtete stattdessen, wie sein Missmut verflog; er

würde seinen Job nicht kündigen. Er sah im Moment nur eine Möglichkeit für sich, und die bestand darin, dort zu bleiben, wo er war, und das zu beenden, was er angefangen hatte.

»Ich fahre am Wochenende zu meinen Eltern«, sagte Hannah.

»In Ordnung«, sagte Otto und trank seinen Kaffee aus. »Ich werde mir dies hier anschauen und dich am Sonntagabend anrufen. Wir werden den Rest der Blätter auch noch finden.«

Am nächsten Morgen fuhr Hannah mit dem Auto vier Stunden die Küste hinauf. Ihr Bruder half ihrer Mutter gerade, ein paar Regale im neuen Gästezimmer anzubringen, das früher Hannahs Zimmer gewesen war. Sie hatten bereits ein neues Bett gekauft, und die blassblauen Wände, mit denen sie aufgewachsen war, waren mit einer grasgrünen Leinentapete tapeziert.

»Kein Platz mehr für dich«, sagte Andrew und nahm seine Schwester tröstend in den Arm. »Mom hat dich aus ihrem Leben gestrichen.«

»Ich bin vor ein paar Monaten ja nur deshalb ausgezogen, damit mein Zimmer renoviert werden konnte«, scherzte Hannah. »Gefällt mir gut, Mom.«

»Hannah, bitte. Dein Vater und ich wollten noch ein paar Jahre für uns allein haben, bevor wir sterben«, wiederholte Hannahs Mutter den alten Familienwitz und ertappte sich selbst. Plötzlich sah sie aus, als würde sie gleich anfangen zu weinen. »Es tut mir leid«, flüsterte sie.

Hannah küsste ihre Mutter auf die Wange.

»Er ist hinten im Garten, wenn du ihn begrüßen willst«, sagte ihre Mutter mit leiser Stimme.

Hannah fand ihren Vater am Pool sitzend mit einer alten

karierten Decke über seinen Schultern, obwohl es fast 25 Grad warm war.

»Hallo, mein Kätzchen«, sagte er. »Hattest du eine gute Fahrt?«

»Ja«, antwortete Hannah. Er sah schlechter aus, als sie es sich vorgestellt hatte. Seine Haut war grau geworden, und er saß so regungslos da, dass Hannah sich fragte, ob er sich überhaupt bewegen konnte. »Ich kann es nicht glauben, dass du Andrew erlaubst, Regale anzubringen«, sagte sie. »Du weißt doch, dass du sie hinterher noch einmal richtig befestigen musst.«

»Die Zeit ist vorbei, Hannah. Ich bin sicher, dass die Regale gut hängen.« Dann war er wieder still. Nach ein paar Minuten fragte sich Hannah, ob er vergessen haben könnte, dass sie da war, aber in diesem Moment schaute er sie an, als ob er sie das erste Mal erblickte. »Du siehst gut aus.« Er schüttelte den Kopf. »Ich hätte nie gedacht, dass ich einmal so alt sein würde.«

»Du bist noch gar nicht so alt«, sagte Hannah und versuchte eine Träne im Augenwinkel zu verstecken.

»Ich bin alt genug«, sagte er entschlossen. »Deine Mutter hat mir erzählt, dass du in der Bibliothek eine interessante Entdeckung gemacht hast.«

Hannah war froh über diesen Themawechsel, denn nun konnte sie konkret etwas erzählen und damit ihre Gefühle verbergen. »Ja, ich habe eine alte tibetische Schrift gefunden. *Die Hintertür zur Erleuchtung*. Otto und ich haben die ersten beiden Teile gefunden, aber der Rest ist noch irgendwo in der Bibliothek versteckt.«

»Otto?«, sagte ihr Vater mit einem Lächeln.

»Das ist nur ein Kollege, mit dem ich zusammenarbeite.«

Nein, dachte sie, mit seinen zerknitterten Oxfordhemden und seinen zehn Jahren, die er schon mehr auf dem Buckel hatte als sie, wäre er ein zu leichter Fang. Außerdem musste er sich mal die Haare schneiden lassen.

Hannah erzählte ihrem Vater die Geschichte, die auf dem ersten Blatt stand, und was sie inzwischen alles herausgefunden hatten. »Was hältst du davon? Glaubst du, dass es sich wirklich um das Geheimnis der Erleuchtung handelt?«

»Der erste Teil hört sich ganz vernünftig an«, sagte er. »Das Leben ist voll von Leiden. Ich habe diese Lektion schon früh gelernt, als ich auf der Intensivstation gearbeitet habe. Du würdest nicht glauben, was für Tragödien ich dort erlebt habe. Die schlimmsten Verletzungen stammten von Motorrädern. Fahr nie Motorrad, Hannah!«

»Okay, Dad.«

»Dieser Teil stimmt also. Aber was ist mit dem anderen Blatt, das ihr gefunden habt? Du hast mir noch nicht erklärt, was auf ihm stand«, sagte er.

»Ich bin mir selbst nicht im Klaren darüber.« Sie reichte ihm ein Blatt Papier. »Ich habe den Text für dich kopiert. Der erste Teil ist auch dabei.«

Er nahm seine Brille aus der Jackentasche und setzte sie auf. Der eine Bügel war abgebrochen, aber das schien ihn nicht zu stören. Einen Augenblick lang las er still, was Hannah ihm gegeben hatte.

»Ich wünschte, ich hätte dies vor vierzig Jahren gelesen«, sagte Hannahs Vater. »Aber ich weiß nicht, ob ich es damals verstanden hätte.«

»Verstehst du es jetzt?«

»Ich verstehe es nur zu gut. Ich musste es mein ganzes Leben lang am eigenen Leib erfahren. Besonders den Anfang.« Er zeigte auf die ersten paar Sätze:

*Ein Sucher, der die Praxis der Selbstlosigkeit von bestimmten Objekten und Vorstellungen abhängig macht, ist jemand, der im Dunkeln tappt; er wird nichts finden.*

*Objekte und Vorstellungen vernebeln die Sicht. Wenn er bei der Praxis der Selbstlosigkeit nicht von materiellen Dingen und Vorstellungen abhängig ist, dann ist er wie jemand, der in der Sonne spaziert; er kann alle Formen und Farben sehen.*

»Ich habe mein ganzes Leben lang gedacht, ich sei selbstlos und großzügig, indem ich euch Kindern das gegeben habe, was ihr wolltet, und für die beste Ausbildung gesorgt habe.«

»Du bist selbstlos, Dad. Und du bist einer der großzügigsten Menschen, die ich kenne.«

»Nein. Ich war selbstsüchtig und dumm. Wenn ich wirklich selbstlos gewesen wäre, hätte ich dir mehr Aufmerksamkeit geschenkt, mehr Zeit und mehr Liebe.«

»Du liebst uns, Dad.«

»Natürlich tue ich das, aber viele Jahre lang war ich so sehr mit anderen Dingen beschäftigt, dass ich nicht viel Freude an dieser Liebe hatte. Ich habe mir nicht die Zeit genommen, um mich an der Gegenwart von euch Kindern zu erfreuen, und das ist die Wahrheit.«

Hannah liebte ihren Vater schon ihr ganzes Leben. Sie hatte immer an ihn gedacht und Dinge getan, auf die er stolz sein sollte. Ihre Liebe für ihn hat ihr die ganzen Jahre viel Freude geschenkt. Sie war betroffen, dass ihr Vater meinte, sie hätte nicht den Platz in seinem Leben eingenommen, den sie sich vorgestellt hatte. Also konzentrierte sie sich auf die Worte, die vor ihr lagen.

»Aber wie sieht es mit diesem Teil aus? ›*Um erleuchtet zu werden, muss man erkennen, dass die wahre selbstlose Natur aller Erscheinungen im Überfluss der Unbeständigkeit liegt.*‹ Was mag das bedeuten?«

»Das ist das Traurigste, dass ich das erst so spät im Leben erkenne. Du weißt, was ich gerade gemacht habe, als du zu mir nach draußen gekommen bist?«

»Geschlafen?«, versuchte Hannah zu raten.

»Ich habe beobachtet, wie die Welt an mir vorbeizieht.«

Hannah runzelte die Stirn. Vielleicht hatte ihre Mutter Recht, vielleicht war er nicht mehr ganz bei sich selbst. »Hier draußen passiert doch nichts, Dad.«

»Meinst du wirklich? Schau dir den Wind in den Bäumen an. Hör ihm zu. Die Vögel. Das Wasser, das auf dem Teich glitzert. Die Koi-Fische, die ängstlich ihren orangefarbenen Kopf aus dem Wasser strecken und um ein Almosen betteln. Die Wolken. Nimm den Duft des Grases wahr, das dein dummer Bruder heute morgen mit dem Rasenmäher gemäht hat, während ich versucht habe zu schlafen. Und schau dich an, wie du hier neben mir sitzt. Sag nicht, dass hier nichts passiert. Jede Sekunde tritt eine völlig neue Welt in Erscheinung, und wenn du genau hinschaust, besteht jede Sekunde aus vielen Stunden. Das sind keine schlechten Aussichten für einen Mann in meiner Lebenslage.«

»Wie kannst du so etwas sagen?«

»Weil es wahr ist. Dieser alte Mann wird nicht mehr lange

hier sein, mein Kätzchen. Die Wolken da oben werden nicht stillstehen. Ich werde sterben und bin damit einverstanden. Erst am Ende meines Lebens sehe ich, wie schön alles ist. Das ist der wahre Reichtum. Und ich brauchte nicht Jahre meines Lebens zu verschwenden, um ihn im Operationssaal zu verdienen. Aber selbst wenn ihr die restlichen Blätter des Buches nicht mehr finden solltet:

Das, was ihr bereits gefunden habt, könnte die wichtigste Entdeckung sein, die jemand überhaupt machen kann – egal, in welchem Alter er ist. Wenn ich mein Leben mit dem Wissen gelebt hätte, das ich jetzt habe, hätte ich keine einzige Sekunde mit euch Kindern verpasst. Zu beobachten, wie ihr größer werdet und lernt, und zu wissen, dass jeder Moment kostbar ist, weil er nie wiederkommt. Nicht auszudenken, wenn ich mein ganzes Leben so gelebt hätte wie diese letzten Tage.«

»Aber was ist mit den schlechten Zeiten? Als du beinahe deine Praxis verloren hättest? Als Mom so krank war?«

»Einige der besten Zeiten in meinem Leben waren Zeiten, von denen ich annahm, dass es die schlechtesten gewesen sind. Deine Mutter und ich waren uns niemals so nahe wie in jenen Monaten, als wir dachten, sie müsste sterben. Und ich fand in mir eine Stärke, die ich vorher nicht gekannt hatte. Das Gute, das Schlechte – es ist alles kostbar, weil alles vergeht. Hör auf zu glauben, dass irgendetwas Bestand haben könnte.«

Hannah kämpfte mit ihren Gefühlen und saß einen Moment lang da, um die Worte ihres Vaters auf sich wirken zu lassen. Der Garten war voller Kolibris und Insekten, und das Licht spielte in Millionen von Formen und Farben. Sie saßen still zusammen, beobachteten die Wolken, fühlten den Wind und die Sonne und feierten die Unbeständigkeit in allen Erscheinungen, bis sie zum Abendessen gerufen wurden.

In der Stadt hatte Otto währenddessen nicht viel Zeit, um Drakes nächsten Hinweis zu finden. Er verbrachte das Wochenende damit, liegengebliebene Arbeit nachzuholen.

*Eine unbeständige, sich ständig wandelnde Welt* – das stimmt, dachte Otto. Als er nach Amerika gekommen war, hatte ihn Emma Wycombes Angebot sehr beeindruckt. Die Arbeit war zwar nicht hoch bezahlt, aber sie gab ihm die Möglichkeit, kreativ zu sein und die Ankündigungsblätter für die Vorträge, den Katalog für den Geschenkartikelladen und die Webseite der Bibliothek selbst zu gestalten. Aber dann entschied Emma, dass das Format des Katalogs gleichbleiben und jeden Monat nur die Titelseite geändert werden sollte. Als Nächstes verbot sie ihm, die Webseite weiter zu verändern, und erlaubte ihm nur noch Korrekturen und Aktualisierungen. Und schließlich hatte sie ihm diese Woche eine fertige Vorlage für die Vortragsankündigungen gegeben. Sie würden von nun an jeden Monat gleich aussehen, nur die Namen und Termine würden sich jeweils ändern. Er hatte nie viele Gedanken an seine Arbeit verschwendet, bis er feststellen musste, wie sehr sie sich im Laufe von ein paar Jahren verändert hatte, ohne dass er es überhaupt mitbekam.

Die Suche nach den geheimnisvollen Blättern war die aufregendste Tätigkeit, der er seit Monaten an seinem Arbeitsplatz nachging. Aber der neue Hinweis, gepaart mit der unangenehmen Entdeckung, dass er weiterhin nach fehlenden Blättern Ausschau halten musste, stellte seine Geduld mächtig auf die Probe. Er studierte noch einmal die Übersetzung des letzten

Blattes, zählte die Wörter und versuchte alle Tricks, die er beim ersten Mal gelernt hatte, jedoch ohne Erfolg. Das Einzige, was ihm bei diesem Hinweis auffiel, war, dass das alte Papier für seine feine Nase nach Zitrone roch.

Er öffnete eine Flasche Bier und hinterließ eine Mitteilung auf Hannahs Anrufbeantworter mit der Bitte, ihn zurückzurufen. Obgleich er keinen Fortschritt erzielt hatte, freute er sich darauf, ihre Stimme wieder zu hören.

Er hatte sich immer nach Unabhängigkeit gesehnt und ein starkes Bedürfnis gespürt, unkonventionell zu sein. Aber wohin hatte es ihn gebracht? Keiner von seinen Freunden, ganz zu schweigen von Chloe, konnte es damals glauben, als er ihnen mitgeteilt hatte, dass er seine Arbeit kündigen und nach Amerika ziehen wollte, um in einer philosophischen Bibliothek zu arbeiten. Dies war das Letzte, was sie von ihm erwartet hätten. Aber da er nun seine Freiheit hatte, war das Alleinsein für ihn nicht mehr so interessant wie früher. Drakes Blätter hatten Recht. Vielleicht verändern sich die Dinge und sogar die Menschen und deren Wünsche, dachte er, nachdem er die Aktualisierung der Webseite beendet hatte.

Es war schon nach 22 Uhr, als Hannah ihn schließlich zurückrief. Obwohl er ihr nur äußerst vage, den Geruch betreffende Informationen geben konnte, schlug er vor, sich noch am gleichen Abend in der Bibliothek zu treffen. Es würde dort in der Nacht sehr gruselig sein, versprach er, und so willigte sie ein.

»Zitronen?«, fragte sie. »Dies riecht doch nur nach altem Papier.«

Die Bibliothek hatte spät am Abend tatsächlich eine andere Ausstrahlung. Das Mondlicht schien durch das Dachfenster und gab allen Dingen einen besonderen Glanz. Der alte hölzerne Tisch wirkte wie ein Altar für heidnische Rituale. Otto hatte Recht, es war gespenstisch.

»Nein, es riecht eindeutig nach Zitrone. Oder vielleicht nach Limone?«, fragte er sich selbst und roch noch einmal. »Nein, Zitrone.«

»Bist du mal ein Hund gewesen oder was?«

»Wir haben alle unsere besonderen Fähigkeiten«, sagte er. »Ich habe zum Beispiel nicht deine langen Wimpern und dein hübsches Lächeln …«

»Ich habe keine langen Wimpern«, sagte Hannah und freute sich, dass sie ihm aufgefallen waren.

»Doch, hast du. Und du weißt es auch, weil du immer mit ihnen klimperst, wenn du etwas willst. Ich hingegen habe nichts weiter als diese feine Nase, und wenn sie Zitrone riecht, dann neige ich dazu, ihr zu glauben.«

»Nun gut«, sagte Hannah. »Für mich sind deine schönen blauen Augen das Beste an dir, aber wenn du deiner Nase vertraust …«

»Die mir sagt, dass es sich um Zitronen handelt«, erinnerte Otto sie.

»… dann sollten wir uns fragen, ob der Trick immer noch funktioniert, den wir als Kinder benutzten, als wir Zitronensaft als unsichtbare Tinte genommen haben«, sagte Hannah, sichtlich beeindruckt von ihrer Erinnerung. »Vielleicht hat Drake auf diese Weise seinen Hinweis versteckt.«

»Ihr habt mit Zitronensaft geschrieben? Wirklich? Um geheime Botschaften auszutauschen?«

»Informationen von größter Wichtigkeit, wie zum Beispiel

die Frage an meine beste Freundin, ob ihr Bruder mich mochte.«

»Das tat er bestimmt. Wahrscheinlich hast du so lange mit den Wimpern geklimpert, bis er vergessen hatte, wie frech du sein konntest. Aber wie hat deine Freundin deine Geheimschrift entziffert?«

»Ich weiß es nicht mehr genau. Vielleicht konnte man die geheime Botschaft mit Essig entschlüsseln? Oder mit Salz? Bist du sicher, dass du Zitronen riechst? Was auch immer wir mit diesem Blatt anstellen werden, wird es zerstören.«

»*Lass es nicht zu, dass Gier von dir Besitz ergreift*«, wies Otto sie zurecht.

»Es ist die Rede von ›verbrennen‹. Sollten wir das Papier über eine Flamme halten? Vielleicht funktioniert es ja.«

»Warum gibst du es nicht einfach als Suchbegriff bei Google ein, während ich schnell in die Manuskriptsammlung gehe und uns eine köstliche Tasse Kaffee mache?«

»Kaffee? Es ist schon spät.«

»Wir sind jung«, sagte Otto und ging weg, um den Wasserkocher anzustellen.

Hannah arbeitete ein paar Minuten an ihrem Schreibtisch und suchte im Internet nach Rezepturen für unsichtbare Tinte. Als sie das Gesuchte gefunden hatte, gesellte sie sich zu Otto auf eine Bank vor einer großen Kopie von Raffaels *Schule von Athen*. In der Mitte stand Plato und wies mit seinem Finger zum Himmel.

»Ich liebe dieses Bild«, sagte Hannah und nahm die Tasse, die ihr Otto reichte. »Es ist die einzige Kopie, die Drake in der ganzen Bibliothek hat. ›Dort liegt die Wahrheit‹, sagt Plato zu

Aristoteles, der neben ihm steht, ›im spirituellen Bereich, im Unsichtbaren.‹«

»Und völlig unbeeindruckt zeigt Aristoteles auf den Boden. ›Niemals, alter Mann‹, sagt er«, erwiderte Otto. »›Die Wahrheit befindet sich hier auf Erden, in den Dingen, die wir jeden Tag sehen und tun.‹ Auf dem Bild stecken sie nun schon seit 600 Jahren in diesem Widerspruch fest.«

»Ich wusste nicht, dass du Kunst studiert hast«, sagte Hannah, sichtlich beeindruckt.

»Klassenfahrt zum Vatikan im Gymnasium. Wusstest du, dass man als 16-Jähriger in Italien Alkohol trinken darf?«, informierte Otto sie.

»Faszinierend«, sagte Hannah mit einem sarkastischen Unterton. »Falls du immer noch interessiert bist: Man kann eine Schrift aus Zitronensaft mit einer Jodlösung entziffern oder, wie Drake es vorgeschlagen hat, mit einer Flamme.«

»Wie funktioniert das?«

»Vertraust du mir?«, fragte Hannah.

»Warum nicht?«

Hannah nahm ein Feuerzeug aus ihrer Tasche, zündete es an und hielt die Flamme ein paar Zentimeter unter die Seite. Sie bewegte dabei das Feuerzeug hin und her, bis ein kleiner Bereich der Seite braun wurde und zu schwelen begann.

»Pass doch auf«, sagte Otto.

»Es ist schon okay. Der Zitronensaft verdünnt das Papier und wird zuerst verbrennen.« Leicht braune Buchstaben wurden auf der Seite sichtbar: MS45.

»Ein weiteres Buch?«, fragte Otto.

»Nein, das hier befindet sich in diesem Raum. Manuskriptsammlung. MS45 ist die Schubfachnummer, aber es gibt keine Artikelnummer.

»Wo ist denn Schubfach 45?«, fragte Otto.

»Ich weiß es nicht«, sagte Hannah und ließ ihren Blick über die Nummern der großen Schubfächer in den großen Zeichenschränken schweifen. »Die Zahlen hören bei 44 auf.«

Otto öffnete das letzte Schubfach und schaute unter einem Stapel von Aquarellen nach. »Hier ist nichts.«

»Das habe ich dir gerade mitzuteilen versucht«, sagte Hannah wie betäubt, und ein schrecklicher Gedanke kam ihr in den Sinn. Sie drehte sich langsam um und blickte auf das fantastische Kunstwerk, das in der Mitte des Raumes stand.

Eines der beliebtesten Objekte der Bibliothek, ein kreisrundes tibetisches Sandmandala mit einem Durchmesser von gut zwei Metern, befand sich auf einem Podest unter einem Kasten aus Plexiglas. Aus vielen verschiedenen Farben von fein zerriebenen Steinen war mithilfe von Röhrchen, Trichtern und Schabern ein akribisch genaues, kompliziertes Muster von Quadraten innerhalb von Quadraten mit der Abbildung eines Muschelhorns im Zentrum ausgelegt worden.

»O nein«, sagte Otto, als er ihrem Blick folgte. Er überprüfte das kleine Schild auf dem Fußboden. »›MS45. *Das Mandala der Fülle.*‹ Wie soll Drake es dort versteckt haben?«

»Das tibetische Symbol der Unbeständigkeit«, sagte Hannah. »›*Lass es zu, dass unbeständige Dinge unbeständig sind, dann wirst du den nächsten Vers finden.*‹ Ein Sandmandala ist dafür ein perfektes Beispiel. Wenn es gelegt wurde und die Menschen es gesehen haben, wird es am Schluss der Zeremonie wieder zerstört.«

»Mir wird schlecht«, sagte Otto. Er umkreiste das Podest und ging immer wieder in die Hocke, um einen Blick darunter zu werfen.

»Was machst du da?«, fragte ihn Hannah.

»Vielleicht ist irgendwo eine kleine Tür oder ein Element, das sich zur Seite schieben lässt«, sagte Otto voller Hoffnung.

Hannah musste lachen. »Das Blatt ist unter dem Sand, Otto. Ich habe das letzte zum Vorschein gebracht. Jetzt bist du dran.«

»Wir dürfen das auf keinen Fall tun, das ist kriminell. Ich würde damit gegen die Auflagen meines Visums verstoßen«, und dann im gleichen Atemzug: »Hilf mir bitte, diesen großen Plexiglaskasten zu bewegen.«

Sie hoben den Kasten herunter und betrachteten das Kunstwerk. Ohne den Schutz aus Plexiglas wirkte es noch prächtiger und lebendiger.

»Der Sand ist an manchen Stellen fünf Zentimeter dick. Das Blatt kann überall liegen«, sagte Otto.

»Dann lass uns keine Zeit verlieren. Nur zu, Otto, tu dir keinen Zwang an!«

»Nun werd nicht gleich frech.« Otto hielt seine gekrümmte Hand über eine Ecke des größten Quadrates innerhalb des Kreismandalas. »Jetzt könnte ich gut einen Drink gebrauchen«, sagte er, holte tief Luft und zog mit der Hand durch den Sand in Richtung Mitte.

»Mein Gott, ich kann gar nicht glauben, dass du es getan hast«, schrie Hannah entsetzt auf.

»Meinst du das ernst?«, fragte Otto.

Hannah grinste. »Nein. Hast du irgendetwas gefühlt?«

»Nein. Ich denke, sie werden uns ohne Grund feuern.«

»Dieses Mal sind *meine* Hände sauber geblieben«, sagte Hannah verschmitzt.

Otto wiederholte seine fegende Bewegung von jeder Ecke aus. Nichts. Schließlich grub er in dem Sandhaufen in der Mitte. Fast am Boden berührten seine Hände Papier. Ein fein verschnürtes Bündel. Er hob es aus dem farbigen Sand, hielt es so, dass Hannah es sehen konnte, und ließ sich kopfüber auf das ruinierte Mandala fallen. Er konnte nicht glauben, was er gerade getan hatte.

»Eigentlich hat es sich richtig gut angefühlt«, sagte er.

## Unbeständigkeit aus erleuchteter Sicht

Unbeständigkeit. Klingt das Wort irgendwie bedenklich? Wie eine Bedrohung? Wie ein Feind, vor dem wir uns schützen müssen? Immerhin ist Unbeständigkeit dafür verantwortlich, dass wir altern und sterben und nicht für immer an den Menschen und Dingen festhalten können, die wir lieben. Anstatt darüber zu reden, wie vollkommen die Unbeständigkeit ist, sollten wir vielleicht lieber Sandsäcke um uns herum aufbauen, um sie aufzuhalten, weil sie ständig in unser Leben sickert und all das zerstört, was wir uns so hart erarbeiten.

Oder vielleicht auch nicht. In der Welt, in der wir leben, ist alles unbeständig. Es ist von großem Nutzen, wenn wir erkennen, in welchem Ausmaß Veränderung in der Welt existiert. Unbeständigkeit zulassen zu können, ist eine wichtige Voraussetzung dafür, Leiden zu überwinden und Erleuchtung zu erlangen. Mit dieser einfachen Erkenntnis zu leben, führt zu einer natürlichen

Offenheit, einer Bereitschaft zu geben und zu nehmen, ohne sich verpflichtet zu fühlen. Diese Offenheit beseitigt unnötiges Leiden, das entsteht, weil wir uns immer wieder dauerhaft mit unbeständigen Dingen verbinden wollen.

Das Potenzial für alles existiert überall, und innerhalb dieses Potenzials gibt es eine große Bandbreite von Wahrscheinlichkeiten. Unsere Wahrnehmungen und Reaktionen formen diese Wahrscheinlichkeiten zu einer Realität, die einen bestimmten Nutzen für uns hat. Potenziell können wir in der nächsten Stunde viele verschiedene Dinge tun. Mit jeder Sekunde, die vergeht, beschränkt unser Handeln diese Wahrscheinlichkeiten, bis die Stunde vorüber und zu einer Tatsache geworden ist. In jedem Moment könnten unsere Wahrnehmungen und Reaktionen eine völlig andere Zukunft erschaffen.

Otto wurde dieses Phänomen schmerzlich bewusst, als er und Hannah ihren neuesten Fund bei Starbucks auspackten. Er war überwältigt von den Möglichkeiten, die seine Zukunft bot. Seine Situation und sein Charakter machten allerdings bestimmte Möglichkeiten wahrscheinlicher als andere. Er war wütend, und daher war sein erster Gedanke, die Arbeit zu kündigen und wegzuziehen. Wenn er das nicht fand, wonach er suchte, welchen Sinn hatte es dann noch zu bleiben? Wenn er diesen Weg gewählt hätte, hätte er ihn überall auf der Welt gehen können. Aber er verwarf diese Möglichkeit, als Hannah seinen Arm berührte. Seine Reaktion führte auch dazu, dass er die neue Möglichkeit in Betracht zog, eine Beziehung mit ihr anzufangen. Als er schließlich einen flüchtigen Blick auf das neue Blatt warf, erinnerte er sich an sein ursprüngliches Ziel. Obwohl er nur langsam vorankam, traf Otto eine Entscheidung, die seine Zukunft bestimmen würde: Er wollte weiter nach den restlichen Blättern suchen.

Die Welt bietet uns mehr Möglichkeiten, als wir jemals wahrnehmen oder erproben können. Und dennoch, wenn wir unseren Geist nicht empfänglich machen für die Vollkommenheit der Unbeständigkeit, beschränken wir uns auf das Gefühl, festzusitzen und uns zu langweilen. Wir erleben nur deswegen Schönheit, Vielfalt und Fülle, weil nichts beständig ist. Wenn wir das Wirken von Veränderung in unserem Leben leugnen oder nicht akzeptieren, dann begrenzen wir die Fülle unserer Wahrnehmung.

Hannahs Vater verbrachte viele Jahre damit, die Unbeständigkeit in seinem Leben, im Leben seiner Kinder und in der Welt um ihn herum zu ignorieren. Das Leben schien einfach zu sein, wenn nicht sogar ein wenig langweilig. Er glaubte, über alles Bescheid zu wissen. In seiner Vorstellung musste er nur genügend Geld verdienen, um seiner Familie all das geben zu können, was sie seiner Meinung nach brauchte, und gleichzeitig versuchen, seine eigene Unzufriedenheit in den Griff zu bekommen. Er war immer davon ausgegangen, dass er über genügend Zeit verfügte, seine Kinder immer jung blieben und ein angenehmes Leben auf ihn wartete, sobald er seinen Drang nach materiellen Dingen befriedigt hatte. Als seine nachlassende Gesundheit ihn dazu zwang, sein Leben Revue passieren zu lassen, erkannte er, dass er die Fülle und Vielfalt des Lebens, die seine Unzufriedenheit gestillt hätten, nicht wahrgenommen hatte, weil er die zahllosen kleinen Veränderungen ignorierte, die jeden Tag geschehen.

Wenn unser Geist erleuchtet ist, erkennen wir, dass die Welt nicht beständig ist, und diese Erkenntnis hilft uns, das allgemeine

menschliche Leiden an Zwangsvorstellungen und Unzufriedenheit zu vermeiden. Wie geschieht dies genau? Unzufriedenheit
entsteht dann, wenn wir erkennen, dass alles, was wir haben,
unbeständig ist, wir aber gleichzeitig nicht die Unbeständigkeit
unserer Wünsche und Bedürfnisse wahrnehmen. Wenn wir etwas sehen, das wir haben wollen – einen Computer, eine neue
Jacke, einen neuen Partner –, dann zieht es uns stark durch
seinen Glanz und seine Neuheit an, und wir glauben, dass es
immer so bleiben wird. Aber sobald wir das besitzen, was wir uns
wünschen, stellen wir fest, dass es sich nicht nur physisch verändert, sondern wir mit der Zeit auch anders darüber denken. Es
verliert seinen schimmernden Glanz und seine Anziehungskraft.
Also halten wir erneut nach etwas Ausschau, das uns zufrie-
denstellt, ohne uns jemals einzugestehen, dass alle Phänomene
unbeständig sind; und nichts ist davon ausgenommen.

Wenn wir genau hinschauen, sehen wir, dass sich das, woran
wir uns eifrig klammern, in etwas verwandelt, was wir nicht
wollen oder gar nicht mehr wahrnehmen. Während wir noch
von einer gut aussehenden Bekanntschaft schwärmen, kann sich
diese Person in jemanden verwandeln, mit dem wir nichts zu tun
haben wollen. Während wir darüber brüten, uns ein modischeres
Äußeres zuzulegen, kann die aktuelle Mode uns schon wieder
altmodisch aussehen lassen.

Dinge gehen kaputt, Menschen werden alt und verändern
ihre wankelmütigen Ansichten. Manchmal hängen wir an bestimmten Sachen, die eine Zeit lang gleichbleiben, aber während dieser Zeit verändert sich unser eigener Geschmack, wir
sehen sie in einem anderen Licht, und zum Schluss wollen wir
sie gar nicht mehr haben. Dann haben wir die ganze Zeit ver-

schwendet und andere Aspekte unseres Lebens vernachlässigt – und wozu das alles? Nur um etwas zu erreichen, was inzwischen gar nicht mehr attraktiv für uns ist. Die Welt, die wir um uns herum wahrnehmen, verändert sich ständig. Alle Versuche, an Dingen festzuhalten oder sie beständig zu machen, werden uns nur frustrieren und unnötiges Leiden erzeugen.

Manchmal leugnen wir einfach, dass das Objekt unserer Begierde oder der Grund für unsere Unzufriedenheit sich überhaupt verändert hat, obwohl das Gegenteil offensichtlich ist. Anstatt die Dinge ab und zu an der Wirklichkeit zu überprüfen, halten wir an liebgewordenen Einstellungen und Überzeugungen fest. Wenn wir immer noch der Person nachtrauern, die unser Herz in der Jugend gebrochen hat, dann betrachten wir hartnäckig ein Bild der Vergangenheit. Das eine oder andere hat sich sicherlich seit damals verändert, und so kann es gut sein, dass wir uns über etwas ärgern, was gar nicht mehr existiert. Wenn wir nicht aufpassen, benutzen wir diesen Trick selbst dann, wenn sich eine Person oder ein Objekt direkt vor uns befindet.

Hannahs Mutter betrachtet ihre erwachsene Tochter, aber sieht in ihr nur das Kind, das gerade seine ersten Zähne bekommt. Sie hat das Gefühl, Hannah ständig Ratschläge geben zu müssen, weil sie sich nicht vorstellen kann, dass sich ihre Tochter inzwischen so verändert hat, dass sie für sich selbst sorgen kann.

Otto erscheint nun schon seit Jahren jeden Tag am selben Arbeitsplatz, aber während dieser Zeit hat sich das, wofür er verantwortlich ist, so langsam verändert, dass er es gar nicht mitbekommen hat. Als seine Arbeit von ihm immer weniger Kreativität verlangte und weder Freunde noch die Familie da waren, um seinem Leben eine andere Dimension zu geben, wurde er immer unzufriedener. Er wusste zwar, dass er nicht glücklich war, aber solange er nicht erkannte, dass sich die Situation am Arbeitsplatz gewandelt hatte, machte er seinen Job aus Gewohnheit einfach weiter. Die Tatsache, dass er sein Leben 40 bis 60 Stunden in der Woche hasste, war ein Geheimnis, das er sogar vor sich selbst verbarg. Wenn er seine Umgebung regelmäßig wahrgenommen hätte, wäre er nicht überrascht gewesen, sich in dieser Situation wiederzufinden, und vielleicht hätte er sie sogar ganz vermeiden können.

Manchmal halten wir an einem Objekt oder an einer Situation fest, weil wir Angst davor haben zu handeln. Wir müssen uns dann klarmachen, dass wir in jeder Sekunde *handeln*. Wenn wir an etwas festhalten, entscheiden wir uns dafür, nicht weiter zu wachsen, sondern zu verkümmern. Wir können Veränderung und Handeln nicht vermeiden, und ebenso wenig können wir so tun, als würden beide gar nicht existieren.

Wir können unsere Unzufriedenheit aber auch vermindern, indem wir erkennen, auf wie viele Weisen wir *selbst* unbeständig und dem permanenten Wandel unterworfen sind. Denken Sie kurz darüber nach: Was ist Veränderung genau? Wir behandeln Veränderungen in der Regel so, als wären sie uns fremd und würden nur außerhalb von uns geschehen. Wir sehen in ihnen entweder eine Bedrohung – etwas, wovor wir uns schützen müssen, weil wir die Dinge so lieben, wie sie gerade sind –, oder wir betrachten sie als ein Hilfsmittel, um die Dinge so zu verändern, wie wir sie gerne hätten. Die Wahrheit ist jedoch, dass Veränderung nicht nur unvermeidlich ist, sondern auch überall stattfindet, selbst in unserem eigenen Körper. Jeden Tag entstehen und vergehen Milliarden von Zellen. Manche weißen Blutkörperchen haben nur eine Lebensspanne von wenigen Minuten. Darmzellen erneuern sich einmal oder zweimal in der Woche; Hautzellen leben noch nicht einmal einen Monat. Wir können keinen Moment vollkommen still sitzen. Wir bewegen uns ständig, atmen, verdauen. Unser Herz schlägt. All dies trägt dazu bei, die große Maschine der Veränderung in Gang zu halten.

Otto hat einmal geglaubt, dass Unabhängigkeit das Wichtigste für ihn sei, und er hat große Opfer auf sich genommen, um sicherzustellen, dass niemand sie bedrohte. Inzwischen hat er angefangen, sich seine Prioritäten anzuschauen. Nachdem er jahrelang einsam und isoliert gelebt hat, fragt er sich inzwischen, ob er immer noch das will, was er einst gewollt hat. Seine Vorstellung von Unabhängigkeit hat sich zwar nicht verändert, aber indem er erkennt, wie unbeständig sein ganzes Leben ist, kann er sehen, dass sich auch seine Wertvorstellungen gewandelt haben. Er kann nun versuchen, seine Realität und seine Wünsche besser miteinander in Einklang zu bringen.

## Durch die Hintertür: Unbeständigkeit

Lassen Sie die Vorstellung los, dass irgendeine Situation oder Lebenslage von Dauer sein könnte. Solange Sie leben, ist es nie zu spät, Ihre Lage, Ihre konkrete Situation und – noch wichtiger – Ihre Perspektive zu verändern. Wenn Sie die Vollkommenheit der Unbeständigkeit vollständig verstehen wollen, sind Sie dafür verantwortlich, Ihre Perspektive so oft zu verändern, wie sich die Welt um Sie herum verändert – und das heißt ständig.

Schauen Sie sich in regelmäßigen Abständen Ihre Umgebung an und gestehen Sie sich ehrlich ein, was Sie sehen. Beobachten Sie, wie sich die Welt in jeder Minute und jeder Stunde transformiert. Öffnen Sie sich diesem ständigen Wandel. Das Einzige, was von Dauer ist, ist die Veränderung.

### Zweiter Schritt: *Öffnen* Sie sich der ständigen Veränderung!

Dies ist eine gute Gelegenheit, eine Liste mit allen Veränderungen zu machen, die Ihnen einfallen. Schreiben Sie in der linken Spalte die Dinge auf, die Sie gegenwärtig nicht befriedigen, und in der rechten, in welche Richtung Sie Ihre Situation verändern wollen. Verbinden Sie die jeweiligen Punkte mit einem Pfeil, der von der linken zur rechten Spalte zeigt. Eine solche Liste könnte wie folgt aussehen:

| Gegenwärtige Situation | Veränderung |
|---|---|
| ein altes, kaputtes Auto | ein neues, zuverlässiges Auto |
| ein unbefriedigendes Privatleben | eine wunderbare Liebesbeziehung |
| ein Arbeitsplatz ohne Entwicklungsmöglichkeiten | eine finanziell und menschlich lohnende Aufgabe |
| ein begrenztes Verständnis | erleuchtete Einsichten |

Dies ist mehr als nur eine Wunschliste; es ist eine gezielte Strategie. Die Dinge aufzuschreiben hilft Ihnen dabei, etwas Neues in Ihrem Leben zu manifestieren, indem Sie etwas Altes loslassen – selbst wenn es sich dabei nur um eine überholte Vorstellung oder eine destruktive Gewohnheit handelt. Es kann sein, dass Ihre alten Muster nicht mehr zu Ihren neuen Zielen passen und Sie zurückhalten. Wenn Sie eine Liste der Veränderungen erstellen, dann geben Sie Ihren Träumen Platz in Ihrem Leben und ermöglichen es ihnen auf diese Weise, Wurzeln zu schlagen und zu wachsen.

Achten Sie auf Ihre Gefühle und bereiten Sie sich geistig auf die bevorstehenden Veränderungen vor. Experimentieren Sie damit, kleine Änderungen in Ihren Gewohnheiten und Ihrer Umgebung vorzunehmen. Wenn Sie erst einmal in Fahrt gekommen sind, wird es für Sie immer einfacher, Ihr Leben zu verändern.

**Visualisieren:** Setzen Sie sich bequem hin und schließen Sie die Augen. Machen Sie einen tiefen, erholsamen Atemzug. Entspannen Sie Körper und Geist. Stellen Sie sich vor, Sie befänden sich auf einem endlosen weißen Sandstrand. Riechen Sie die salzige Luft, hören Sie die Wellen, spüren Sie die Sonne und den Wind auf Ihrem Gesicht und Ihre nackten Füße im Sand.

Schauen Sie in die unablässig entstehenden Wellen, die sich an nahe gelegenen Felsen brechen und sanft auf den Strand auslaufen. Beobachten Sie die Wolken und achten Sie darauf, wie sie vorbeiziehen und sich verändern. Entspannen Sie sich und lassen Sie allen Widerstand gegen Veränderungen los. Akzeptieren Sie alles so, wie es ist, und genießen Sie die von Grund auf unbeständige Natur Ihrer Umgebung.

## Vorteile und Nutzen

Das Leben ist unbeständig. Nehmen Sie nicht einen Moment als gegeben hin. Wenn Sie nur eine Stunde mit Ihren Lieben verbringen können, wie viele Minuten von dieser Stunde würden Sie dann damit vergeuden, sich zu streiten? Wie viele Minuten würden Sie damit verbringen, Ihren Schrank aufzuräumen? Oder fernzusehen? Die ganze Stunde? Sie verbringen ungefähr ein Drittel Ihres Lebens mit Schlafen. Halten Sie kurz inne und rechnen Sie sich aus, wie viel Zeit Ihnen in diesem Leben noch zur Verfügung stehen wird, und denken Sie dann genau darüber nach, wie Sie Ihre begrenzte Zeit nutzen können, um das Leben zu führen, das Sie sich wünschen. Wollen Sie es damit verbringen, sich um triviale Dinge zu sorgen oder unnötig zu leiden?

Wenn Sie die Vollkommenheit der Unbeständigkeit erkennen, lösen sich alle Probleme und Existenzkämpfe auf, die mit dem Gefühl der Unzufriedenheit verknüpft sind.

Wenn Sie abnehmen wollen, sollten Sie lernen, die Veränderungen in Ihrem Körper wahrzunehmen. Fragen Sie sich vor dem Essen: *Bin ich hungrig?* Oder essen Sie einfach aus Gewohnheit? Fragen Sie sich, wenn Sie den ersten Bissen nehmen: *Schmeckt dies auch gut? Esse ich es, um meinen Körper gesund zu erhalten, oder esse ich aus einem anderen Grund? Und wie lautet dieser Grund?* Achten Sie auf die Veränderungen in Ihrem Körper, während Sie essen. Hören Sie auf, wenn Sie keinen Hunger mehr haben, oder essen Sie einfach weiter? Haben Sie ein Gespür dafür, wann es genug ist?

Wenn Sie Ihre Situation verbessern wollen, indem Sie in Ihrem Leben mehr Raum für Wohlstand, Glück, Gesundheit, Frieden oder Liebe schaffen, dann können Sie sofort damit anfangen, eine bestimmte Veränderung vorzunehmen. Wenn Ihre Wohnung oder Ihr Haus voller Unordnung ist, sollten Sie sich umschauen und erkennen, wie viele Dinge Sie angesammelt haben, die Sie niemals benutzen. Vielleicht handelt es sich um Sachen, die Sie von anderen übernommen haben, aber vielleicht haben Sie sie auch selbst gekauft. Wenn diese Dinge Ihr Leben einengen, warum halten Sie dann an ihnen fest? Aus Geiz? Aus Faulheit? Schauen Sie sich unvoreingenommen alles an, was Sie besitzen. Existiert es so vor Ihren Augen, wie es auch in Ihrer Vorstellung existiert, oder ist es beschädigt, technisch überholt oder unpraktisch? Wenn ja, sollten Sie sich davon trennen. Gehen Sie durch all Ihre Zimmer. Werfen Sie alte Nahrungsmittel weg, die Sie nicht mehr essen. Verschenken Sie alte Kleidung, die Sie nicht mehr tragen. Denken Sie in Zukunft sorgfältig darüber nach, welche Sachen Sie in Ihr Haus bringen. Seien Sie offen und lassen Sie in Ihrem Leben viel Raum für Veränderungen.

Wenn Sie unsicher sind, sollten Sie dieses Gefühl als Unzufriedenheit erkennen. Unsicherheit ist der falsche Glaube, dass andere es geschafft haben, einen dauerhafteren und wünschenswerteren Zustand herzustellen als Sie selbst – und irgendwie ist Ihr unerwünschter Zustand ebenfalls von Dauer.

Sie haben die Freiheit, Ihre Situation – und wichtiger noch: Ihren Geist – zu verändern, und zwar so oft, wie Sie es sich wünschen. Die Umstände befinden sich immer im Fluss. Das Glück ist wie ein Ozean; manchmal ist Flut, und manchmal kann man vom Strand aus das Wasser gar nicht sehen. Aber die Flut kommt immer wieder zurück, nicht wahr? Wenn die Zustände besonders schlimm sind, finden Sie Schätze im Sand, die Sie vorher nicht wahrgenommen hatten.

Wenn Sie mit dem, was Sie haben, nicht zufrieden sind, sollten Sie sich Ihre Unzufriedenheit einmal genau anschauen. Was ist der wahre Grund dafür, dass Sie nicht glücklich sind mit dem, was Sie haben? Liegt es daran, dass das, was Sie haben, Ihnen nicht gefällt oder nicht funktionsfähig ist? Verändern Sie Ihr Leben dann auf jeden Fall so, dass die Situation beseitigt wird und Sie das bekommen, was Sie zum Überleben und Funktionieren in der Welt benötigen. Ihre Unzufriedenheit kann jedoch auch andere Ursachen haben. Vielleicht wollen Sie andere Menschen beeindrucken, oder Sie wollen nur sich selbst imponieren. In beiden Fällen sollten Sie sich klarmachen, dass die eindrucksvollsten Menschen sinnvolle Ziele im Leben verfolgen und mit dem Erreichten zufrieden sind; sie geben immer ihr Bestes, unabhängig von der jeweiligen Situation.

Ängstlichkeit und Unruhe sind einfach nur Symptome, die auftreten, wenn man sich gegen Veränderungen sperrt. Wovor haben Sie Angst? Dass Ihre neue Situation weniger wünschenswert sein könnte als Ihre gegenwärtige? Was genau *ist* an Ihrer jetzigen Situation so großartig? Was befürchten Sie zu verlieren? Schauen Sie sich die Umstände Ihres Lebens genau an. Vielleicht sind Sie Ihrer gegenwärtigen Situation schon entwachsen und scheuen sich, es vor sich selbst und nahestehenden Menschen zuzugeben? Vielleicht sind Sie bereit für eine neue Welt der Möglichkeiten und es ist Zeit, dies zu erkennen.

Auch Langeweile entsteht dadurch, dass Unbeständigkeit nicht zugelassen wird. Halten Sie ein paar Momente inne und beobachten Sie, wie die Welt in schnellem Tempo an Ihnen vorbeirauscht. Wenn Sie bewusst an diesen Veränderungen teilnehmen, werden sie Ihr Leben verändern, und Sie werden nie wieder die Zeit haben, sich zu langweilen. Was hält Sie also zurück? Kommen Sie nicht mit Entschuldigungen. Fragen Sie sich stattdessen, ob Sie das, was Sie zu wollen glauben, wirklich wollen. Ist es wirklich unmöglich, es zu erlangen, oder sind Sie einfach nur faul? Wenn Sie nicht faul sind, dann schauen Sie sich noch einmal Ihre Unzufriedenheit an und fragen Sie sich, warum Sie genau das haben wollen, was Sie nicht haben können. Schämen Sie sich nicht, dass Sie nicht in allem, was Sie angehen, extrem erfolgreich sind. Das Leben ist ein Existenzkampf. Sie werden erfolgreicher als die meisten anderen Menschen abschneiden, wenn Sie es schaffen, glücklich zu sein.

Wenn Sie die Vollkommenheit der Unbeständigkeit verstehen, erkennen Sie, dass die Welt ein unbegrenzter Quell der Erleuchtung ist, der niemals versiegt. Er enthält alles, was Sie zum Glücklichsein brauchen und ist überall dort, wo auch Sie sind. Es gibt für alle genug. Jede Sekunde bietet die Gelegenheit, das Leben in einer neuen Weise zu genießen. Selbst die schlimmsten Situationen haben keinen Bestand und bieten die Möglichkeit, etwas aus ihnen zu lernen und zu wachsen. Der Quell sprudelt ununterbrochen und versiegt niemals; er fließt einfach ohne Unterlass in ein Kaleidoskop von Schönheit und Fülle. Wenn Sie die Unbeständigkeit akzeptieren, werden Ihr offener Geist und Ihr offenes Herz zu dem Fundament, auf dem alle späteren Einsichten sich entfalten können.

## UNBESTÄNDIGKEIT AUF DEN PUNKT GEBRACHT

*»Ein Sucher, der die Praxis der Selbstlosigkeit von bestimmten Objekten und Vorstellungen abhängig macht, ist wie jemand, der im Dunkeln tappt; er wird nichts finden.«*

### Die Vollkommenheit der Unbeständigkeit

In einer unbeständigen, sich ständig wandelnden Welt existiert überall das gleiche Potenzial. Schönheit, Vielfalt und Fülle sind nur möglich aufgrund von Veränderung.

### Durch die Hintertür

Zweiter Schritt: *Öffnen* Sie sich der ständigen Veränderung!

### Übung

Erstellen Sie eine Liste von Veränderungen, die Ihnen einfallen. Schreiben Sie auf, was Ihnen an Ihrem Leben nicht gefällt und wie Sie Ihre Situation verändern möchten.

### Vorteile und Nutzen

Die Vollkommenheit der Unbeständigkeit zu erkennen, hilft bei Symptomen der Unzufriedenheit, wie zum Beispiel:

- Übergewicht
- nicht zufrieden mit dem zu sein, was man hat
- Ängstlichkeit
- Langeweile

**Fazit**

Wenn Sie die Vollkommenheit der Unbeständigkeit erkennen, hören Sie auf, an der Unzufriedenheit zu leiden.

## Kapitel 3:
# Die Vollkommenheit der Freiheit

*Man kann dem Menschen alles nehmen, nur nicht die letzte menschliche
Freiheit, sich zu den gegebenen Verhältnissen so oder so einzustellen und
sein Leben sinnvoll zu gestalten.*

VIKTOR FRANKL

»Schau an, wen haben wir denn da?«, fragte der Barkeeper,
während im Hintergrund Rockmusik lief. Er schob ein großes,
schäumendes Bier über den Tresen in Ottos Richtung und hielt
ihm seine tätowierte Faust hin.

»Zum Wohl, Devin«, sagte Otto und stieß seine Faust gegen
Devins Faust. Er war ein wenig verlegen, weil Hannah sah, dass
er ein regelmäßiger Gast im *Roadhouse* war. Nicht dass es sich um
eine schlechte Bar handelte. Es war eine ordentliche Kneipe, wie
sie vielleicht auch in Schottland existierte – klein und dunkel,
mit einem einzigen Billardtisch im Hintergrund, falls sich die
Gäste sportlich betätigen wollten. Und mit der besten Musikbox
in der ganzen Stadt. An diesem Abend war nicht viel los.

»Was darf's sein?«, fragte Devin Hannah.

»Einen Schokoladen-Martini und ein paar Zwiebelringe«,
sagte sie und versuchte dabei, nicht auf die vielen Piercings in
Devins Gesicht zu starren. »Wie wär's mit einem Schuss Wodka
und einer Tüte Kartoffelchips?«, schlug Devin vor.

»Schon gut, ich nehme einfach das, was Otto nimmt. Und können Sie das Ding bitte leiser stellen?«, sagte Hannah zu Ottos Leidwesen und zeigte dabei auf die beste Musikbox der Stadt.

Der Barkeeper schaute Otto fragend an. »Ja, sofort, Ma'am«, sagte er mit einem Achselzucken und einem Zwinkern.

Otto und Hannah hockten sich neben dem Dartbrett in ein kleines Separee, das wie ein Sarg geformt war.

»Hast du nicht gesagt, die Blätter seien zu wertvoll, um sie mit in eine Bar zu nehmen?«, bemerkte Otto.

»Du meintest, du könntest einen Drink gebrauchen. Und ich brauchte dringend einen Ortswechsel.«

»Zweifellos. Dies ist wahrscheinlich das letzte Blatt, das wir finden, bevor wir unseren Job verlieren. Warum schauen wir es uns nicht wenigstens an, hm?«

Sie überreichte Otto die Verpackung. »Du hast dir die Ehre verdient. Außerdem kann ich bei dem Licht hier nichts erkennen.«

Otto stellte sein Glas beiseite und wickelte ein einzelnes schwarzes Blatt aus, das mit einer goldenen Vignette verziert war.

»Das Zeichen des Sieges«, sagte Otto. »Das Symbol für das Überwinden von Täuschungen auf dem Pfad der Erleuchtung. Du siehst, ich habe mein Wissen in der Zwischenzeit ein wenig aufgefrischt.« Als er merkte, dass Hannah von seinen Kenntnissen nicht sonderlich beeindruckt war, fing er an, ihr Drakes Übersetzung im Lichte einer Bierwerbung vorzulesen, die über ihren Köpfen flackerte.

»*Ein Sucher, der sich auf sein Verhalten verlässt, um Sittlichkeit zu praktizieren, ist wie jemand, der in einer Festung eingeschlossen ist. Seine eigenen Vorstellungen machen ihn zum Gefangenen. Ein Sucher, der die Praxis von Sittlichkeit nicht von einem bestimmten Verhalten abhängig macht, ist wie jemand, der den Schlüssel zur Festung besitzt; beschützt und sicher kann er kommen und gehen, wie es ihm beliebt. Du bist kein Gefangener deiner Vorstellung, Ausbildung oder Tradition, sondern frei, ein Leben in Gelassenheit zu führen. Um Erleuchtung zu erlangen, muss man erkennen, dass Freiheit die sittliche Natur aller Erscheinungen ist.«*

»Ist das alles? Gibt es keinen Hinweis darauf, wo das nächste Blatt zu finden ist?«, fragte Hannah.

»Wollen wir nicht erst mal den Inhalt dieses Blattes auf uns wirken lassen?«

»Ich bin dazu im Moment zu müde«, sagte Hannah.

»Einen Hinweis wie *diesen hier*?« Otto holte ein brüchiges Blatt hervor, das zusammen mit dem Schriftblatt eingepackt worden war, und reichte es Hannah. »Es ist ein Blatt von einem indischen Feigenbaum, der auch als ›Bodhibaum‹ bekannt ist.«

»Der Baum, unter dem Buddha Erleuchtung erlangt hat?«

Otto nickte. »Genau der.«

»Cool«, sagte sie und nahm das Blatt vorsichtig in die Hand. Sie las die Botschaft, die auf ihm stand, laut vor: »›*Schau selbst über die kompliziertesten Konstrukte hinaus. Die Freiheit muss lebendig eingefangen werden. Dort wirst du den nächsten Vers finden.*‹ Auf der Rückseite steht eine Acht.«

»Lebendig einfangen. Toll! Ihr Amerikaner habt wirklich einen Hang zum Dramatischen.«

»Über diesen Hinweis muss ich erst mal eine Nacht schlafen«, sagte Hannah. Als Otto ihr das Blatt hinhielt, wehrte sie ab. »Nein, wenn du noch Energie hast, kannst du dich ja weiter damit beschäftigen. Wer weiß, was uns morgen bei der Arbeit bevorsteht.«

»Okay, Hannah. Du gehst jetzt nach Hause ins Bett. Ich kümmere mich derweil um die Rechnung hier.« Nachdem Hannah gegangen war, steckte Otto das eingepackte Blatt in seine Jacke und brachte sein Bierglas zum Tresen.

»Wie geht's, Otto?«, fragte Devin und drehte dabei seinen Kopf, aber nicht seine Augen von dem alten Samurai-Film weg, der im Fernsehen hinter dem Tresen lief.

»Geht so, Kumpel. Ich werde morgen wahrscheinlich gefeuert und abgeschoben, aber davon abgesehen geht es mir richtig gut.«

Devin lachte. »Du könntest sofort bei uns anfangen«, sagte er und zapfte für sie beide ein Bier.

»Ich bevorzuge das Leben auf dieser Seite des Tresens, vielen Dank.«

»Also«, Devin beugte sich vor, »was hast du getan?«

»Du meinst, um gefeuert zu werden? Ich habe in der Bibliothek ein buddhistisches Sandmandala ruiniert.«

»Oh! Warum um Himmels willen hast du das getan?«

»Hast du einen Moment Zeit?«

»Mehr als genug«, erwiderte Devin.

Otto erzählte Devin, wie er und Hannah die geheimnisvollen Blätter gefunden hatten, indem sie Drakes Hinweisen gefolgt waren, und wie das dazu geführt hat, dass er das Mandala zerstören musste.

»Die Hintertür zur Erleuchtung«, sagte Devin. »Das interessiert mich brennend. Wenn ich jemals erleuchtet werden sollte, dann geschieht das sowieso nur durch irgendeine Hintertür oder Falltür oder vielleicht sogar mit dem Fallschirm, weil sie jemanden wie mich eh nicht durch den Vordereingang lassen.«

Als Otto das Blatt aus seiner Jackentasche holte und auf den Tresen legte, klingelte sein Handy. Er sah, dass Chloe am anderen Ende war, stellte den Klingelton ab und sprach weiter mit Devin. »Du kannst gerne einen Blick darauf werfen. Ich werde jedenfalls nicht schlau daraus.«

Devin nahm das Blatt und las die Übersetzung.

»Toll! Das ist so wahr, Mann. So wahr«, sagte Devin und gab Otto das lose eingewickelte Blatt zurück.

»Ist das alles?«

»Was willst du noch von mir hören?«

»Du stimmst also mit dem überein … was hier gesagt wird?«

»Ob ich damit übereinstimme? Nicht nur das, ich lebe danach. Die Gesellschaft ist so in ihren Vorstellungen gefangen, wie wir aussehen und uns verhalten sollen«, sagte er und zeigte auf die Musikbox, »und welche Musik wir hören sollen. Wenn man nicht das tut, was die Gesellschaft für richtig erachtet, ist man plötzlich kein ordentlicher Mensch mehr. Unser ganzes Leben ist institutionalisiert. All unser Wissen ist ein ›Konstrukt‹. Es hat nicht notwendigerweise etwas mit der Wirklichkeit zu tun; es hängt von unserer Wahrnehmung, unserer Lebenserfahrung und einfach nur von unseren eingefahrenen Gewohnheiten ab. Wir müssen uns von allem befreien, was uns beigebracht wurde; von allen Vorstellungen, die uns die Gesellschaft eingetrichtert hat, und selbst bestimmen, was wir denken und wie wir uns verhalten.«

»Und wo wir uns ein Piercing machen lassen?«

»Oder ein Tattoo.« Devin lachte.

»Aber tatsächlich, es scheint eine unausgesprochene Vereinbarung zu geben, dass niemand zu weit von der Norm abweichen darf, wenn er nicht als Außenseiter oder Freak bezeichnet werden will.«

»Devin, es tut mir leid, es dir sagen zu müssen, Kumpel, aber schau nur in den Spiegel. Du *bist* ein Freak.«

»Nein, mein Lieber, ich *erscheine* nur wie ein Freak, das ist der Unterschied. Mein Äußeres täuscht über meine wahre innere Natur hinweg.«

»Ich glaube, du hast zu viele Samurai-Filme gesehen. Du kleidest dich also anders, weil du damit nur zum Ausdruck bringen willst, dass du unsere kulturellen Normen ablehnst?«

»Genau.«

»Komm schon, Devin. Wie sieht es mit der Kultur der anderen aus, in der man auch Tattoos und Piercings haben darf, die gleichen Stiefel trägt wie du und alte amerikanische Autos fährt. Du magst dich zwar von ein paar Leuten unterscheiden, aber du siehst genauso aus wie alle deine Freunde. Mir scheint, du bist nicht sehr frei von ihrem Einfluss.«

»Treffer! Schuldig im Sinne der Anklage. Außer dass ich mit dem Bus fahre. Das Äußere ist nur ein Symbol für das, worum es eigentlich geht«, sagte Devin.

»Und das wäre?«

»Dass ich weiß, ob ein Glaube oder ein Konstrukt mich in Schwierigkeiten bringt – wie der Vergaser meines Camaro, Baujahr 68, den ich früher fuhr.«

»Ich hab's gewusst!«, rief Otto und zeigte auf Devin.

»Ich kann die Sache hinter mir lassen, so wie ich auch den

Camaro hinter mir gelassen habe. Und das ist das Entscheidende«, sagte Devin.

Otto hatte die meisten Dinge in seinem Leben hinter sich gelassen, noch bevor sie überhaupt zu einem Problem für ihn werden konnten. Seinen Job, die USA und die Suche nach den Blättern – er könnte den Rest genauso einfach hinter sich lassen. Er nahm den letzten Schluck von seinem Bier. »Ich könnte alle Dinge in meinem Leben hinter mir lassen.«

»Wirklich?«, hakte Devin nach. »Schau dir deine Überzeugungen genau an, die dazu führen, dass du hier mit mir immer dann abhängst, wenn du nicht arbeiten musst. Die Einstellungen, die dich zum Trinken veranlassen, obwohl es dich krank macht. Bist du von *ihnen* frei? Kannst du *sie* hinter dir lassen, oder möchtest du noch ein Bier?«

Otto verstummte. Er hatte sich noch nie in einem solchen Licht betrachtet. Er war überhaupt nicht frei.

»Was sagst du dazu, Otto?«

Otto schüttelte den Kopf und kramte seine Sachen zusammen. »Ich sage dazu, dass du ein schlechter Geschäftsmann bist.« Er legte zehn Dollar auf den Tresen und verließ die Kneipe, nicht ohne sich das Versprechen zu geben, nie wieder zu trinken.

»Gut«, sagte Devin in den leeren Raum hinein, stellte die Musikbox lauter und wandte sich der Aufgabe zu, den Laden für heute dicht zu machen.

Am Montagmorgen kam Hannah spät zur Arbeit. Sie lief über den leeren Parkplatz zum Innenhof, der in der Mitte der kleinen Ansammlung von Gebäuden des philosophischen Forschungszentrums lag. Als sie die hellblaue Vespa im Schatten des Buchladens sah, musste sie lächeln. Bobby war im Laden. Er hatte immer einen guten Riecher dafür, was gerade in der Luft lag. Ihre Arbeit musste also noch ein paar Minuten auf sie warten.

Bobby lehnte mit seiner schlanken Gestalt an der Kaffeetheke, während er ein Magazin las und dabei ein Croissant aß. Sein Haar fiel nach vorn in die Stirn. Sein hübsches Gesicht erhellte sich, als er Hannah durch die Tür kommen sah.

»Wo sind all die anderen?«, fragte Hannah.

»Hast du die E-Mail nicht gelesen? Die Wycombes haben uns unbeaufsichtigt zurückgelassen. Irgendein Treffen in Burbank. Kommst du mit ins *Ivy* für ein ausgiebiges Mittagessen? Du weißt doch: sehen und gesehen werden«, sagte Bobby mit einem Grinsen.

»Ich kann nicht, hab zu viel Arbeit liegen. Hey, klang die E-Mail irgendwie komisch?«

»Komisch? Was meinst du damit?«

»Nur so.«

»Was kümmert dich das, was Emma tut? Hast du jemals wieder von deiner Freundin gehört, die im Osten bei dieser Literaturzeitschrift arbeitet?«, fragte Bobby und bot Hannah von seinem Croissant an. Sie brach ein Stück davon ab und ließ den Rest in seiner Hand.

»Ja«, sagte sie, »der Job ist immer noch zu haben.«

»Warum nimmst du ihn dann nicht?«

»Vielleicht weil ich die Kälte im Osten nicht mag.«

»Mal ernsthaft, Hannah, du willst doch Schriftstellerin werden, oder? Bei einer Literaturzeitschrift kannst du viel lernen, mehr, als wenn du nur Bücher einordnest und Forschungsberichte über römische Götter im Werk von Flautas schreibst.«

»Plautus. *Flautas* sind so was Ähnliches wie Tacos. Wie kommst du darauf, dass ich gerne Schriftstellerin wäre?«, fragte Hannah leicht irritiert.

»Ich weiß nicht, vielleicht weil du schon seit der dritten Klasse davon sprichst.«

»Ich war damals noch ein Kind. Inzwischen habe ich realistischere Ziele.«

»Wie zum Beispiel Bücher für zehn Dollar die Stunde einzuordnen.«

»Du bekommst doch auch nur zehn Dollar die Stunde! Ich weiß es, denn ich habe dir diesen Job verschafft«, sagte Hannah.

»9,50. Ich bin Schauspieler und leide für mein Handwerk. Ich will damit ja nur sagen, dass du deine Träume nicht aufgeben solltest, nur weil du glaubst, sie seien unrealistisch. Solange du es nicht ausprobierst, weißt du nicht, wozu du fähig bist. Nimm dir an mir ein Beispiel, ich habe gerade am Orpheum die Hauptrolle in *Jumpers* bekommen.«

»Das ist ja großartig, Bobby! Wirklich?«

»Nichts Tolles. Ich spiele nur einen Akrobaten, der im ersten Akt erschossen wird.«

»Kannst du überhaupt einen Akrobaten spielen – mit Flickflack und Purzelbäumen und so?«

»Es gibt viele Dinge, die du über Bobby Patterson nicht weißt, mein Schatz. Bleib also auf Empfang!«

»Okay, werde ich machen«, sagte Hannah. Sie brach sich noch einen Bissen von seinem leckeren Croissant ab und ging hinüber zur geöffneten Bibliothek.

Ein paar Minuten später stand sie neben Otto in der Manuskriptsammlung. Zu ihrer Überraschung gab es keinen Hinweis mehr darauf, dass das Sandmandala überhaupt jemals existiert hatte. Der farbige Sand war weggefegt und das Plexiglas-Gehäuse entfernt worden. Selbst das Podest, auf dem sich das Mandala befunden hatte, war verschwunden.

»Es muss die alte Hexe Granger gewesen sein. Sie ist die Einzige, die einen Schlüssel hat«, sagte Otto.

»Das stimmt. Aber wie kann sie es geschafft haben, das Podest anzuheben?«, fragte Hannah ein wenig ungläubig. Es passte alles nicht zusammen. Sie ging zu ihrem Schreibtisch und las ihre E-Mails. Da war die Mitteilung der Wycombes, aber die Zerstörung des Mandalas wurde überhaupt nicht erwähnt – kein ärgerlicher Unterton. Es schien Hannah, dass sie den Schaden gar nicht zu Gesicht bekommen und keine Ahnung davon hatten, was in der Bibliothek geschehen war. Hannah atmete all den Stress aus, den sie zwölf Stunden in sich aufgestaut hatte.

»Ich kann es einfach nicht glauben«, sagte Otto, während er über ihre Schulter mitlas. »Wir sind frei! Schreiben sie, wann sie zurück sein werden?«

Hannah schüttelte den Kopf.

»Ist ja eigentlich auch egal«, sagte Otto. »Das Einzige, womit wir uns im Moment befassen sollten, ist dies.« Otto nahm das Blatt aus seiner Tasche und legte es auf den Schreibtisch. Die schwarze Acht auf dem Blatt stach in ihre Augen.

»Die Acht. Ein weiterer Bücherschrank?«, wunderte sich Hannah. »Der Schrank Nummer 8 ist hier drüben.«

Otto folgte ihr zur hinteren Wand der Bibliothek. »Wir brauchen einfach nur alle Bücher herauszunehmen«, sagte Otto. »Das nächste Blatt muss in einem davon sein.«

Hannah schloss gerade die Schranktüren auf, als ein alter Mann durch die Eingangstür kam. Er nahm seine Tweedmütze ab und nickte Hannah zu.

»Das ist der Typ, der über die Freimaurer forscht«, flüsterte sie. »Nimm alle Bücher aus dem Schrank und schau dich um. Ich werde mich um ihn kümmern.«

Sie ging zurück an ihren Schreibtisch und nahm seine lange Bücherliste in Empfang. Während sie die einzelnen Bücher in der Bibliothek zusammensuchte, leerte Otto den Bücherschrank. So nahm der Tag seinen Verlauf. Der alte Mann las seine Bücher, und Hannah machte an ihrem Schreibtisch ein paar Nachforschungen, wobei sie immer wieder zu Otto hinüberschaute, der den Bücherschrank ein Regal nach dem anderen durchsuchte. Erst lange nachdem sie am Schreibtisch ihr Sandwich mit Erdnussbutter und Himbeermarmelade zu Mittag gegessen hatte, rief Otto sie zu sich. Als ob er darauf gewartet hatte, verabschiedete sich in diesem Moment auch der alte Mann von Hannah, sodass sie mit Otto allein in der Bibliothek war.

Otto hatte alle Bücher wieder in den Schrank zurückgestellt und die Türen wieder verschlossen. Er war vollkommen irritiert.

»Nichts?«, vermutete Hannah.

»Nur dies hier.« Otto beugte sich über ein rostiges Schlüsselloch in der hölzernen Vertäfelung von Bücherschrank Nummer 8. Während Hannah ihr Sandwich gegessen hatte, hatte er seine Mittagspause damit verbracht, Bücher auszuräumen, und mit dem Gedanken gespielt, im *Roadhouse* einen Drink zu nehmen. Leider konnte er seinem Wunsch nicht nachgeben, denn er hatte sich selbst versprochen, nicht mehr zu trinken. Er fummelte mit dem Finger am Schloss herum. »Es ist nicht dazu da, um die Schranktüren aufzuschließen. Vielleicht hast du den passenden Schlüssel an deinem dicken Bund?«

Hannah probierte einen Schlüssel nach dem anderen aus, aber keiner passte. Nur einen Schlüssel hatte sie noch nicht ausprobiert, den »Zugangs«-Schlüssel von Mrs. Granger. Hannah ging zurück an ihren Schreibtisch und nahm den Schlüssel aus der Schublade. Sie probierte einen Moment lang im Schloss hin und her und dann schnappte es auf. Überrascht sahen sie einander an.

»Ich glaube, Sie haben da einen sehr nützlichen Schlüssel, meine Dame«, sagte Otto. »Es gibt nichts, was sich mit ihm nicht öffnen ließe.«

»Und was nun?«, fragte sie Otto.

»Keine Ahnung.«

Er drückte kräftig mit seinen flachen Händen gegen den Bücherschrank. Nichts geschah. Er drückte noch einmal. Nichts. Frustriert trat er gegen den Schrank. »Lass mich mal«, sagte Hannah. Sie lehnte sich gegen den Schrank und gab ihn wieder frei. Die rechte Seite des Schranks verschob sich um ein paar Zentimeter. Hannah zog daraufhin am Griff der unteren Schranktür, und der ganze Schrank ließ sich leicht von der Wand wegdrehen. Zu ihrer Überraschung öffneten sie keine Tür zu einem dunklen Geheimfach, sondern zu einem wunderschönen japanischen Garten.

»Mein Gott, Hannah, wir haben Narnia gefunden!«, rief Otto aus, nachdem er sich durch die Öffnung hinausgezwängt hatte und freudig in der Sonne tanzte. Draußen erstreckte sich ein wunderbarer Garten mit Farnkraut, Skulpturen aus Wacholder und Bambus, und hier und da standen steinerne Laternen. Im Zentrum hing eine große, eiserne Glocke. Eine Brücke kreuzte einen kleinen Bach, der einem Wasserfall entsprang und durch den Garten floss. In der Mitte war ein Teich mit Koi-Fischen und einer kleinen Steinpagode.

»Das ist ja verrückt«, sagte Hannah. »Dies ist der japanische Garten, den man vom Tor im Innenhof aus sehen kann. Ich dachte, er gehöre dem Nachbarn oder sei Teil des Parks.«

»Es *ist* der Nachbargarten. Und weißt du, wer der Nachbar war?«

»Drake!«, vermutete Hannah richtig.

Otto nickte.

»Man kann das Haus von hier aus kaum sehen. Von der Straße sieht es verlassen aus«, sagte Hannah.

»Kann schon sein«, sagte Otto. Sie erkundeten ein wenig die Gartenwege und hatten dabei das unangenehme Gefühl, Eindringlinge zu sein. Als sie an ein kleines Teehaus in einem Bambushain kamen, nahmen sie im Schatten auf dem Holzboden Platz. Otto holte den Hinweis aus seiner Jackentasche und las: »*Ein Sucher, der sich auf sein Verhalten verlässt, um Sittlichkeit zu praktizieren, ist wie jemand, der in einer Festung eingeschlossen ist. Seine eigenen Vorstellungen machen ihn zum Gefangenen.*«

»Okay, die Festung unserer eigenen Vorstellungen haben wir hinter uns gelassen«, sagte Hannah.

»Die Bibliothek?«, fragte Otto.

»Das nehme ich stark an. Da wir nun den Schlüssel haben, können wir ›*kommen und gehen*‹, wie wir wollen. Aber wo ist das nächste Blatt?«

Als ob es die Frage beantworten wollte, fiel in diesem Moment ein Blatt vom Himmel und gesellte sich zu den zahllosen anderen Blättern am Boden. Otto und Hannah schauten hoch. Ein indischer Feigenbaum.

Während Otto um den Stamm des Baumes kroch, um die richtige Stelle zum Graben zu finden, nahm Hannah das Blatt aus ihrer Jackentasche und las erneut die Worte, die auf ihm standen: »›Schau selbst über die komplexesten Konstrukte hinaus. Die Freiheit muss eingefangen werden.‹«

»Da ist wieder dieser Yankee-Ausdruck«, sagte Otto auf allen vieren. »Alle Sklaven müssen lebendig eingefangen werden, argghh!«, sagte er mit einem Akzent, der eine Mischung aus Südstaatendialekt und Piratensprache war.

»Wow«, sagte Hannah. »Du lebst hier doch noch nicht länger als fünf Jahre, oder? Dafür hast du den amerikanischen Akzent schon sehr gut drauf.«

»Ihr Amerikaner sprecht ja erst seit 200 Jahren Englisch und könnt es immer noch nicht richtig.«

»Haha«, erwiderte Hannah. »Ich glaube, der Ausdruck bedeutet etwas anderes. Warte einen Moment«, sagte sie und lief zurück zur Bibliothek. In dem Bücherstapel, den der alte Mann zum Einordnen zurückgelassen hatte, befand sich auch ein Buch mit einem japanischen Garten auf dem Titelbild. Hannah blätterte das Buch kurz durch und fand das, wonach sie suchte. Sie nahm das Buch mit, um es Otto zu zeigen, der sie in der Mitte des Gartens erwartete.

»Shakkei«, sagte sie.

»Cheers«, antwortete Otto nüchtern und sachlich.

Hannah reichte ihm das Buch und zeigte dabei auf ein Bild mit einem Berg. »In einem japanischen Garten bedeutet *shakkei*

›geliehene Kulisse‹, die umgebende Landschaft wird als ein Teil des Gartens miteinbezogen.«

»Tatsächlich?«

»Eine andere Übersetzung für *shakkei* lautet daher *lebendig eingefangen*. Es wird hier in diesem Buch genau beschrieben.«

Otto war beeindruckt. »›*Schau selbst über die komplexesten Konstrukte hinaus*‹«, sagte er und verstand auf einmal alles.

»Vom Garten aus sieht man den Baum, der dieses Blatt abgeworfen hat, aber außerhalb der Gartenmauern …« Hannah beendete ihren Satz, indem sie zum Horizont zeigte. Die Krone eines zweiten Feigenbaums war hinter dem Wasserfall zu sehen.

Sie gingen am Wasserfall vorbei zur Gartenmauer und kletterten mit einiger Mühe über sie hinweg in den Park auf der anderen Seite. Nach einem Spaziergang von fünf Minuten standen sie schließlich vor dem Feigenbaum.

»Schau nur«, sagte Hannah. In den Ästen des riesigen Baums hingen die Überreste tibetischer Gebetsfahnen, deren rote, gelbe, blaue und grüne Farben von der Sonne ausgebleicht waren.

»Die Gebetsfahnen mit dem Siegeszeichen«, sagte Otto. »Da oben irgendwo muss es sein.«

»Nun, worauf wartest du dann noch? Hol sie dir!«, sagte Hannah.

»Nichts da, meine Prinzessin. Ich habe das letzte Blatt freigelegt. Jetzt bist du an der Reihe.«

Hannah wusste, dass es sich nicht lohnte, mit ihm zu streiten. Sie runzelte die Stirn und schleuderte ihre Schuhe von den Füßen. »Wie galant von dir.«

Da sie einen älteren Bruder hatte, betrachtete sich Hannah

als erfahrene Bäumebezwingerin. Sie kletterte den Baum hoch und stellte dabei überrascht fest, wie sehr sich ihre Fähigkeiten in den vergangenen 15 Jahren verschlechtert hatten. Ein kleiner Ausrutscher führte zu einem zerrissenen Hosenbein und einem aufgeschürften Knie.

»Ich kann es sehen«, rief sie. Knapp einen Meter über ihrem Kopf war ein kleines Bündel zusammen mit den Schnüren einer Gebetsfahne an den Baum gebunden. Sie kletterte noch ein wenig höher und zog daran. Die Schnur löste sich in ihrer Hand auf, und das Bündel fiel zehn Meter nach unten auf den Boden. Hannah musste schwer schlucken, denn schlagartig wurde ihr die gefährliche Position bewusst, in der sie sich befand. Ohne das Bündel als Ziel vor Augen, klammerte sie sich auf einmal an den Ast, auf dem sie saß, unfähig, sich weiterzubewegen.

»Hast du es?«, rief sie nach unten in Richtung Otto.

»Ja, danke!«, rief Otto zurück nach oben.

»Gut. Dann hol mich von hier oben runter!«, flehte sie.

### Freiheit aus erleuchteter Sicht

Nachdem wir erkannt haben, dass Veränderung in unserem Leben nicht nur möglich, sondern die Regel ist, können wir den nächsten Schritt unternehmen, um das Leben zu erschaffen, das wir führen möchten. Es ist an der Zeit, dass wir uns selbst fragen: Sind wir vollkommen frei, unser Leben zu verändern?

Freiheit ist unser größtes Privileg als Menschen, aber wenn wir alle so frei sind, warum fühlen wir uns dann so schlecht? Warum fühlen wir uns in unseren Jobs, unseren Beziehungen und unseren Lebensumständen gefangen? Warum sind wir von Pflichten überwältigt? Warum fühlen wir uns unfähig, all das zu erreichen, was wir erreichen könnten? Warum glauben wir, nicht wirklich glücklich sein zu können? Wenn wir so frei sind, warum leiden wir dann unter Zwängen, Obsessionen und inneren Konflikten? Warum glauben wir, dass andere uns verurteilen? Warum?

Irgendetwas hindert uns daran, glücklich zu sein und unser volles Potenzial zu leben. Was ist es? Nach der richtigen Antwort müssen wir nicht lange suchen.

Unsere geistigen Vorstellungen sind wie Puzzlestücke, die in unserem Bewusstsein umherschwirren. Es handelt sich dabei um Mikrokonstrukte, mit deren Hilfe wir alle möglichen inneren Bilder erschaffen können. Diese Bilder sind unsere Landkarten, mit denen wir uns in der Welt orientieren. Wir haben bestimmte Vorstellungen, wie eine Familie auszusehen hat, was Erfolg ist und was wir von uns selbst erwarten. Nichts ist automatisch miteinander verbunden, die Verknüpfung müssen wir selbst herstellen.

Hannah und Otto hatten ihre Vorstellungen von Erfolg und College-Ausbildung miteinander verknüpft, woraus die Überzeugung entstand, dass erfolgreiche Menschen das College besuchen. Dann hatten sie ihre Vorstellung, erfolgreiche Individuen zu sein, mit diesem inneren Bild verknüpft, was zu dem Wunsch führte, aufs College zu gehen. Dieser Wunsch war so stark, dass sie tatsächlich aufs College gingen. Auf diese Weise festigte sich ihr inneres Bild.

Otto hat in seinem Bewusstsein die Vorstellung vom Heiraten noch nicht mit Erfolg verknüpft. Seine Eltern führten eine schreckliche Ehe, deshalb war Heiraten für ihn gleichbedeutend mit Misserfolg. Wenn er seine Überzeugung nicht verändert, wird er wahrscheinlich niemals heiraten. Die Vorstellung, Kinder zu haben, hat er noch nicht mit Erfolg oder Misserfolg verknüpft, und er hätte dieses Thema gerne so lange ausgeblendet, bis er sich innerlich entschieden hat. Seine Freundin Chloe fordert ihn jedoch auf, hier und jetzt eine Entscheidung zu treffen.

Wir können sogar solche Puzzlestücke zusammenzwingen, die nicht zusammenpassen, sodass wir zu Schlussfolgerungen kommen, die nicht logisch sind oder die nicht dem Üblichen entsprechen. Aber es sind unsere eigenen Vorstellungen; wir haben die Freiheit, sie so zu verknüpfen, wie wir wollen. Hannah schreibt zum Beispiel gern. Als Kind hat sie davon geträumt, Schriftstellerin zu werden. Als dieses Ziel außer Reichweite zu sein schien, dachte sie, es würde ihr genauso viel Spaß machen, Bibliothekarin zu sein. Bücher zu schreiben und sie zu katalogisieren, sind zwei völlig verschiedene Dinge – sie haben überhaupt nichts miteinander zu tun, mal abgesehen davon, dass man bei beiden Tätigkeiten Papier anfassen muss. Aber Hannah hat diese beiden Vorstellungen gewaltsam miteinander verknüpft und gehofft, dass sie dadurch glücklich werden würde.

Jedes Mal, wenn wir ein Puzzlestück an seinen Platz setzen, erzeugen wir dadurch eine Vorstellung, die uns einengt und begrenzt. Wenn Otto die Vorstellung von Erfolg und College-Ausbildung in seinem Bild zusammenfügt, dann begrenzt er die Menschen, die erfolgreich sein können, auf diejenigen, die einen College-Abschluss haben. Wenn Hannah ihre Vorstellungen über Moral damit verbindet, nicht zu lügen und nicht zu stehlen, dann versucht sie damit – vielleicht ganz zu Recht –, ihr eigenes Verhalten so einzugrenzen, dass sie niemals lügt oder stiehlt.

Jede Regel, die wir aufstellen, und jede Grenze, die wir erzeugen, kann dazu führen, dass wir an unseren eigenen geistigen Konstrukten leiden – und zwar entweder durch das, was wir empfinden, wenn wir sie brechen oder überschreiten, oder weil wir fühlen, wie eingeschränkt wir durch sie sind. Otto hat geschworen, nie wieder im Leben zu trinken – nicht, weil er dachte, er würde nie wieder das Verlangen nach einem Bier haben, sondern weil er für sich beschlossen hatte, dass Trinken etwas Schlechtes sei. Sobald sich die Vorstellung, in Zukunft nicht mehr zu trinken, gebildet hat, wird er sich schrecklich fühlen, wenn er doch trinkt. Wenn er sich dann das Versprechen anschaut, das er sich selbst gegeben hat, wird er erkennen, dass er die Grenze überschritten hat, die er in seinem Geist gezogen hatte – mit dem Ergebnis, dass er wütend und frustriert ist und sich machtlos und schuldig fühlt. Wahrscheinlich bewirkt diese Vorstellung jedoch auch, dass er sich selbst dann schlecht fühlt, wenn er die Grenze gar nicht überschreitet, weil er diese Grenze zwischen sich und etwas gezogen hat, wonach es ihn verlangt. Ihm wird diese Grenze immer schmerzlich bewusst sein, vielleicht wird sie für ihn sogar zu einer Zwangsvorstellung.

Wenn sich Hannah hinsetzen und sich tatsächlich ihre tiefsten Wünsche anschauen würde, dann würde sie erkennen, dass sie gerne als Schriftstellerin leben möchte. Aber wenn sie ihre Gewohnheiten und Überzeugungen untersuchte, würde sie entdecken, dass sie davon überzeugt ist, dass Schriftsteller nicht erfolgreich werden, weil sie über bestimmte Fähigkeiten verfügen, sondern weil sie eben »Glück« haben. Sie glaubt nicht, dass sie einfach nur schreiben und dabei lernen kann, eine erfolgreiche Schriftstellerin zu werden; sie ist davon überzeugt, dass ihr Talent »entdeckt« werden muss. Diese innere Überzeugung hält sie davon ab, die Dinge zu tun, die sie tun müsste, um ihren Traum zu verwirklichen.

Hannahs Freund Bobby vom Buchladen hat eine bessere Einstellung. Selbst im Bereich der Schauspielerei, in dem ein großer Konkurrenzdruck herrscht, wird Bobby nicht faul und entwickelt keine innere Haltung, mit der er sich einredet, dass es vom Glück abhängt, ob er erfolgreich ist oder nicht. Bobby ist fest entschlossen, das zu erreichen, was er will. Er denkt an nichts anderes. Er ist bereit, immer wieder neue Leute im Zusammenhang mit seiner Arbeit zu treffen, und sei es nur, dass man zusammen an einem Ort zu Mittag isst, wo »sehen und gesehen werden« möglich ist. Er ist bereit, selbst die kleinsten Rollen anzunehmen, um in seinem Bereich aktiv zu bleiben und neue Fähigkeiten zu entwickeln – in seinem Fall die Akrobatik –, damit sein Traum in Erfüllung geht.

Mit jedem Puzzlestück, das wir in ein bestehendes Bild einfügen, geben wir ein wenig von unserer Freiheit auf. Irgendwann sind wir in unseren eigenen Ideen und Entscheidungen gefangen. Unsere Puzzlestücke kommen zusammen und formen ein festes Bild – eine Barriere, die uns vom glücklichen, erleuchteten Dasein trennt. Sie brauchen also keine Angst zu haben, wenn Sie viele Vorstellungen und Ideen haben, selbst wenn diese im Konflikt miteinander sind, da dies ein Zeichen eines erleuchteten Geistes ist. Seien Sie aber sehr vorsichtig mit den Überzeugungen, die Sie in ein festes Bild einfügen. Nehmen Sie bewusst wahr, welche Grenzen Sie sich setzen. Jede Begrenzung kann einen Teil Ihres Potenzials ersticken.

Obgleich der menschliche Geist fähig dazu ist, sich dem Existenzkampf und unangenehmen Situationen zu stellen, scheint er doch lieber ein klares Bild im Kopf zu haben als viele herumschwirrende Einzelteile. Wir sind bereit, unter geistigen Konstrukten zu leiden, weil sie uns die Illusion der Stabilität geben, selbst wenn diese nur eine willkürlich zusammengestellte Hierarchie von bestimmten Ideen und Wertvorstellungen ist. Wenn jedoch die Vorstellungen, die wir von der Welt und von uns selbst haben, uns eher behindern als beflügeln, dann sollten wir diese Überzeugungen dringend infrage stellen.

Viele von uns leben in einer mentalen Geisterstadt verlassener und verfallener Konstrukte. Wenn Sie feststellen, dass Sie durch überholte Gedanken oder Vorstellungen, die Ihnen jemand anderer übergestülpt hat, behindert werden – und selbst das, was Sie in diesem Buch lesen, gehört dazu –, dann sollten Sie bewusst entscheiden, ob Sie diese Vorstellungen als festen Teil Ihres Weltbildes behalten wollen oder nicht. Wenn nicht, lassen Sie diese Vorstellungen wieder frei im Geist umherschwirren.

Mit einer Weltanschauung, die sich ständig wandelt, fühlt man sich zuerst vielleicht ein wenig unwohl, aber nach einer Weile gewöhnt man sich daran. Je mehr Ideen und Vorstellungen frei in unserem Geist herumschwirren, desto zutreffender kann unsere Weltanschauung sogar sein. Je weniger wir ihnen einen positiven oder negativen Wert geben, desto weniger müssen wir uns mit Problemen herumschlagen.

Als wir uns die Vollkommenheit der Unbeständigkeit vor Augen führten, erkannten wir, dass sich alles verändert. Mit den Moralvorstellungen, die unser Verhalten steuern, ist es nicht anders. Die Zeit, in der wir leben, und der Ort, an dem wir leben, haben viel damit zu tun, was die Gesellschaft von uns erwartet und welche Anforderungen wir an uns selbst stellen.

Wir erschaffen uns selbst die Regeln und Beschränkungen, mit denen wir uns binden, und dann bekämpfen wir sie mit aller Macht. Dies verursacht ein ständiges Hin und Her zwischen erzwungener Reinheit und Reaktionen der Überschreitung. Unterdrückte Impulse kommen immer auf die eine oder andere Weise an die Oberfläche. Wir können entweder so tun, als würden sie nicht existieren, und darauf warten, dass sie unkontrolliert in unser Leben platzen, oder uns ehrlich anschauen, worum es geht und uns rational mit unseren Neigungen auseinandersetzen.

Wenn es um Erleuchtung geht, bringt es gar nichts, Verhalten kontrollieren zu wollen – sei es das eigene oder das von jemand anderem. Warum kontrollieren wir so gerne das Verhalten anderer Menschen, auch wenn es sich gar nicht auf unser eigenes Leben auswirkt? Wenn wir unser Leben wirklich erleuchten wollen – statt ständig zu versuchen, andere Menschen dazu zu bringen, unseren Wünschen zu gehorchen –, sollten wir uns selbst und anderen dabei helfen, absolute Freiheit zu erlangen.

Die Gefahr, die mit Gehorsam verbunden ist, besteht darin, dass der Geist träge wird. Ein gehorsamer Geist reagiert und antwortet nicht auf Veränderung; er wartet stattdessen auf Anweisungen und Erlaubnis. In der Zeit, die ein gehorsamer Geist braucht, um zu reagieren, hat sich die Situation schon wieder verändert. Der gehorsame Geist hinkt daher ständig hinterher. Gehorsame Menschen verlernen schließlich, aus sich selbst heraus zu handeln, weil sie es nicht gewohnt sind, ihre eigene Macht auszuüben. Sollten sie dann doch einmal die Gelegenheit dazu haben, kann eine vormals gehorsame Person zu einem

Tyrannen werden, der Respekt und Unterwürfigkeit von denen erwartet, die er erfolgreich unterjocht hat. Dies ist die einzige Ordnung, die er versteht. Jeder von uns kennt dieses Verhalten und hat es schon einmal erlebt, vielleicht bei einem Chef, einem Lehrer oder sogar dem eigenen Vater, der zwanghaft darauf aus war, das Verhalten von anderen zu kontrollieren, weil er früher selbst kontrolliert worden ist. Wenn wir unsere Kinder zum Gehorsam erziehen, dann erschaffen wir dadurch eine Welt von Herren und Sklaven.

Die Stärke der Freiheit liegt darin, dass sie dem Geist erlaubt, seine Qualitäten zu entwickeln. Der neugierige Geist nimmt Anteil an Veränderung und fühlt sich ihr nicht ausgeliefert. Der freie Geist ist machtvoll, weil er voller Energie ist und darauf vertraut, jedes Problem, auf das er stößt, lösen zu können. Wer neugierig ist, schafft sich und anderen keine Probleme. Er versucht nicht, andere zu versklaven, weil ihm nichts an Sklaven liegt. Er ist stattdessen bestrebt, anderen Hoffnung zu machen und sie dazu zu ermutigen, neue Dinge auszuprobieren. Die einzige Ordnung, die ein neugieriger Mensch tolerieren kann, besteht darin, dass alle ihr eigener Herr sind und das tun, was sie wirklich wollen. Eine solche Welt erschaffen wir, wenn wir freie Kinder großziehen, die begeistert lernen und sich voll auf das Leben einlassen.

Regeln sind nur Konstrukte, die wir uns ausdenken. Sie werden eine Zeit lang aufrechterhalten und irgendwann wieder verändert. Statt in unseren geistigen Konstrukten gefangen zu sein, können wir frei in einem ausgeglichenen Zustand leben. Das ist die wahre Verwirklichung der vollkommenen Freiheit. Erleuchtung bedeutet Befreiung vom Leiden. Zwanghaftes Verhalten hingegen erzeugt innere Konflikte, äußere Probleme und allgemeines Leiden.

Es gibt eine Denkweise, durch die Erleuchtung für viele Suchende in unerreichbare Ferne rückt; sie besteht in der Überzeugung, dass wir für wertvolle Dinge sehr hart arbeiten müssen. Je wertvoller etwas ist, desto mehr müssen wir es uns verdienen. Diese Überzeugung trifft im Allgemeinen auf alle konstruierten Vorstellungen und Dinge zu, aber diese Vorstellungen und Dinge haben auch nur einen konstruierten Wert. Was wirklich einen Wert hat, ist normalerweise frei zugänglich. Mit konstruierten Dingen verhält es sich so, dass der konstruierte Wert umso höher ist, je komplexer die Konstruktion ist.

Nehmen wir zum Beispiel den japanischen Garten, den Otto und Hannah hinter der Bibliothek entdeckt haben. Jemand hat offensichtlich viele Jahre damit verbracht und sich viel Mühe damit gegeben, die Bäche und den Wasserfall, die Wege, die Karpfenteiche und die vielen kleinen Brücken zu entwerfen und anzulegen. Aber was ist mit den Bäumen im Park, außerhalb des japanischen Gartens? Viele Dinge wachsen frei im Park, der das Zuhause von vielen Vögeln und anderen Tieren ist. Manche glauben, dass ein Garten wertvoller ist als ein Park mit seinen wild wachsenden Bäumen, weil der Garten bewusst angelegt ist. Aber welchen Wert misst man der Freiheit zu?

Gibt es etwas, was in jedem Moment wichtiger für unser Überleben ist als Wasser, Luft und Wärme? Was würden wir für Luft bezahlen? Für Tau, Regen und Luftfeuchtigkeit? Für die Sonne, damit sie weiterhin unseren Planeten erwärmt? Es handelt sich dabei nicht um Luxusgüter, sondern um Lebensnotwendigkeiten. Wir würden jeden Preis zahlen, denn ohne diese Dinge würden wir nicht lange überleben können. Und dennoch sind sie frei erhältlich. Wir »kaufen« sie, indem wir sie direkt benutzen, und nicht mit etwas, was einen künstlichen Wert hat, wie zum Beispiel Geld oder Kreditkarten. Wir zahlen nur für Konstrukte.

Warum müssen wir dennoch für Land und Nahrungsmittel zahlen? Land ist kein Konstrukt, aber die Vorstellung von Besitz ist es. Die Benutzung von Land ist kostenlos, aber die konstruierte Vorstellung von Besitz beschränkt unsere Fähigkeit, von dieser Freiheit auch Gebrauch zu machen. An manchen Orten können Grundnahrungsmittel immer noch unmittelbar aus der Natur beschafft werden. Unsere konstruierten Vorstellungen von Lebensmitteln und deren Besitz haben diese Möglichkeiten jedoch stark eingeschränkt. Wenn wir hungrig sind, kaufen wir uns wahrscheinlich eher im Supermarkt eine tiefgekühlte Pizza, anstatt Weizen zu ernten, einen Fisch im nächsten Teich zu angeln oder ein Kaninchen auf der Wiese zu fangen. Der Supermarkt hat wahrscheinlich die meisten und schmackhaftesten Lebensmittel an dem Ort, an dem wir wohnen, anzubieten. Aber in einer Notsituation würde uns schnell klar werden, dass wir immer noch die Möglichkeit haben, uns direkt aus der Natur zu ernähren. Wir bezahlen wahrscheinlich für eine Heizung, mit der wir die Temperatur in unseren Räumen regulieren können, aber wir leben weder in einem Feuerinferno noch in einer Eiswüste, sondern in einem Klima, das dem menschlichen Leben sehr entgegenkommt – und zwar ohne dafür zu bezahlen.

Der Dichter Tagore schrieb einmal: »Wir erlangen dann unsere Freiheit, wenn wir den vollen Preis für unser Lebensrecht bezahlt haben.« Das ist hübsch gesagt, aber falsch. Wir erlangen in dem Maße Freiheit, in dem wir Bewusstsein erlangen. Jeder von uns zahlt einen Lebenspreis mit jedem Atemzug, den wir tun, und mit jedem Herzschlag. Worin soll dieser Extrapreis bestehen, den wir seiner Meinung nach zahlen müssen?

Wir sind alle frei geboren. Unterdrückung kann unsere Lebensumstände beeinträchtigen, aber sie hat keine Auswirkung auf unsere Freiheit. Wir selbst bestimmen unsere Entscheidungen und unsere Handlungen. Auch wenn unser Handeln begrenzt ist, gehören uns immer noch unsere Gedanken und Ideen. Uns steht immer frei, so zu denken und zu fühlen, wie wir denken und fühlen wollen. Dies ist die Einsicht eines erleuchteten Geistes.

## Durch die Hintertür: Freiheit

Da Sie sich nun der Veränderung geöffnet haben, ist es an der Zeit, einen kleinen Frühjahrsputz zu halten. Die Vollkommenheit der Freiheit besteht darin, dass wir nicht mehr an unseren Konstrukten hängen oder gegen sie kämpfen, welche Form auch immer sie annehmen. Sie besteht darin, in innerer Ausgeglichenheit zu leben, ohne ständig vom Geist gequält zu werden. Dies ist der nächste Schritt auf dem Weg durch die Hintertür.

### Dritter Schritt: *Lösen* Sie sich von allen geistigen Konstrukten, die den Weg zu Ihrem Ziel versperren!

Nehmen Sie wieder Ihre Liste der Veränderungen zur Hand. Gehen Sie die Liste durch und fragen Sie sich bei jedem Punkt: Was verhindert gegenwärtig, dass sich meine *Situation* in meine

*Transformation* entfaltet? Überprüfen Sie, ob bei Ihnen Überzeugungen und Gewohnheiten in einem Konflikt miteinander stehen, der Sie daran hindert, Ihre Ziele zu erreichen. Wenn diese Überzeugungen und Gewohnheiten Ihnen mehr bedeuten als Ihre Ziele, dann sollten Sie Ihre Ziele so anpassen, dass Sie sie erreichen können, ohne Ihre gegenwärtige Lebensweise aufgeben zu müssen. Aber wenn Ihre Überzeugungen und Gewohnheiten einengend, überholt oder potenziell zerstörerisch sind, sollten Sie diese loslassen und unbehindert Ihren Träumen folgen.

Schreiben Sie auf, welche Hindernisse sich gegenwärtig zwischen Ihnen und Ihren Zielen befinden. Sie werden überrascht sein, aber die meisten Dinge, die Sie als hinderlich empfinden, können von Ihnen beeinflusst werden. Normalerweise stehen keine Armeen, Regierungen und große Unternehmen zwischen Ihnen und Ihrem Glück, sondern nur Ihre Verhaltensweisen, Ihre Überzeugungen und Ihr ganz normaler Tagesablauf.

Fragen Sie sich nun, welche Veränderungen Sie vornehmen können, um von der Freiheit, Ihre Ziele anzustreben, Gebrauch zu machen. Halten Sie mögliche Lösungen schriftlich fest. Nehmen Sie sich vor, entschlossen alles aus dem Weg zu räumen, was zwischen Ihnen und Ihren Zielen steht.

Nehmen wir zum Beispiel an, Ihr Auto sei kaputt und es lohne sich nicht mehr, es zu reparieren. Sie würden sich gern ein neues anschaffen, haben im Moment aber nicht die finanziellen Mittel dazu. Dabei *haben* Sie Geld. Sie geben es nur für andere Dinge aus. Schauen Sie sich genau an, wofür Sie Ihr Geld ausgeben. Fühlen Sie sich unter dem Druck, Geld ausgeben zu müssen? Würden Sie lieber auf gemeinsame Mittagessen und Happy Hours mit Kollegen verzichten? Zahlen Sie immer noch

Rechnungen für den Empfang von Kabelfernsehen, obwohl Sie eigentlich weniger vor dem Bildschirm sitzen wollen? Kaufen Sie sich teure Kleidung, die Sie nicht wirklich gerne tragen? Schätzen Sie, wie viel Geld Sie in jedem Monat für Dinge ausgeben, an denen Ihnen eigentlich gar nichts liegt. Egal, ob Sie Geld, Zeit oder Energie verschwenden, nehmen Sie sich wieder die Freiheit und setzen Sie alle Ihre finanziellen Mittel so ein, dass Sie das Leben führen können, das Sie führen möchten.

**Visualisieren:** Setzen Sie sich bequem hin und schließen Sie die Augen. Machen Sie einen tiefen, erholsamen Atemzug. Entspannen Sie Körper und Geist. Stellen Sie sich vor, Sie sind am Sonntagnachmittag im Park. Kinder spielen auf der Wiese; Familien genießen ihr Picknick auf der Decke. Sie können den Klang eines Karussells hören und riechen den Duft von frischem Popcorn, das an Ständen verkauft wird. Als ein leichtes Lüftchen aufkommt, stellen Sie fest, dass Sie viele Bänder in der Hand halten. Sie schauen nach oben und sehen, dass sich an ihrem Ende ein Haufen bunter Luftballons befindet. Jeder Ballon steht für ein Konstrukt, das Sie gerne loswerden möchten. Lassen Sie eins nach dem anderen los und schauen Sie zu, wie es in der Ferne verschwindet.

### Vorteile und Nutzen

Wenn Sie sich eingeengt fühlen, sollten Sie sich fragen: Wer engt mich ein? Sie werden sehen, dass Ihr eigener Geist Sie einengt, aber Sie haben die Freiheit, Ihre Vorstellungen und Überzeugungen jederzeit zu verändern. Sie brauchen dafür keine Erlaubnis und müssen sich nicht entschuldigen. Veränderung ist ständig möglich, weil Sie kein Gefangener Ihrer Konstrukte sind.

Wenn die täglichen Verpflichtungen Ihnen über den Kopf wachsen, sollten Sie sich anschauen, warum Sie sich so viel auf die Schulter geladen haben. Sind es wirkliche Verpflichtungen oder handelt es sich nur um die Erwartungen, die andere an Sie stellen? Welche Überzeugungen geben Ihnen das Gefühl, Sie müssten das tun, was andere von Ihnen erwarten? Machen Sie sich klar, dass Sie nicht von den Erwartungen anderer, sondern von Ihren eigenen Überzeugungen eingeschränkt werden. Treffen Sie eine Entscheidung, ob Sie weiterhin an diesen Überzeugungen festhalten wollen.

Wenn Sie das Gefühl haben, dass andere Sie verurteilen, dann machen Sie sich klar, dass dies auf der Grundlage von unbeständigen Konstrukten geschieht. Denken Sie daran, dass Sie die Wirkung, die die Meinung anderer auf Sie hat, jederzeit beeinflussen können. Es steht jedem frei, seine Meinung zu haben, und Sie haben die Freiheit, diese zu ignorieren.

Wenn Sie streitlustig sind oder glauben, sich verteidigen zu müssen, machen Sie sich klar, wie dumm es ist, sich über unbeständige Konstrukte zu ärgern. Wenn Sie gerne diskutieren, können Sie sich angewöhnen, von beiden Seiten aus zu argumentieren, damit Sie nicht von bestimmten Vorstellungen eingeschränkt werden oder immer Recht haben müssen. Jeder von uns hat unzählige Meinungen und Überzeugungen; die Möglichkeit, dass ein anderer völlig mit Ihnen übereinstimmt, ist so gut wie ausgeschlossen. Akzeptieren Sie diese Tatsache und verabschieden Sie sich von allen konstruierten Vorstellungen, die Sie über unbeständige Meinungen und die Notwendigkeit einer

Übereinkunft haben. Es ist absolut möglich, ein glückliches, erleuchtetes Leben zu führen, ohne jemals mit einem anderen Menschen völlig einer Meinung zu sein.

Sind Sie von bestimmten Dingen besessen? Leiden Sie unter einer Sucht? Schauen Sie sich an, warum diese Besessenheit so wichtig für Sie ist, und geben Sie sich nicht mit naheliegenden Erklärungen zufrieden. Was bedeutet das Objekt Ihrer Besessenheit für Sie? Lassen Sie es los, sobald Sie es verstehen. In negativer Weise auf ein Objekt oder eine Substanz fixiert zu sein, ist nicht viel anders, als sich in positiver Weise darauf zu konzentrieren. Ihr Zwangsverhalten behält Sie dabei weiterhin im Griff.

Wenn Sie sich dazu entschlossen haben, in einem bestimmten Land zu leben, sollten Sie daran denken, dass Sie das Privileg Ihres Aufenthaltes aufgrund der stillschweigenden Übereinkunft genießen, die dort herrschenden Gesetze zu befolgen. Wenn Sie diesen Gesetzen nicht zustimmen können, dann ist es Ihr Recht, darauf hinzuwirken, dass sie geändert werden. Oder Sie verlassen dieses Land und suchen nach einem Ort, der besser zu Ihren Neigungen und Vorlieben passt. Sie haben immer die Freiheit, das Gesetz zu übertreten, aber Sie überschreiten dabei eine Linie in Ihrem Geist und bringen sich selbst in Schwierigkeiten. Sie müssen dann darauf gefasst sein, die Konsequenzen für Ihr Verhalten zu tragen.

Blindes Vertrauen ist das Resultat einer Gehirnwäsche, und niemand wurde jemals durch eine Gehirnwäsche erleuchtet. Wir können auch keinen Befehlen folgen, um erleuchtet zu werden. Erleuchtung ist keine militärische Übung. Sie ist keine Festung, die man im Sturm einnimmt. Andere können uns darauf hinweisen, an welchen Stellen wir festsitzen, aber wir müssen jeden

Schritt auf dem Weg aus eigener Verantwortung heraus tun. Die einzigen Schritte, die zählen, sind die, die wir selbst tun.

Wenn wir die Vollkommenheit der Freiheit erkennen und erfahren, sehen wir, dass unsere Konstrukte nicht die Macht haben, die wir ihnen geben. Wir sind völlig frei, um so mit der Welt in Beziehung zu treten, wie wir es wollen. Wir erzeugen unsere eigenen Begrenzungen und stellen unsere eigenen Regeln auf. Unsere Konstrukte sind das Einzige, was zwischen uns und der Erleuchtung steht. Da die Dinge ständig im Fluss sind, können auch Sie – wie der wandernde Nomade, der nicht auf die Mauern und Absperrungen achtete – an Ihren Konstrukten vorbeigehen, gerade und besonders dann, wenn diese schon seit Tausenden von Jahren unsere Wahrnehmung bestimmen. Keine Rituale, keine Zauberformeln oder spezielle Genehmigungen sind notwendig, um die Welt ohne Konstrukte zu erfahren. Wie können begrenzte Überzeugungen überhaupt das begrenzen, was unendlich ist?

## FREIHEIT AUF DEN PUNKT GEBRACHT

*»Ein Sucher, der sich auf sein Verhalten verlässt, um Sittlichkeit zu praktizieren, ist wie jemand, der in einer Festung eingeschlossen ist. Seine eigenen Vorstellungen machen ihn zum Gefangenen.«*

### Die Vollkommenheit der Freiheit

Wir werden nicht von unseren Vorstellungen und Konstrukten begrenzt und auch nicht gezwungen, Regeln aufzustellen und dann gegen sie zu rebellieren. Wir haben die Freiheit, in innerer Ausgeglichenheit zu leben.

### Durch die Hintertür

Dritter Schritt: *Lösen* Sie sich von allen geistigen Konstrukten, die den Weg zu Ihrem Ziel versperren!

### Übung

Schreiben Sie Ihre Ziele auf und verschaffen Sie sich Klarheit über potenzielle Konflikte zwischen Ihren Zielen und Ihren Gewohnheiten, die Sie daran hindern könnten, Ihre Ziele zu erreichen.

**Vorteile und Nutzen**

Wenn Sie die Vollkommenheit der Freiheit erkennen, lösen sich auch die Probleme, die mit geistigen Konstrukten einhergehen wie:

- sich unterdrückt und verurteilt fühlen
- streitlustig sein und sich angegriffen fühlen
- von etwas besessen sein, unter einer Sucht leiden
- von Verpflichtungen überwältigt und im inneren Konflikt sein

**Fazit**

Wir können uns jederzeit dafür entscheiden, ruhig und gelassen zu bleiben, anstatt auf etwas von außen zu reagieren. Unsere Überzeugungen haben nur die Macht, die wir ihnen geben.

## Kapitel 4:
# Die Vollkommenheit der Kausalität

*Selig, wem es gelang, der Dinge Grund zu erforschen.*

VERGIL

»So wie ich aussehe, kann ich unmöglich zurück an die Arbeit gehen«, sagte Hannah, als sie unter dem Baum auf dem Boden saß und ihren Zustand überprüfte, »ich habe Blätter in den Haaren.« Ihre Hose war aufgerissen, ihr Knie blutete, und ihre Bluse hatte Grasflecken.

»Ja, aber es sind Blätter vom Bodhibaum«, betonte Otto.

»Ich dachte, du fängst mich auf.«

»Ich hab's versucht. Aber es hatte doch keinen Sinn, dass wir uns beide verletzen.« Er wickelte das Blatt aus der Plastikhülle und dem Packpapier. »Oh, wie schön! Über dem Text befindet sich das Bild eines Sonnenschirms. Den hättest du benutzen sollen, um mit ihm wie Mary Poppins vom Baum herabzuschweben.«

»Halt den Mund, Otto«, sagte Hannah.

»Ist ja schon gut. Jetzt lass ich dir die Ehre, den Text zu lesen«, meinte er und reichte ihr das Blatt. »Das ist das Mindeste, was ich tun kann.«

»Da hast du verdammt noch mal Recht«, sagte sie und schnappte sich das Blatt. Als sie den goldenen Sonnenschirm sah, beruhigte sie sich. »Er ist *wirklich* sehr schön.«

»Sag ich doch.«

Sie las daraufhin Otto die Übersetzung vor. »›*Ein Sucher, der Geduld üben will, verlässt sich nicht auf Selbstkontrolle. Er wartet, bis der Tiger satt ist, und geht sicher an ihm vorbei, während er schläft.*‹«

»Der Tiger bist du, immer noch wütend, weil du vom Baum gefallen bist«, sagte Otto.

Hannah verdrehte die Augen und las weiter: »›*Wir leben in einer Welt von Ursache und Wirkung. Jede Handlung führt zu einer Reaktion. Um Erleuchtung zu erlangen, muss man erkennen, dass wahre Geduld bedeutet, die Vollkommenheit der Kausalität zu verstehen.*‹«

»Kausalität?«

»Das steht hier jedenfalls«, sagte Hannah.

»Okay, das ist leicht zu verstehen. Das sagt einem ja auch schon der gesunde Menschenverstand. Wie lautet der Hinweis?«

»›*Erkenne, dass die Auswirkungen des Handelns vielfältig, endlos und oft unerwartet sind. Folge der Kette der Auswirkungen deines Handelns zum nächsten Vers.*‹«

»Das klingt wie ein wunderbares Projekt, um es nach der Arbeit zu erledigen«, sagte Otto.

»Ja«, stimmte Hannah zu. »Ich muss zurück und die Bibliothek wieder aufschließen. Wir können uns nach dem Abendessen auf dem Parkplatz treffen. Um acht?«

»Oder wir treffen uns auf dem Parkplatz *zum* Abendessen, ebenfalls um acht?«

Hannah bedachte kurz seinen Vorschlag und sein merkwürdiges Aussehen. Sie runzelte die Stirn.

»Vielleicht möchtest du dich ja auch ein wenig feiner machen«, fügte Otto hinzu, als er den Widerstand von ihrem Gesicht ablas. »Ich genieße immerhin hohes Ansehen in diesem Land.«

Hannah lächelte.

»Okay«, stimmte sie zu und ließ den Zufall walten, wie bisher. Wir haben ein Date, vervollständigte sie den Satz in Gedanken, ohne die Worte über ihre Lippen kommen zu lassen.

Als sie zurück in der Bibliothek war, lag eine Botschaft auf ihrem Schreibtisch. Sie legte das Manuskriptblatt und das japanische Gartenbuch beiseite und rief sofort die Nummer an.

»Mom, ist mit Dad alles in Ordnung?«

»Ja«, antwortete ihre Mutter. Ihre Stimme klang besser, als Hannah es erwartet hatte. »Aber wenn er all die Jahre besser auf sich aufgepasst hätte, würden wir diese Diskussion gar nicht haben. Bleib dran, dein Vater soll es dir selbst erzählen.« Es entstand eine kurze Pause, während Hannahs Mutter den Hörer an ihren Vater weiterreichte. Hannah seufzte und war erleichtert, dass sie nicht zu Hause angerufen hatte, um schlechte Nachrichten zu hören.

»Ich weiß auch nicht, was mit deiner Mutter los ist«, fing ihr Vater an. »Nachdem ich und du neulich miteinander gesprochen hatten, habe ich mich endlich entschlossen, Dr. Harris an meine alten Arterien zu lassen.«

»Daddy, das ist ja großartig!«, rief Hannah. »Ich glaube, das ist genau das, was sie gewollt hat.«

»Sie hat einfach Angst. Die Operation ist nicht ohne Risiko,

aber wenn ich die verlorene Zeit mit euch Kindern wieder gut-
machen will, muss ich etwas unternehmen.«

»Wann gehst du ins Krankenhaus?«

»Morgen.«

Hannah war schockiert. Sie fühlte plötzlich etwas von der
gleichen Angst und Wut, die ihre Mutter empfand. »Oh, das ist
aber schnell«, sagte sie.

»Dein Daddy fackelt nicht lange«, meinte er und fügte in
einem konspirativen Tonfall hinzu: »Habt ihr noch weitere von
diesen Erleuchtungsmanuskripten gefunden?«

»Zwei. Erst vor ein paar Minuten haben wir eins aus der Krone eines Baumes geholt«, erwiderte Hannah.

»Dann erzähl mir mehr davon, Kätzchen.«

Am Abend wartete Otto auf dem Parkplatz auf Hannah. Da er
kein Auto besaß, dachte er, sie könnten rüber ins *Derby* gehen
und schnell etwas essen. Er war zu früh da, und so nahm er sein
Handy heraus und wählte Chloes Nummer. Seit dem Gespräch
mit Devin war ihm viel durch den Kopf gegangen. Wenn er
in Bezug auf das Trinken einen falschen Weg gegangen war,
dann lag er vielleicht auch bei anderen Dingen falsch. Er hatte
immer geglaubt, dass er weglaufen müsse, um frei zu sein, aber
nun zweifelte er, ob dies nicht nur wieder eine seiner falschen
Vorstellungen war. Vielleicht hatte Freiheit gar nichts mit Weglaufen zu tun, sondern bestand einfach darin, allen Erfahrungen
gegenüber offen zu sein.

Nach dem dritten Läuten war Chloe am Hörer. »Hallo,
Otto«, sagte sie, als sie seine Stimme hörte. »Kann ich dich
zurückrufen? Ich wollte gerade losgehen.« Ihre Stimme klang

ziemlich teilnahmslos. Er fragte sich, ob sie ihn gerade genauso hinhalten wollte, wie er es so oft mit ihr getan hatte, seit er vom Urlaub mit ihr zurückgekehrt war.

»Ich möchte mit dir reden«, sagte er.

»Ruari will mit mir nach Inverness fahren, um ein paar Sachen für das Babyzimmer zu besorgen. Vielleicht kannst du ein andermal anrufen.«

»Na gut«, erwiderte er. Ruari war sein bester Kumpel. »Also dann ein andermal.«

»Bist du fertig?«, fragte Hannah, die hinter ihm stand. Otto drehte sich um und freute sich. Hannah sah wunderbar aus, sie trug ein schwarzes Sommerkleid aus Leinen und ihr Haar locker nach oben gesteckt.

»Ja, so ziemlich«, sagte Otto und klappte sein Handy zu. »Komm, wir schauen mal nach, wer gerade im *Derby* spielt.«

Hamburger und Swingmusik live von der Bühne ließen Otto und Hannah eine Zeit lang den Stress vergessen, den sie heute gehabt hatten. Ottos lockere Art half Hannah, sich weniger Sorgen um ihren Vater zu machen, und Hannahs hübsches Gesicht half Otto, nicht daran zu denken, dass Chloe mit Ruari unterwegs war.

»Willst du tanzen?«, rief Hannah quer durch das dunkle Separee, als sie ihre Hamburger verzehrt hatten.

»Schotten können nicht nüchtern tanzen, und da ich dem Hochprozentigen abgeschworen habe, haben Sie, meine Dame, leider kein Glück mit mir«, erwiderte Otto und fügte hinzu: »Weißt du, wir müssen Emma gar nicht die Blätter aushändigen.«

»Du meinst, wir sollten sie wieder verstecken?«, fragte Hannah.

»Nein, das habe ich damit nicht gemeint.«

»Was meinst du dann, Otto? Dass wir sie stehlen sollten?«

»Es ist kein Stehlen, wenn niemand sie vermisst. Ich war gestern Abend noch im Internet. Weißt du, wie viel solch ein Manuskript bei einer Auktion bringen würde? Ein Freund von mir arbeitet bei Sotheby's. Warum schicken wir ihm nicht ein paar Fotos?«

Hannah starrte ihn fassungslos an. »Und was sollte dann das ganze Gerede über Drake und wie wichtig seine Sammlung ist? Ich habe es dir nie erzählt, aber als Emma das illuminierte Manuskript im Tresorraum einschloss, konnte ich einen Blick in sein Inneres werfen. Weißt du, was sich dort befindet?«

»Es muss Wahnsinn sein, all diese alten Bücher.«

»Nein, Otto, der Tresor ist fast leer. Die meisten wertvollen Bücher sind verschwunden. Gestohlen. Du bist nicht besser als die Wycombes, sondern auch nur darauf aus, an Geld zu kommen.«

Otto brauchte einen Moment, um die Tatsache zu verdauen, dass der Tresorraum fast leer war, und konzentrierte sich dann wieder auf das Gespräch mit Hannah. »Nein, ich meine etwas anderes. Drake war eine starke Persönlichkeit, ich wünschte, er wäre immer noch hier. Es gibt viele Dinge, über die ich gerne mit ihm reden würde. Aber das Geld, das wir mit diesen Blättern verdienen könnten, würde jedem von uns beiden eine solide Lebensgrundlage verschaffen.«

»Wenn du das vorhast, dann kannst du nicht auf mich zählen«, sagte Hannah. »Ich hätte wissen müssen, dass es so weit kommen würde.«

»Nein, Hannah. Okay, vergiss einfach, was ich gesagt habe. Ich habe dich nur fragen wollen.«

»Nun, die Antwort lautet nein.«

»Ich werde nie wieder davon anfangen«, sagte Otto. Hannah runzelte die Stirn. Otto legte zwei Zwanzigdollarscheine auf den Tisch und führte sie an der Hand aus dem lauten Restaurant.

»Mach die Augen zu«, sagte er, als sie draußen waren.

»Warum?«

»Weil ich etwas ganz Besonderes für dich habe, um meine fehlende Bereitschaft, auf der Tanzfläche einen Affen aus mir zu machen, wiedergutzumachen. Komm schon, schließ die Augen.«

Hannah machte die Augen zu. Otto drehte sie dreimal im Kreis und legte dann ihre Hand auf seine Schulter.

»Folge mir nun«, sagte er.

Sie gingen langsam die Straße entlang, wobei Otto die blinde Hannah führte. Nachdem sie einige Minuten, ohne zu sprechen, gegangen waren, hielt Otto an.

»Kann ich meine Augen wieder öffnen?«, fragte Hannah.

»Nein, noch nicht«, sagte er. »Setz dich hin.«

Hannah versuchte sich auf etwas in Höhe einer Bank zu setzen, aber da war nichts.

»Tiefer«, sagte Otto.

Hannah ließ sich noch tiefer sinken. Es war ein Bordstein. Sie saß auf einem Parkplatz.

»Warte hier eine Sekunde, ich bin gleich wieder da«, sagte Otto.

Nach einer Zeitspanne, die Hannah wie eine Ewigkeit vorkam, kehrte Otto zurück.

»Okay, jetzt kannst du die Augen aufmachen.«

Hannah öffnete die Augen. Sie saß unter einem knallroten Neonzeichen. »Eine Eisdiele?«

»Gewiss.« Er holte zwei Eishörnchen hinter seinem Rücken hervor. »Ein Hörnchen kostet nur 50 Cent. Schokolade?«

»Aber immer«, sagte Hannah.

Otto half Hannah auf eine Böschungsmauer. »Von hier ist es nur ein kurzer Weg durch den Park zu dem Baum, in dessen Krone wir das Blatt gefunden haben«, sagte er.

»Weißt du«, sagte sie, als sie zusammen weiterschlenderten, »als Kind hat mein Vater mir dort immer Eis gekauft und danach sind wir ins Observatorium gegangen und haben uns die Sterne angeschaut. Vielleicht werde ich nie wieder die Gelegenheit haben, dies mit ihm zu tun.«

»Ist er krank?«

Hannah nickte und hatte Tränen in den Augen. Otto blieb stehen.

»Es tut mir so leid«, sagte er und lehnte sich an einen Baum. »Wollen wir das ganze Zeug mit den Blättern und der Erleuchtung einfach vergessen und stattdessen zum Observatorium gehen? Wir können dort eine Lasershow von Pink Floyd oder etwas anderes sehen und einen Planeten nach deinem Vater benennen.« Hannah bedeckte ihr Gesicht und Otto warf den Rest seines Eishörnchens in die Büsche.

»Komm her«, sagte er und nahm sie in den Arm. Er küsste sie sanft auf die Wange und berührte mit den Lippen eine Träne. Er sagte nichts. Sie drehte ihren Kopf leicht und er küsste sie auf den Mund. Beide waren ein wenig überrascht, was sie getan hatten.

»So, mehr bekommst du erst von mir, wenn du wieder bessere Laune hast. Normalerweise halte ich mich von heulenden Mädchen fern.« Bevor sie protestieren konnte, entdeckten ihre

Augen etwas auf dem Boden. »Was ist das«, fragte sie und wischte sich dabei eine letzte Träne aus den Augen. Sie kniete sich nieder und fegte ein paar Blätter zur Seite, die sich unter dem Baum angesammelt hatten.

»Ist dies der Baum von heute Nachmittag? Der Bodhibaum?«

»Und ich bin genau hier stehen geblieben, um dich zu küssen? Natürlich ist dies der Baum.«

Otto leuchtete mit einer kleinen Taschenlampe am Boden entlang, wo Hannah eine Schnur freigelegt hatte, die vom Baum nach unten in das abgefallene Laub führte.

»Sie ist mit den Gebetsfahnen verknüpft. Ich muss sie hervorgezogen haben, als ich das Bündel aus dem Baum gerissen habe.« Sie zog an der Schnur, die sich leicht vom Boden löste.

»Sie führt von hier weg«, sagte Hannah, »zurück in den Garten.«

Vorsichtig zogen sie an der Schnur und folgten ihr den ganzen Weg zurück bis an ein kleines Tor in der Gartenmauer, wo zwei furchteinflößende Statuen Wache hielten.

»Wir müssen dieses Tor bisher übersehen haben. Was sind das hier für gruselige Gestalten?«, fragte Otto.

»Es sind Fu-Hunde, Wächterstandbilder. Die Tibeter nennen sie Schneelöwen. Sie sollen Menschen mit bösen Absichten fernhalten.«

»Wie können sie irgendjemand fernhalten? Es sind doch nur Statuen.«

»Wenn du durch sie hindurchgehst, ohne etwas Rotes zu tragen, verfluchen sie dich.«

»Das ist Blödsinn«, sagte Otto, ging aber trotzdem nicht durch das Tor.

Sie konnten das Rauschen des Wasserfalls auf der anderen Seite des Gartens hören. Hannah zog noch einmal an der Schnur, aber dieses Mal saß sie auf der anderen Seite der Mauer fest. Otto leuchtete mit dem schmalen Kegel seiner Taschenlampe in die Dunkelheit.

»Zieh noch mal, stärker«, sagte er.

Hannah zog.

»Sie hängt irgendwo fest«, sagte sie.

Otto nahm ihr die Schnur aus der Hand und zog kräftig an ihr. Mit einem Mal gab sie nach, und zur gleichen Zeit wurde es unheimlich still. Beide gingen vorsichtig auf unebenen Grund durch das Tor, um die plötzliche Stille zu untersuchen. Was sie dann sahen, machte sie starr vor Staunen. Der einst donnernde Wasserfall hatte sich in ein kleines Rinnsal verwandelt.

»Es ist, als ob jemand den Wasserfall abgestellt hätte«, sagte Otto.

»Stimmt *genau*, du Pfiffikus! Du musst die Pumpe abgestellt haben, als du an der Schnur gezogen hast!«, rief Hannah aus.

Entsetzt schauten die beiden zu, wie das letzte Wasser aus dem oberen Becken des Wasserfalls floss. Die Seerosen sackten in der Moorerde zusammen und eine kleine Schildkröte starrte sie an, verwirrt darüber, plötzlich auf dem Trockenen zu sitzen.

»Und was nun?«, fragte Hannah.

»Nun«, sagte Otto und kletterte hinunter in das Becken, wobei er tief im Schlamm versank, »werde ich diese arme kleine Schildkröte in das untere Becken setzen, nach Hause gehen und mich ins Bett legen. Ich glaube, ich habe für heute genug Schaden angerichtet.« Er bückte sich und nahm die Schildkröte in die Hand. Als er sich wieder aufrichtete, rutschte er aus und schlug mit dem Kopf gegen einen schlammverkrusteten Felsbrocken. Verdammter Fluch, dachte er.

In dieser Position bemerkte er auf dem Beckenrand ein paar blasse Buchstaben, die durch den Teichschlick leuchteten. Er wischte den Schlick mit seinem Unterarm zur Seite und fummelte nach seiner Taschenlampe.

»Wenn du noch mehr Tiere retten willst …«, fing Hannah an.

»Ich habe etwas gefunden.«

Hannah sprang zu ihm nach unten und schrak zusammen, als ihre Schuhe im Schlick versanken.

»Es ist Drakes Handschrift. ›*Zünde die dritte Laterne an, um den Pfad der Erleuchtung zu erhellen.*‹«

»Das kommt mir bekannt vor«, sagte Otto. »Es bezieht sich auf den Philosophen Atisha. *Die Laterne für den Pfad der Erleuchtung.* Er schrieb dieses Buch im 11. Jahrhundert.«

»Oder es könnte ein Hinweis auf die Laternen dort drüben sein«, überlegte Hannah.

Und tatsächlich, neben den Worten zeigte ein Pfeil quer durch den Garten zu drei niedrigen japanischen Steinlaternen.

»Komisch«, fügte Hannah hinzu, »du grübelst entweder so lange über Dinge nach, bis sie keinen Sinn mehr machen, oder du denkst überhaupt nicht nach«, wobei sie auf den leeren Wasserfall deutete.

»Komisch, was für eine vorlaute Göre du doch bist. Halt mal meine Schildkröte.«

Er reichte ihr die Schildkröte und kletterte aus dem Becken. Zusammen schlichen sie sich leise durch den Garten. Otto setzte die Schildkröte in den Karpfenteich, wo sie mit ein paar

Luftblasen im Wasser verschwand, und sie gingen weiter zu den Laternen, um sie näher zu untersuchen. Otto gab Hannah ein Streichholz.

»Jetzt bist du dran.«

Hannah seufzte, aber sie strich das Streichholz an, während Otto mit seiner kleinen Lampe im Garten umherleuchtete. Irgendetwas hatte seine Aufmerksamkeit erregt.

Als Hannah gerade die Laternen anzündete, rief Otto: »Nein, Hannah!«

Er stürmte auf sie zu, um ihr das Streichholz aus der Hand zu schlagen. Er beugte sich vor und versuchte hektisch, die Laterne auszublasen, aber es war zu spät. Die Flamme stieg in der Laterne nach oben, und sein Atem erreichte sie nicht mehr.

»Was tust du da?«, fragte Hannah.

Otto zeigte auf die stramme Schnur, die von der Laterne in die Dunkelheit verlief. Während er noch darauf zeigte, brannte die Flamme in der Laterne die Schnur durch und gab sie frei. Im selben Moment erklang in der Mitte des Gartens eine große eiserne Glocke, und in Drakes altem Haus gingen die Verandalichter an. Hannah hielt sich die Ohren zu und duckte sich. Otto beugte sich über die Laterne. Er bekam die lose Schnur zu fassen, zog daran und hielt sie fest. Der Klöppel der Glocke schlug ein letztes Mal gegen die Glockenwand, und dann war die Glocke plötzlich wieder still.

Otto legte sich flach auf den Boden und Hannah kroch in die Büsche, als die Eingangstür zu Drakes altem Haus aufging und Emma Wycombe in die Nacht hinaustrat, wobei sie sich ärgerlich ihren Morgenmantel um den Körper schlug. Sie suchte den ganzen Garten nach Eindringlingen ab. Nach den längsten zweieinhalb Minuten, die Otto und Hannah jemals erlebt hatten, ging Emma wieder zurück ins Haus und schaltete das Licht aus.

»Das ist ja großartig«, flüsterte Otto, als sich das Haus wieder verdunkelte. »Anscheinend wohnen die Wycombes jetzt in dem Haus. Ob sich dort das nächste Blatt befindet?«

»Die Laterne hat überhaupt nichts erleuchtet; sie hat eine Glocke ausgelöst!«, rief Hannah aus. »Das ist nicht fair. Was machst du da übrigens?«

Otto lag immer noch auf dem Boden und umklammerte die Schnur.

»Wenn ich sie loslasse, ertönt die Glocke von Neuem. Und dann …«, fing Otto an.

»Dann gehen die Lichter auf der Veranda wieder an.«

»Nicht nur das. Die blöde alte Hexe kommt dann wieder raus, fängt uns ein und verspeist uns mit Nudeln zum Abendessen.«

»Es ist schon zu spät fürs Abendessen. Du hörst mir nicht zu.«

»Das liegt daran, dass ich vom Lärm der Glocke fast taub geworden bin. Hör auf zu grinsen! Ich habe einen Krampf im Arm!«

»In seinem Hinweis hieß es, dass das Anzünden der Laterne den Pfad zur Erleuchtung erhellen würde. Als ich die Laterne angezündet habe, fing die Glocke an zu läuten, wodurch die Verandalichter angingen. Die Lichter weisen auf irgendetwas dort drüben hin.«

»Was soll das sein?«, fragte Otto.

»Ich weiß es nicht«, gab Hannah zu, »ich habe nicht richtig aufgepasst.«

Genau in diesem Moment klingelte Ottos Handy. Die digitalen Töne der »Flower of Scotland« erklangen aus seiner Jackentasche. Seine Hände waren jedoch anderweitig beschäftigt.

»Geh du dran!«, flüsterte Otto laut. Hannah beugte sich zu ihm hinüber und durchsuchte ihn so lange, bis sie die Ursache des Lärms gefunden hatte. Sie nahm das Handy und drückte den Knopf, um es auszustellen.

»Du hast einen verpassten Anruf«, kicherte Hannah.

»Danke.«

Sie warf erneut einen Blick auf das Telefon. »Wer ist Chloe?«

Ottos Blick sagte ihr zwar nicht alles über die Situation mit Chloe, aber er verriet ihr genug.

»Du bist ein Arschloch.«

»Es tut mir leid«, sagte Otto zerknirscht von unten.

»Es muss dir nicht leid tun, vergiss es einfach«, sagte Hannah.

»Wollen wir nun das nächste Blatt suchen?«, fragte Otto.

Hannah nickte, ohne ihn anzuschauen.

»Es gibt nur eine Möglichkeit herauszufinden, wo es ist. Wir müssen es irgendwie schaffen, dass die Lichter wieder angehen.«

Hannah drehte sich zu ihm um. »Okay, mach das.«

Otto ließ die Schnur wieder los. Die Glocke ertönte, das Licht auf der Veranda ging an, und sie sahen genau, wo der Hinweis versteckt war.

»Was zum Teufel tun Sie beide in meinem Garten?«

Als sie sich umdrehten, erblickten sie Emma, die direkt hinter ihnen stand.

Bevor sie antworten konnten, fuhr Emma fort: »Was machen Sie hier?« »Wir wussten nicht, dass dies Ihr Haus ist, ich schwöre«, platzte Hannah heraus. Sie schaute auf und sah Licht hinter dem Fenster im ersten Stock. Jemand beobachtete sie durch die Fensterläden.

»Und das gibt Ihnen das Recht, um Mitternacht hier herumzuschleichen und meinen Garten zu verwüsten? Ich hatte den Verdacht, dass Sie auch das Sandmandala verunstaltet haben, und nun bin ich mir sicher. Bis ich entschieden habe, was ich mit Ihnen tun werde, möchte ich Sie bitten, mir die Schlüssel zur Bibliothek auszuhändigen. Ich vertraue Ihnen nicht.«

Hannah und Otto dachten an die Chancen, die sie noch hatten, die übrigen Blätter ohne die Schlüssel zu finden. Sie waren nicht sehr hoch.

»Nein, warten Sie, Emma«, begann Otto.

»Geben Sie mir die Schlüssel.« Emma schaute sie verachtungsvoll an. »Nach dem, was Sie beide in jüngster Zeit getan haben, können Sie wohl kaum etwas anderes erwarten.«

## Kausalität aus erleuchteter Sicht

Warum ist die Welt so voller Hass und Wut? Zu Hause gehen wir aufeinander los. Es herrscht Gewalt im Straßenverkehr. In den Schulen haben wir Raufbolde und Schläger und in der Reaktion auf sie kocht die Gewalt über. Wir ermorden uns gegenseitig. Wir führen Kriege. Die Medien sind voll von Gewaltdarstellungen und Vorurteilen. Die Anzeichen sind allgegenwärtig: Wir sind enttäuscht und frustriert.

Und wie steht es mit Ihnen? Sind Sie auch irritiert? Ärgern Sie sich über die anderen Autofahrer? Geraten Sie oft in Wut? Sind Sie voller Groll? Fühlen Sie sich ohne Hoffnung? Flüchten Sie manchmal in Magie und Aberglauben? Was haben alle diese Empfindungen gemeinsam und was ist ihre Ursache?

Wenn wir unsere Situation im Griff haben, sind wir nicht wütend. Wut ist kein Gefühlszustand der Starken; sie wird verursacht durch ein Gefühl der Ohnmacht. Obwohl wir uns ernsthaft bemühen, erleben wir jeden Tag, dass unsere Pläne durchkreuzt und unsere Wünsche vereitelt werden. Wir strengen uns an, haben aber keinen Erfolg. Oftmals bleiben wir ratlos und entmutigt zurück.

Unsere Probleme wirken sich in einem noch nie da gewesenen Maße aus: Mit einer globalen Gemeinschaft kommen globale Probleme. Wir kommen mit unseren Nachbarn nicht klar, sollen aber friedlich mit Menschen zusammenleben, die total verschieden von uns zu sein scheinen. Wir schaffen es vielleicht gerade, uns nicht zu verschulden, aber wie können wir es schaffen, die weltweite Armut zu besiegen? Wir können unser Haus und unsere Wohnung sauber halten, aber trifft das Gleiche auch auf unsere Umwelt zu? Ob es uns bewusst ist oder nicht, wir haben alle den Wunsch, dass alles reibungslos läuft. Wir möchten gern, dass alle glücklich sind, aber große Probleme lassen sich nicht so einfach lösen. Also sind wir enttäuscht und fühlen uns klein, ineffektiv und wertlos.

Die natürliche energetische Antwort auf Gefühle von Ohnmacht – auf welcher Ebene auch immer – ist Wut. Wenn wir uns nicht geschlagen geben wollen, ist Wut ein verzweifelter Versuch, eine unerwünschte Situation zu verändern. Wenn wir

Wut und Gewalt als Mittel benutzen, haben wir allerdings keine Kontrolle darüber, was dabei herauskommt, aber es ist ziemlich wahrscheinlich, *dass* sich dadurch etwas verändern wird. Das Problem ist, dass es sich normalerweise zum Schlechteren verändert.

Hoffnungslosigkeit ist die Wut der Faulen. Anstatt auf Frustration mit Handeln zu reagieren, fügen sich die Hoffnungslosen sofort in ihre Niederlage. Wer wütend ist, hat keine große Aussicht, dadurch eine positive Veränderung zu bewirken, aber wer hoffnungslos ist, hat überhaupt keine Chance.

Wie gehen wir also am besten mit Frustration und Enttäuschung um? Wie schaffen wir es, dass die Dinge so laufen, wie wir es gerne hätten? Wie können wir unserer Verwirrung entkommen, die Fallstricke der Wut und Hoffnungslosigkeit vermeiden und Gefühle von Sinn- und Zwecklosigkeit überwinden?

Sobald wir erkennen, dass wir die Freiheit haben, auf jede Situation angemessen zu reagieren, unabhängig von den Meinungen anderer und von illusionären geistigen Konstrukten, wird uns auch klar, dass wir für die Konsequenzen unseres Handelns verantwortlich sind. Anstatt widerwillig eine Situation zu akzeptieren, auf die wir keinen Einfluss haben, sollten wir verstehen lernen, welche Dinge wir aktiv beeinflussen können.

Um Gefühle von Machtlosigkeit zu verringern, brauchen wir keine Geduld; wir müssen nur verstehen, was unsere Handlungen bewirken und was wir realistischerweise von ihnen erwarten können.

Handlungen sind Teil eines übergeordneten Systems, in dem jede Handlung zu vielen Konsequenzen führt, die weitere Handlungen bewirken. Als Otto und Hannah begannen, nach den

Blättern der *Hintertür zur Erleuchtung* zu suchen, lösten sie eine Kettenreaktion aus. Ihre Entdeckungen führten nicht nur dazu, dass sie das Sandmandala in der Bibliothek zerstörten und sich in den Garten der Wycombes schlichen, sondern bewirkten auch, dass Hannah ihrem Vater dabei half, sein Leben zu verändern, dass Otto mit dem Trinken aufhörte und beide sich Gedanken darüber machten, in welche Richtung ihr weiteres Leben verlaufen sollte. Wie man sieht, zog die Entdeckung des ersten Schriftblattes viele Konsequenzen nach sich.

Kausalität ist die Verknüpfung von Handlungen mit dem Prinzip von Ursache und Wirkung. Sie ist das System, das zu Veränderungen führt; die Kraft, die das Dasein bestimmt. Jede Handlung ist eine Wirkung, der eine Ursache vorangeht. Dies bedeutet nicht, dass Kausalität linear ist wie eine Linie von Dominosteinen; sie ist vielmehr hochkomplex und multidimensional wie das Spiel von Meereswellen.

Offenkundige Anzeichen für das Prinzip von Ursache und Wirkung sind überall zu finden. Wir machen es uns intuitiv zunutze, um zu überleben und unsere Ziele zu erreichen. Wenn wir hungrig sind, zerschlagen wir keinen Apfel mit dem Hammer, sondern essen ihn. Wenn wir irgendwo hingehen wollen, knallen wir nicht dreimal unsere Hacken zusammen. Wir steigen stattdessen in ein Fahrzeug und verringern auf diese Weise so lange die Entfernung zwischen uns und unserem Ziel, bis wir dort angekommen sind. Wenn wir eine mathematische Aufgabe lösen wollen, gehen wir Schritt für Schritt vor, indem wir Methoden anwenden, die wir durch Versuch und Irrtum gelernt haben. Wir schreiben nicht einfach nur beliebige Zahlen auf, bis eine von ihnen richtig zu sein scheint.

Jede Handlung hat zahllose Konsequenzen, von denen viele nicht mit dem bloßen Auge sichtbar sind. Selbst wenn wir glauben, dass wir überhaupt nichts tun, atmen wir den Sauerstoff der Luft ein und Kohlendioxid aus. Das Essen in unserem Magen durchläuft eine chemische Transformation. Unser Körper gibt Wärme an die Umgebung ab. Unsere bloße Existenz verändert die Welt in jeder Sekunde, und wenn wir sterben, wird auch noch der Zerfall unseres Körpers oder unsere Einäscherung eine Auswirkung auf sie haben. Dieser Kreislauf von Aktion und Reaktion, von Ursache und Wirkung, erstreckt sich bis ins Unendliche. Er begann, bevor Leben existierte, und wird auch noch bestehen, lange nachdem es wieder verschwunden ist. Dies ist die Vollkommenheit der Kausalität.

Als Art sind wir Menschen bislang dadurch erfolgreich gewesen, dass wir gewisse Verbindungen zwischen Ursache und Wirkung erkannten und Voraussagen auf der Grundlage unserer Beobachtungen trafen. Und dennoch ist es wahrscheinlich die größte Bedrohung für unsere Art, den Kreislauf insgesamt nicht zu erkennen und rechtzeitig entsprechend zu handeln. Es ist überaus wichtig, die Kausalität richtig zu verstehen.

Wenn wir eine Person als vernünftig, logisch oder rational bezeichnen, bringen wir damit zum Ausdruck, dass sie Schlussfolgerungen aus bestimmten Informationen ziehen und eine Ursache korrekt mit ihrer Wirkung verknüpfen kann. Wissenschaftler benutzen die etablierte Ordnung von Ursache und Wirkung, um etwas über die natürliche Welt zu erfahren. Sie bezeichnen ihr Vorgehen als *wissenschaftliche Methode*, eine hochkomplexe Form des gesunden Menschenverstands. Sie beobachten Wirkungen in der Natur und auf der Grundlage dieser Beobachtungen formulieren sie begründete Annahmen oder Hypothesen über mögliche Auswirkungen. Sie führen Experimente durch und benutzen ihre Untersuchungsergebnisse, um Vorhersagen zu treffen. Wenn wir die Ursache für ein negatives Phänomen entdecken, können wir uns daran machen, sie aus der Welt zu schaffen. Wenn wir die Ursache für ein positives Phänomen finden, können wir versuchen, es zu verstärken und auszuweiten.

Obwohl Daten auch manipuliert werden können – und nicht alle Fakten, die entdeckt werden, auch zu guten Zwecken eingesetzt werden –, ist die Wissenschaft in der Lage, die kausalen Zusammenhänge des Universums zu verstehen und gezielt auf die Umwelt einzuwirken. Je komplexer und detaillierter unser Verständnis wird, desto mehr sind wir in der Lage, die Dinge zu definieren und rational zu verstehen, die wir uns früher nur mithilfe von Mythen und Mystizismen erklären konnten. Die Wissenschaft zertrümmert immer mehr die Vorstellung einer statischen materiellen Welt, die sie einst mit erschaffen hat. Die Fähigkeit, überholte Vorstellungen über Bord zu werfen und jede Annahme zu hinterfragen, erlaubt uns auch, Spiritualität in einer Weise zu beschreiben und zu verstehen, die so genau und aufregend ist wie nie zuvor.

Sobald wir die Kausalität und das Ausmaß unserer Unabhängigkeit verstehen, haben wir die Chance, immer mehr unnötiges Leiden aus unserem Leben zu verbannen. Während das Leiden an der ständigen Notwendigkeit zu handeln mit einer wilden Fahrt auf einem Motorrad, das keine Bremsen hat und dessen Bedienungselemente wir nicht kennen, verglichen werden kann, führt das Erkennen der Vollkommenheit der Kausalität zu einer innerlichen Ruhe, die mit einem klaren Verständnis der Allgegenwärtigkeit von Ursache und Wirkung einhergeht. Wir können die Welt nicht verlangsamen oder anhalten, und wir können auch nicht einfach abspringen. Stattdessen sollten wir uns die Mühe sparen und damit aufhören, das Unmögliche erreichen zu wollen.

Aber wir können unseren Weg durch die Welt gehen, indem wir uns klarmachen, welche Handlungen am ehesten zu den Auswirkungen führen, die wir uns wünschen. Auf diese Weise vermeiden wir Zusammenstöße und haben stattdessen freie Bahn. Auf der Grundlage dieser Erkenntnis können wir uns so weit beruhigen und entspannen, dass wir die Reise auch wirklich genießen.

Wenn wir verstehen, wie Kausalität funktioniert, und unsere Einflussmöglichkeiten erkennen, lösen sich Gefühle von Wut und Frustration auf. Wir sind nicht machtlos, sondern haben alle das gleiche Potenzial, Einfluss auf die Welt zu nehmen.

Handlungen können physisch verursacht sein oder durch den Geist beeinflusst werden. Der Geist kann zum Beispiel die Entscheidung treffen zu handeln, aber er kann diese Entscheidung nicht selbst ausführen. Damit dies geschehen kann, braucht er den Körper, eine physische Verbindung zur Außenwelt. Der Geist wird nicht direkt durch eine Handlung beeinflusst, aber er kann von der physischen Welt über einen längeren Zeitraum (durch Lernen) oder einen kürzeren Zeitraum (durch Wahrnehmen) beeinflusst werden. In beiden Fällen muss der Einfluss vom Bewusstsein interpretiert werden. Eine Interpretation trennt immer die physische Welt vom Geist. Vereinfacht dargestellt, wirken Handlungen als Ursachen, während der Geist nur die Möglichkeit hat, Einfluss auszuüben. Der Geist kann keine Ursache und keine direkte Auswirkung einer Ursache sein, aber er ist nicht ohne Einflussmöglichkeit.

Es ist unmöglich, Entscheidungen zu treffen, die nicht von äußeren Dingen beeinflusst werden, da alles voneinander abhängig ist. Wir sind untrennbar miteinander und mit unserer Umwelt verbunden, unter anderem auch durch die Auswirkungen unserer Handlungen. Wir können nicht frei von anderen sein, aber wir können frei von uns selbst sein, von Konstrukten, die unsere Fähigkeit behindern, effektiv in der Welt zu agieren. Wir treffen in jeder Sekunde neu die Entscheidung, worauf wir unsere Aufmerksamkeit richten wollen.

Es ist wichtig, die Reichweite und die Begrenzungen zu erkennen, die unsere Handlungen auf uns selbst und auf die Außenwelt haben. Wenn wir wollen, dass etwas geschieht, müssen wir es selbst tun oder zumindest eine direkte Verbindung zu uns herstellen. Wenn diese direkte Verbindung zwischen uns und etwas anderem nicht besteht, können wir keinen Einfluss darauf nehmen. Und wenn auch keine indirekte Beziehung besteht, können wir es noch nicht einmal beeinflussen. Achten Sie auf den Unterschied zwischen diesen beiden Arten der Verbindung. Direkte Beziehungen führen unmittelbar zu physischen Auswirkungen. Indirekte Beziehungen beeinflussen nur physische Auswirkungen. Wenn der Einfluss sehr stark ist, sind wir vielleicht erfolgreich; wenn er schwach ist, haben wir nur eine geringe Chance auf Erfolg.

Als Otto zum Beispiel die Schnur losließ, durch die die Laterne mit der Glocke verbunden war, bewirkte dies physisch, dass die Glocke läutete. Es gab eine direkte Verbindung zwischen Ottos Handlung und der läutenden Glocke. Das Läuten der Glocke *beeinflusste* dann Emma, das zu unterbrechen, was sie gerade tat, und aus dem Haus zu kommen, um nach dem Rechten zu sehen. Es hing von ihrem Willen, ihrem Wissen und der Stärke des Glockenläutens ab, ob sie auf diesen Einfluss reagierte oder nicht. Es bestand also eine indirekte Beziehung zwischen Ottos Handlung und Emmas Reaktion. Emmas Reaktion hing von Ottos Einfluss auf ihr Bewusstsein ab; das, was Otto tat, bewirkte nicht physisch, dass sie ihren Körper in Bewegung setzte.

Die Vollkommenheit der Kausalität zu erkennen, ist das Gegenmittel für Aberglauben und Magie. Letztere entstehen durch eine Kombination von Hoffnungslosigkeit und der Unfähigkeit, Ursache und Wirkung richtig miteinander zu verbinden.

Manche Dinge, die wie Magie erscheinen, sind in Wirklichkeit das Resultat einer Suggestion. Nehmen wir die Fu-Hunde in unserer Geschichte. Hannahs unkorrekte und leicht gruselige Darstellung ihres Zwecks machte Otto nervös. Als er plötzlich in eine heikle Situation geriet, wurde seine Konzentration durch diese negativen Gedanken abgelenkt und dadurch wurde er anfälliger für ein Missgeschick. Als er schließlich ausrutschte, machte er sofort den Fluch der Fu-Hunde dafür verantwortlich, anstatt seine mangelnde Konzentration und den Umstand, um Mitternacht in einem morastigen Teichbecken mit beiden Beinen im Schlamm zu stecken. Dies ist eher ein Beispiel von Einfluss anstatt von Kausalität. Uns steht immer frei, nicht auf Suggestionen zu hören. Sie können uns nicht direkt schaden; sie können uns nur so beeinflussen, dass wir uns selbst Schaden zufügen.

Wir sind heute weit entfernt vom frühen Mittelalter, als wir unter der Tyrannei von Aberglauben und Ignoranz lebten und jede Krankheit und jedes Missgeschick dem Wirken von Dämonen oder Hexen zuschrieben. Rationales Denken ist die wesentliche Grundlage für ökonomische Entwicklung, Gesundheit, Glück und Erleuchtung.

Wir brauchen nicht zu glauben, aber wir kommen nicht darum herum zu denken. Wenn wir intelligentes Denken zugunsten von Aberglauben und Pseudowissenschaft aufgeben, befinden wir uns auf dem Weg in Richtung Ignoranz und Armut und nicht auf dem Pfad der Erleuchtung. In Bezug auf die Erleuchtung gibt es nichts Mystisches oder Übernatürliches; sie ist vielmehr das natürliche Ergebnis eines offenen, klaren und rationalen Verstandes. Logisches Denken, Beobachten und die wissenschaftliche Methode sind keine vollkommenen Mittel, um unsere physische Situation zu verbessern, aber im Moment sind sie die besten Werkzeuge, die wir haben.

Es wird immer Dinge geben, die das begriffliche Denken nicht erfassen kann. Das Unbekannte ist der Bereich, dessen sich die Religionen der Welt angenommen haben, und sie spiegeln perfekt viele unserer Hoffnungen bezüglich dieser Dinge wieder. Religionen spenden Trost im Angesicht der großen Geheimnisse des Lebens.

Religion und Glauben sind eine persönliche Angelegenheit. Wir haben unsere Glaubenssätze und Überzeugungen aufgrund der Erfahrungen, die wir in unserem Leben gemacht haben. Jeder hat andere Erfahrungen und Einflüsse. Es ist sehr unwahrscheinlich, dass eine Person vollständig mit einer anderen übereinstimmt; und wie viel weniger wahrscheinlich ist es erst, dass die ganze Welt jemals einer Meinung ist?

Zum Glück ist es gar nicht nötig, dass wir die gleiche Meinung über das Nichterkennbare haben oder uns über das Erkennbare streiten. Wie können wir uns über etwas streiten, das weder bewiesen noch widerlegt werden kann? Argumente beruhen auf evidenten Beweisen. Diskussionen über Dinge, die bewiesen oder widerlegt werden können, dauern in der Regel nicht lange. Wenn es einen evidenten Beweis gibt, können wir zu einer Übereinstimmung kommen. Wenn wir die Vollkommenheit der Kausalität erkennen, wird die Vernunft zu einer Sprache, die wir alle sprechen können, und unabhängig von unserer jeweiligen Religion leben wir dann alle in einer friedlichen Welt.

## Durch die Hintertür: Kausalität

Jede Ursache hat eine Wirkung; die Vollkommenheit der Kausalität besteht darin, dass wir die ungeheure Bedeutung dieser Binsenweisheit einsehen. Wenn wir die Kausalität verstehen, können wir klar erkennen, wie sich die Dinge entwickeln, ohne falsche Erwartungen zu haben. Ungeduld, Angst und Wut lösen sich auf, wenn wir vorausschauend handeln und die natürlichen Auswirkungen unserer Handlungen bedenken. Im letzten Kapitel haben wir uns damit befasst, die Hindernisse und Ablenkungen zu beseitigen, die uns davon abhalten, unser Ziel zu erreichen. Machen Sie nun die Schritte, die notwendig sind, damit Ihre Träume Wirklichkeit werden.

**Vierter Schritt: *Schaffen* Sie die Ursachen, die die erwünschten Wirkungen erzeugen!**

Am besten fangen Sie damit an, dass Sie sich ein weiteres Blatt Papier holen und einen Plan erstellen. Entwickeln Sie eine Handlungsstrategie, mit deren Hilfe Sie die Kluft zwischen Ihrer Situation und Ihrer Transformation überbrücken können. Fangen Sie damit an, dass Sie ein bestimmtes Datum festlegen, bis zu dem sich Ihr Traum materialisiert haben soll. Erstellen Sie eine Liste von allen Schritten, die Sie bis dahin machen müssen. Machen Sie sich keine Gedanken darüber, wenn Ihnen heute ein paar Schritte unmöglich erscheinen. Die Person, die Sie in Zukunft sein werden und die sich dieser Aufgabe stellt, wird eine völlig andere Person sein, mit völlig anderen Fähigkeiten und Möglichkeiten. Der wichtigste Teil in diesem Prozess besteht darin, Ihre Gedanken zu ordnen und eine große, anscheinend schwierige Aufgabe in kleinere Ziele aufzuteilen, die Sie mühelos bewältigen können.

Schlagen Sie als Nächstes den Kalender auf und tragen Sie kleinere Ziele ein, die Ihnen dabei helfen, auf der richtigen Spur zu bleiben. Vergessen Sie dabei nicht Punkte wie »Kontakte knüpfen« und – wenn Sie Ihre Zwischenziele erreicht haben – »feiern«. Legen Sie sich diesen Kalender dorthin, wo Sie leicht Einblick nehmen und ihn aktualisieren können. Sie werden erstaunt feststellen, dass die Dinge genauso laufen, wie Sie es geplant haben.

Wenn Sie beispielsweise Ihren Arbeitsplatz, an dem Sie keine Entwicklungsmöglichkeiten haben, für einen besseren aufgeben möchten, dann sollten Sie damit anfangen, einen festen Termin ins Auge zu fassen, bis wann Sie hoffen, Ihre gegenwärtige Situation hinter sich gelassen zu haben. Natürlich kann es sein, dass Sie diesen Termin nicht einhalten können, aber ein fester

Zeitpunkt wird Ihnen dabei helfen, eine positive Einstellung aufrechtzuerhalten, weil das Ende zumindest in Sicht ist. Listen Sie als Nächstes die Schritte auf, die Sie unternehmen müssen, um eine neue Arbeit zu finden. Sie müssen Ihren Lebenslauf aktualisieren, mit Freunden und Bekannten sprechen, um herauszufinden, wo ein Arbeitsplatz frei ist, und vielleicht wenden Sie sich auch an eine Stellenvermittlung. Tragen Sie all diese Ziele in Ihren Kalender ein und nehmen Sie sich Zeit für Vorstellungsgespräche und Rückrufe. Erfolg ist ein Zahlenspiel: Je mehr Bewerbungen Sie verschicken, desto größer ist Ihre Chance, schnell einen neuen Job zu finden. Je mehr Optionen Sie sich sichern, desto größer ist Ihre Chance, eine Stelle zu finden, die Sie auch wirklich befriedigt. Sobald Sie Ihre Planung abgeschlossen haben, können Sie sich an die Arbeit machen und Ihre Situation konkret verändern.

**Visualisieren:** Setzen Sie sich bequem hin und schließen Sie die Augen. Machen Sie einen tiefen, erholsamen Atemzug. Entspannen Sie Körper und Geist. Machen Sie einen weiteren tiefen Atemzug und stellen Sie sich vor, dass Sie gutgelaunt in einem wunderschönen Garten spazieren gehen; riechen Sie den frischen Duft, während Sie barfuß durch weiches grünes Gras laufen. Stellen Sie sich nun vor, dass Sie die leuchtenden Farben aller Pflanzen und Blumen in dem Garten bewundern. Fühlen Sie die warme Sonne und den kühlen Wind auf Ihrer Haut. Tun Sie noch einen tiefen Atemzug und stellen Sie sich vor, wie Sie in Ihrem Garten abgefallene Blüten und Blätter auflesen. Ordnen Sie die Steine am Rand des Baches neu. Betrachten Sie die Schmetterlinge auf den prachtvollen Blüten. Lauschen Sie dem Klang des Wasserfalls im Teich. Genießen Sie den Garten und vergessen Sie Körper und Geist in dieser friedlichen, wunderbaren Umgebung.

Fragen Sie sich nun, mit diesem Bild im Kopf, was Sie sich im Leben erschaffen wollen. Visualisieren Sie Ihren Traum mit der gleichen Klarheit, mit der Sie sich den Garten vorgestellt haben. Stellen Sie sich vor, wie es aussehen und sich anfühlen wird, Ihre Ziele zu verwirklichen. Welche Düfte und geschmacklichen Empfindungen sind mit Ihren Zielen verknüpft?

Jeder Wunsch ist der Anfang einer neuen Schöpfung. Lassen Sie Ihre Wünsche Ihre Handlungen bestimmen, damit diese Ihr Leben positiv beeinflussen können. Öffnen Sie nun langsam die Augen und lassen Sie sich kreativ auf das Leben ein.

## Vorteile und Nutzen

Die Vollkommenheit der Kausalität zu erkennen ist das Gegenmittel für Wut und Frustration, weil Sie mit ihrer Hilfe verstehen, welchen Spielraum Ihre Handlungen haben und wie groß Ihre Einflussmöglichkeiten sind. Wenn es Ihnen bislang nicht gelungen ist, direkte kausale Beziehungen herzustellen oder Ihre Einflussmöglichkeiten konkret zu nutzen, können Sie Ihr Vorgehen korrigieren und es erneut versuchen. Wenn Ihnen klar wird, dass Sie nicht die Kraft besitzen, etwas physisch oder durch Einflussnahme zu bewirken, dann können Sie entweder daran arbeiten, diese Kraft zu erlangen, oder erkennen, dass ein bestimmtes Ziel außerhalb Ihrer Möglichkeiten liegt. Denken Sie immer daran, dass Wut und Frustration einem Gefühl der Hoffnungslosigkeit entspringen. Manche Dinge ärgern uns, weil wir wissen, dass sie für uns möglich sind, selbst wenn sie uns aus irgendeinem Grund bisher versagt geblieben sind. Wenn wir die Vollkommenheit der Kausalität erkennen, lernen wir zu unterscheiden zwischen den Dingen, die für uns unmöglich sind, und den Dingen, die schwierig sind und für die wir uns anstrengen müssen. Auf diese Weise überwinden wir Wut und Frustration.

Hegen Sie auf irgendetwas einen Groll? Wenn Sie die Kausalität verstehen, werden Sie erkennen, dass Sie durch Groll nur negative Auswirkungen auf sich selbst erzeugen. Wenn jemand Ihnen wirklich Unrecht getan hat, wird diese Person die negativen Folgen ihrer Handlung direkt zu spüren bekommen. Es ist nicht notwendig, dass Sie zusätzlich etwas unternehmen. Tragen Sie sich nicht in die Liste der Menschen ein, die für das Unrecht dieser Person leiden müssen, indem sie selbst etwas Unrechtes tun. Negative Gefühle zu hegen verringert nur Ihr eigenes Glücksgefühl. Sie müssen dem, was geschehen ist, nicht zustimmen, lassen Sie einfach nur Ihre Wut und Ihre Verbitterung los und richten Sie Ihre Aufmerksamkeit auf neue Ziele. Ihre gegenwärtige innere Ausgeglichenheit ist das wichtigste Ziel. Verlieren Sie dies nie aus den Augen. Sie können nicht erleuchtet werden, wenn Sie immerzu an die Vergangenheit denken.

Tun Sie alles, was in Ihrer Macht steht, um das Leiden zu verringern, das Sie für sich selbst und für andere erschaffen, aber verweilen Sie nicht bei einem Leiden, das Sie gar nicht selbst verursachen, um nicht noch mehr Probleme für sich selbst zu erzeugen.

Wenn Sie die Vollkommenheit der Kausalität verstehen, dann nehmen Sie auch wahr, wie Ursache und Wirkung bei Ihren eigenen Handlungen miteinander verknüpft sind. Wenn Sie durstig sind, sollten Sie etwas trinken.

## KAUSALITÄT AUF DEN PUNKT GEBRACHT

*»Ein Sucher, der Geduld üben will, verlässt sich nicht auf
Selbstkontrolle. Er wartet, bis der Tiger satt ist, und geht sicher
an ihm vorbei, während er schläft.«*

### Die Vollkommenheit der Kausalität
Wir leben in einem kausalen System von Aktion und
Reaktion und jede Handlung hat eine Auswirkung.

### Durch die Hintertür
Vierter Schritt: *Schaffen* Sie die Ursachen,
die die erwünschten Wirkungen erzeugen!

### Übung
Tragen Sie Ihre Ziele in den Terminkalender ein.
Schreiben Sie auf, was Sie dafür tun werden. Schnei-
den Sie inspirierende Bilder aus. Beziehen Sie all Ihre
Sinne mit ein.

### Vorteile und Nutzen
Wenn Sie die Vollkommenheit der Kausalität erken-
nen, lösen sich auch Probleme, die von der ständigen
Notwendigkeit zu handeln stammen, wie zum Beispiel:

- Wut
- Frustration
- Groll
- Hoffnungslosigkeit

**Fazit**

Achten Sie darauf, welche Reichweite Ihre Handlungen haben und wie sie auf Sie zurückwirken.

## Kapitel 5:
# Die Vollkommenheit der Intention

*Wer hat gesagt, dass wir ein Recht haben aufzugeben?*
MARIAN WRIGHT EDELMAN

»Gehen Sie nun nach Hause. Wenn so etwas noch einmal passiert, rufe ich sofort die Polizei«, sagte Emma Wycombe schließlich, nachdem sie Otto und Hannah eine Strafpredigt über ihr Verhalten in letzter Zeit gehalten hatte.

Sie band sich demonstrativ ihren Morgenmantel fest zu und marschierte zurück ins Haus, wobei sie die Tür hinter sich zuzog. Hannah und Otto standen im Garten, immer noch geschockt von den Auswirkungen ihres Handelns.

Nach einem Moment hörten sie, wie die Pumpe wieder ansprang und das Wasser erneut in das obere Becken des Wasserfalls rauschte. Dann gingen die Lichter des großen Backsteingebäudes aus, wodurch sie im dunklen Garten standen und sich wie Diebe fühlten.

»Das ist ja großartig. Wir werden niemals die übrigen Blätter finden, wenn wir keine Schlüssel ...«

Hannah ließ den Schlüssel, auf dessen Anhänger »Zugang« stand, vor Ottos Augen baumeln, als ob sie ihn hypnotisieren wollte. Es funktionierte. »Ich nahm ihn vom Ring, bevor ich Emma den Schlüsselbund übergab«, erklärte sie.

»Ganz schön raffiniert. Am liebsten würde ich dich dafür küssen!«, sagte Otto.

»Nur wenn du dir eine Ohrfeige einhandeln willst«, erwiderte Hannah.

»Okay, okay, Mimose.«

»Lass uns jetzt einfach das holen, was wir holen wollten, und dann verschwinden. Das Licht schien auf den Trittstein dort drüben. Das Blatt muss also unter ihm liegen. Ich weiß nicht mehr, wer an der Reihe ist. Hol du es einfach«, sagte Hannah.

Otto fing nicht an zu diskutieren. Ängstlich kroch er hinüber zu der Steinplatte. Bevor er sie umdrehte, bemerkte er die bekannte Form eines Sonnenschirms, die in den Stein graviert war. So schnell er konnte, wendete er den Stein, nahm das verschnürte Bündel, das unter ihm lag, und stürzte zurück in die Büsche.

»Du hast bestimmt keine Lust, mit zu mir zu kommen, um das Blatt in meiner Wohnung auszupacken. Öffnet dein Schlüssel wenigstens die Tür zu meinem Büro?«, fragte Otto.

Hannah und Otto waren gar nicht überrascht, dass der Schlüssel problemlos ins Schloss passte, als sie mitten in der Nacht am oberen Ende der Treppe vor seiner Bürotür standen.

»Ist das dein Arbeitsplatz?«, fragte Hannah. Sie ließ ihren Blick in Ottos nur spärlich beleuchtetes Büro schweifen. Es hatte die Größe einer Uhrmacher-Werkstatt und war mit Kartons, Druckern und Computern vollgestopft. Otto ging an seinen Schreibtisch und wendete schnell eine Visitenkarte und einen Stapel Ausdrucke um, bevor Hannah erkennen konnte, um was es sich handelte.

»Es ist kalt hier drinnen«, sagte Hannah und wünschte sich, einen Pullover überziehen zu können.

»Stimmt nicht«, sagte Otto, »dies ist die Temperatur auf einer schottischen Insel mitten im Sommer.«

»Welche Insel?«, fragte Hannah, als sie die Wehmut in seiner Stimme spürte.

»Skye«, erwiderte Otto.

»Bist du dort aufgewachsen?«, fragte Hannah.

Otto nickte. »Jenseits des Kyle Rhea in einem kleinen Ort namens Glenelg.«

»Ist Chloe dort?«

Otto nickte wieder zustimmend, ohne in ihre Richtung zu schauen.

Hannah bemerkte eine Karte an der Wand. »Ich will ja nicht neugierig sein, aber warum hängt an deiner Wand eine Karte mit den Gezeiten in Ostkanada?«, fragte Hannah.

»Wollen wir uns das hier jetzt anschauen oder nicht?«, sagte Otto und fing an, das Bündel auszupacken. Im Inneren der Plastik- und Papierhülle befand sich ein weiteres schwarzes Blatt, das diesmal mit einem endlosen goldenen Knoten verziert war.

»›Ein Sucher, der sich zur Übung von Tugend nicht auf Handlungen verlässt, weiß, dass es keinen Sinn hat, einen Felsbrocken einen endlosen Berg hochzurollen; er wird nie sein Ziel erreichen. Der Felsbrocken kann leicht in seinem Geist bewegt werden‹«, las Otto. »›Genauso wie eine Handlung hat auch die Intention keinen Anfang und kein Ende. Um Erleuchtung zu erlangen, musst du erkennen, dass die Vollkommenheit der Intention die Welt formt.‹«

»Hier ist der Hinweis«, sagte er und nahm ein kleineres Blatt Papier aus der Verpackung. »›Intention hat in gleichen Maßen mit

*Mut und Imagination zu tun‹«*, las er. »›*Hab den Mut, auf den Pfad zurückzukehren, folge ihm bis zu seinem Ende und erkunde die Dunkelheit, die unterhalb liegt. Wenn du erkennst, dass die Intention dich nach oben führt, wohin dich der endlose Kreislauf von Handlungen allein nicht tragen kann, wirst du den nächsten Vers finden.*‹«

»Zurückkehren?«, rief Hannah aus. »Wir kehren nirgendwohin zurück. Du hast Emma gehört, Otto. Sie sagte, sie würde die Polizei holen. Mir reicht es schon, ihr morgen bei der Arbeit gegenüberzutreten zu müssen.«

»In dieser Sache sind wir uns einig. Da hab ich auch keinen Bock drauf.« Er seufzte laut. »Intention. Ich weiß nicht, wie du das siehst, aber meine Intention besteht darin, auf freiem Fuß zu bleiben.«

»Komisch, dass auf dem Manuskriptblatt erwähnt wird, Felsbrocken endlose Berge hochzurollen. Ist das nicht ein griechischer Mythos? Sisyphos oder so?«

»Ja, das ist der Kerl. Vielleicht haben die Griechen und die Tibeter untereinander Erfahrungen ausgetauscht«, schlussfolgerte Otto. »Ich fühle mich hier auch manchmal so. Warum arbeite ich zum Beispiel so viel? Was wird von mir erwartet? Es macht mir noch nicht einmal Spaß?« Er schaute sich in seinem Büro um.

»Gibt es etwas, was du lieber tun würdest?«, fragte Hannah. Otto nickte.

»Na wunderbar«, sagte sie, »mir geht es genauso.«

Bevor sie alles zuschlossen und nach Hause gingen, dachte Otto daran, die Visitenkarte von seinem Schreibtisch zu nehmen und sie sorgsam in seiner Hemdtasche zu verstauen.

Nachdem sie sich getrennt hatten, dachte Otto über das nach, was auf dem Blatt über Mut stand. Er erkannte, dass er in einem bestimmten Lebensbereich überhaupt keinen Mut gezeigt hatte. Vielleicht spielte es keine Rolle, was er tat, aber ihm wurde klar, dass er sich viel besser fühlen würde, wenn er anderen seine Intentionen mitteilte. Während er auf dem nächtlichen Weg nach Hause war, machte er einen Telefonanruf. Sein Herz klopfte ihm bis zum Hals, als er die Nummer wählte.

»Chloe?«

»Ja! Bist du es, Otto?« Ihre Stimme klang leicht genervt.

Otto schloss seine Augen und sagte einfach das, was er ihr sagen wollte. »Ich weiß, dass du gerade unterwegs bist, und daher werde ich es kurz machen, aber es gibt etwas, was ich dir unbedingt sagen muss.« Und ohne innezuhalten, fuhr er in einem Atemzug fort: »Ich liebe dich.«

Chloe sagte keinen Ton. Otto hörte eine Stimme, die mit Chloe am anderen Ende sprach. Es war Ruari.

»Was sagt er?«, fragte Ruari.

»Er sagt, er liebt mich«, flüsterte Chloe ihm zu. Otto war wütend.

»Gib mir den Hörer«, sagte Ruari zu ihr. »Otto«, sagte Ruari ins Telefon, »das wird aber auch verdammt Zeit, Kumpel! Nun müssen wir nur noch einen Weg finden, um dich wieder nach Hause zu locken!« Ottos Anspannung löste sich schlagartig auf und er lachte mit einer Leichtigkeit wie seit Jahren nicht mehr.

Am nächsten Morgen erschien Hannah nicht zur Arbeit. Sie fuhr wieder die Küste hinauf, um ihren Vater im Krankenhaus zu besuchen und den Tag vor seiner Operation mit ihm zu verbringen. Er sah kleiner im Krankenhausbett aus – und älter.

»Hast du Angst?«, fragte sie ihn.

»Ich? Wovor sollte ich Angst haben? Es sei denn vor diesen jungen Ärzten, die von nichts eine Ahnung haben, oder davor, dass deine Mutter meine alten Pantoffel wegschmeißt, während ich nicht zu Hause bin, und natürlich davor«, er hielt für einen Moment inne, »dass ich dich, deinen Bruder und deine Mutter nicht wiedersehe.« Er gab sich Mühe, sich nicht von seinen Gefühlen übermannen zu lassen, und lächelte Hannah an. »Jetzt haben wir aber genug über diesen alten Mann geredet. Hast du mir noch ein paar von den Manuskriptblättern mitgebracht, damit ich einen Blick auf sie werfen kann?«

Hannah reichte ihrem Vater ihre letzten Funde und berichtete ihm von ihrem Missgeschick im Garten und wie sie auf frischer Tat ertappt worden waren. Sie ließ dabei allerdings den Teil aus, als Otto sie küsste. Ihr Vater betrachtete die Blätter und las die Übersetzungen. »Ich kenne mich ein bisschen damit aus, Felsbrocken mit reiner Willenskraft den Berg hochzurollen«, sagte er schließlich. »Ich habe Tag und Nacht gebüffelt, um an der medizinischen Hochschule aufgenommen zu werden. Ich musste es einfach schaffen. Ich war nicht von Natur aus so klug wie viele meiner Klassenkameraden. Aber das spielte überhaupt keine Rolle. Es wäre mir nie im Leben eingefallen, dass Erfolg nur vom natürlichen Talent abhängig sein sollte. Ich war so fest entschlossen, lernte so intensiv, dass ich nicht nur aufgenommen wurde, sondern hinterher auch der Beste von allen war«, sagte er mit sichtlicher Befriedigung.

»Hast du dir jemals Sorgen gemacht, dass du es nicht schaffen könntest?«, fragte Hannah, mehr aus eigenem Interesse als aus seinem.

»Mir Sorgen machen? Wer hatte dafür schon Zeit? An etwas anderes zu denken als an das Ziel, war ein Luxus, den dein Vater nicht hatte. Diejenigen, die innehielten und zu grübeln anfingen, wurden mit dem nächsten Bus von Chicago zurück nach Hause geschickt. Ohne zielgerichtete Entschlossenheit hätte ich es nicht geschafft. Neunzig Prozent des Gefechts bestehen einfach darin, dranzubleiben, bei Regen oder Sonnenschein, Tag für Tag, mit der gleichen starken Intention, voll auf das Ergebnis konzentriert. Nachdem ich an meinem ersten Tag im Labor einen weißen Kittel bekommen hatte, sah ich mich nur noch als Arzt. Ich war sicher, dass ich von nun an nur noch jeden Tag da sein und weiterhin dieser Arzt sein musste. Ich habe den Kittel immer noch.«

»Du vergisst dabei das, was du alles geleistet hast, zum Beispiel in der Zeit als Assistenzarzt. Ich glaube, es hat etwas mehr dazugehört, als einfach nur anwesend zu sein.«

»Wenn du so auf etwas konzentriert bist, wie ich es war, bemerkst du die viele Arbeit gar nicht. Die einzige Anstrengung, an die ich mich erinnere, bestand darin, meinen müden Körper jeden Morgen zum Krankenhaus zu schleppen. Alles andere lief wie von selbst. Ich weiß nicht, wie ich es erklären soll. Wenn du es wirklich willst, verliert alles andere seine Bedeutung. Das, was auf dem Blatt steht, stimmt. Man muss nur wissen, was man wirklich will, und den Mut haben, jeden Tag da zu sein und es sich zu nehmen.

Tu nicht so, als wüsstest du nicht, wovon ich spreche. Ich habe diesen Ausdruck in deinen Augen gesehen, als du laufen lerntest und später Jake Drummand dazu gebracht hast, dich zum Abschlussball der Highschool einzuladen. Und als du in

Berkeley aufgenommen wurdest. Du hast einen eisernen Willen, Mädchen. Hab keine Angst davor, ihn auch einzusetzen, um das zu bekommen, was du willst. Du hast jetzt etwas angefangen; hör nicht eher auf, als bis du es zu Ende gebracht hast. Deine Mutter wird dir schon aus der Patsche helfen, wenn du im Gefängnis landen solltest.«

»Dad!«, rief Hannah entsetzt.

»Es sind nur noch wenige Blätter zu finden. Ich weiß, dass du es zusammen mit diesem Otto schaffen kannst. Was bedeutet eine Nacht im Gefängnis, verglichen damit, das Geheimnis der Erleuchtung zu entschlüsseln? Wenn du mich fragst, ist es das Risiko wert. Mach dir keine Sorgen um mich, Hannah. Egal, was auch geschieht, ich weiß, dass es dir gut gehen wird. Und ich werde immer bei dir sein.«

Bevor Hannah antworten konnte, veränderte ihr Vater seinen Tonfall.

»Und jetzt hol mir bitte ein Pastrami-Sandwich von dem Feinkostgeschäft auf der anderen Seite der Straße. Aber lass dich dabei nicht von den Krankenschwestern erwischen.«

Hannah lachte. Es tat gut, zu hören, dass ihr Vater immer noch der alte war.

»Senf?«

»Ja, scharfen. Und einen Schlag von dem Tapioka-Pudding, den sie dort haben. Er ist nicht übel.«

Nach der langen Fahrt zurück nahm Hannah ein heißes Bad und dachte über das nach, was ihr Vater gesagt hatte. Dann rief sie Otto an.

»Lass uns das Ding durchziehen«, sagte sie.

»Du nimmst den Mund ja ganz schön voll für jemanden, der heute seine Arbeit geschwänzt und mich mit der Drachenlady allein gelassen hat. Dein Freund Bob im Buchladen hat nach dir gefragt. Ist er Akrobat?«

»Das ist eine lange Geschichte«, sagte Hannah. »Kommst du mit, oder muss ich es allein tun?«

»Ich würde mir nie im Traum die Gelegenheit entgehen lassen, abgeschoben zu werden. Wir treffen uns vor der Bibliothek. Gib mir nur eine Sekunde, damit ich mir eine Hose anziehen kann«, erwiderte Otto und durchwühlte den Haufen auf dem Fußboden, um ein sauberes Exemplar zu finden.

»Ich hätte darauf verzichten können, mir dies vorstellen zu müssen«, sagte Hannah und rümpfte ihre Nase.

»Und nun kannst du dich glücklich schätzen, dass du es nicht mehr brauchst«, entgegnete Otto und zog eine rote Baseballmütze über seine ungekämmten Locken, damit sie ihn vor den Fu-Hunden beschützte. Er war fertig.

Otto musste lachen, als er zehn Minuten später vor Hannah stand und sah, dass sie von Kopf bis Fuß in Schwarz gekleidet war.

»Du hast deine Skimaske vergessen.«

»Nein«, sagte Hannah, »ich habe sie dabei. Aber es ist nur eine Mütze. Ich habe keine Skimaske.«

»Aber du hast vergessen, irgendetwas Rotes zu tragen«, sagte er. »Die Monsterhunde werden deine unredliche Absicht durchschauen und uns wieder verfluchen.«

Hannah schüttelte ihren Kopf, als sie sich auf den Weg machten.

Sie gingen durch das Tor mit den Fu-Hunden und folgten dem Gartenweg bis auf die Rückseite des Hauptgebäudes. Otto war froh, dass der Wasserfall angestellt war und wieder mit voller Kraft lief. Er bemühte sich, nichts anzufassen. Die Schildkröte, die nun im unteren Karpfenteich residierte, sah sie vorbeigehen, bevor sie vom Stein plumpste, um einen guten Schlafplatz unter den Seerosen zu finden.

Hannah und Otto hatten beide erwartet, eine Art geheimen Durchgang zu finden, und waren daher überrascht, als am Ende des Gartenwegs, nur ein paar Meter vom Haus entfernt, eine alte morsche Kellertür auf sie wartete. Auf einem kleinen Kupferschildchen an der Tür stand 22b.

»Dies muss eine Kellerwohnung oder so etwas Ähnliches gewesen sein«, sagte Hannah und drückte auf die verrostete Klinke. Die Tür öffnete sich.

Otto legte seine Hand auf ihre Schulter und hielt sie einen Moment lang zurück.

»Wir brauchen da nicht hineinzugehen«, sagte er.

»Ich weiß, aber wir möchten es«, war ihre Antwort, bevor sie mit einer Taschenlampe in die kühle Dunkelheit trat. An feuchten Wänden entlang bahnte sich Hannah Schritt für Schritt den Weg ins Unbekannte. Otto schloss die Tür hinter sich und folgte ihr. Die Steinstufen führten tiefer nach unten, als sie vermutet hatten. Als die Stufen zu Ende waren, standen sie auf einem ebenen Untergrund. Direkt vor ihnen befand sich eine Steinwand, aber zu ihrer Linken war ein kleiner Spalt im Stein. Da es keinen anderen Weg gab, zwängten sie sich durch ihn hindurch.

Sie fanden sich in einem schmalen Gang wieder, der leicht nach rechts bog. Im Abstand von ein oder zwei Metern waren enge Spalten im Mauerwerk, identisch mit dem Spalt, durch den sie gerade geschlüpft waren.

»Wo sind wir hier?«, flüsterte Hannah, als sie den Gang entlanggingen.

»Irgendein Labyrinth, vermute ich«, sagte Otto. »Es sei denn, wir sind in einer Katakombe und diese Löcher in den Wänden sind Gräber.« Sie hielten kurz inne, um sich diese Möglichkeit vor Augen zu führen, und bekamen eine Gänsehaut.

»Belassen wir es lieber bei dem Labyrinth«, sagte Hannah schließlich und schüttelte das gruselige Gefühl ab. »Aber wir müssen diese Hohlräume nach Manuskriptblättern absuchen. Ich schau auf dieser Seite nach und du auf der anderen. Hast du eine Taschenlampe dabei?«

»Nein.«

»Hast du den Hinweis etwa nicht gelesen?«, brummte Hannah. »›Erkunde die Dunkelheit, die unterhalb liegt.‹ Hat dich das nicht auf die Idee gebracht, dass du vielleicht eine Taschenlampe brauchen könntest?«

»Ich hatte das letzte Mal eine dabei«, protestierte er. »Hey, ich habe ein Feuerzeug«, sagte er, holte es aus seiner Jackentasche und zündete es an. Er begann, jeden Spalt zu untersuchen, einen nach dem anderen, und leuchtete mit dem Feuerzeug in jeden Seitengang hinein. Hannah überprüfte derweil ihre Seite. Sie fand nichts, und der Gang nahm kein Ende. Sie gingen fast eine Stunde.

Otto wollte Hannah gerade fragen, wie groß dieser Keller überhaupt sein konnte, als sie etwas vor sich auf dem Weg liegen sah. Sie bückte sich, um den Gegenstand genauer zu inspizieren.

»Es ist eine Zigarette. Sie sieht ungebraucht aus«, sagte sie und hob den Gegenstand auf.

Otto roch an ihr. »Sie riecht frisch, als ob sie eben noch in der Packung gewesen wäre.«

Hannah bekam Panik. »Hier unten ist noch jemand. Wir müssen zurück.«

Otto untersuchte die Zigarette genauer und fühlte dann in seine Jackentasche. »Uh, Hannah, das ist meine Zigarette«, gab er zu. »Sie muss herausgefallen sein, als ich mein Feuerzeug aus der Tasche genommen habe.«

»Du rauchst?«, fragte Hannah empört.

»Nur wenn ich nicht trinke«, antwortete Otto.

»Das macht keinen Sinn«, sagte sie

»Ich weiß. Die meisten Menschen rauchen nur dann, wenn sie auch trinken, aber …«, fing Otto an zu erklären.

»Nein, ich meine etwas anderes. Wir haben die Zigarette vor uns gefunden. Du hast sie vor über einer Stunde verloren«, sagte sie und erkannte im selben Moment, was das bedeutete. »Otto, wir sind im Kreis gelaufen.«

Otto dachte einen Moment lang über diese Möglichkeit nach. »Nicht im Kreis, sondern in irgendeiner anderen Form. Wir verändern ständig unsere Richtung.«

»So werden wir das Blatt niemals finden«, stöhnte Hannah. »Nicht auf diese Weise. Unter diesen Umständen werden wir hier auch nicht wieder rauskommen.« Sie schaute schnell in den Spalten nach, die der Stelle am nächsten waren, wo sie die Zigarette gefunden hatten, weil sie hoffte, dass ein Spalt zurück zur Treppe führen würde. Aber sie hatte kein Glück. Die Hohlräume waren alle identisch.

Sie setzte sich auf den Boden und stützte ihren Kopf in die Hände. Otto schaute sich um und betete, dass sie jetzt nicht wieder anfangen würde zu weinen.

»Hast du etwas dagegen, wenn ich eine rauche?«, fragte

er. Im Licht ihrer Taschenlampe sah er, wie sie ihn zornig an-
starrte.

»Ich mach nur Spaß«, sagte er. In gewisser Weise wäre es ganz
nett, zurück nach Schottland zu gehen. Zumindest haben die
Menschen dort einen Sinn für Humor.

Hannah dachte einen Moment lang nach und sagte dann:
»Kennst du die Geschichte, wie Alexander versucht hat, Persien
zu erobern?«

»Da muss ich passen«, sagte Otto und hoffte, dass die Geschichte nicht eine strenge Moral über die Gefahren des Rau-
chens enthielt.

»Alexander fand sich einer Überzahl gegenüber. Der König
von Persien bot ihm an, er könne seine Tochter, die Prinzessin,
heiraten und das Königreich regieren, wenn er in der Lage wäre,
ein kleines Rätsel zu lösen. Wenn er es nicht lösen könnte,
würde der König ihn und all seine Männer töten.«

»Handelt die Geschichte also von uns beiden?«, fragte Otto.
»Ich glaube nämlich nicht, dass sie ein gutes Ende nimmt.«

»Im Ernst, Otto. Alexander willigte ein, und der König brachte ein großes Seil, das zu einem Knoten verschnürt war. Alexander brauchte nur den Knoten zu lösen, und die Prinzessin und das
Königreich würden ihm gehören. Aber es gab einen Haken.«

»Den gibt es doch immer in solchen Geschichten«, sagte
Otto. »Wahrscheinlich war die Prinzessin nicht gerade die Hüb-
scheste.«

»Das Seil hatte keine Enden. Es war der endlose gordische
Knoten, wie er auf dem Manuskriptblatt abgebildet ist. Ich glaube, genauso etwas ist dieses Labyrinth: ein endloser Knoten.«

»Warum hat Alexander ihn nicht einfach durchschnitten?

Ich hätte das jedenfalls getan. Zack! Hier ist dein Seil. Her mit der Prinzessin.«

Hannah starrte ihn an. »Hast du die Geschichte schon einmal gehört? Es ist genau das, was Alexander tat.«

»Was willst du damit sagen? Willst du diese Wände niederreißen? Wieder etwas zerstören? Ich vermute, die alte Wycombe wäre hier unten, bevor du auch nur *Sandmandala* sagen könntest.«

»Nein. In dem Hinweis stand, dass unsere Intention uns dorthin führen wird, wohin uns unsere Handlungen allein nicht führen können. Diese Aussage ist der Schlüssel dafür, das nächste Blatt zu finden«, sagte Hannah.

»Es heißt *nach oben führen*«, korrigierte Otto sie. »Unsere Intention würde uns von unseren endlosen Handlungen weg *nach oben* führen.« Sie schauten sich einen Moment an, und dann leuchtete Hannah mit der Taschenlampe über ihren Kopf und setzte sich in Bewegung. Kaum war sie ein paar Meter gegangen, sah sie es. Ein weißer endloser Knoten war in die Steindecke graviert, und daneben hing, mit Klebeband gehalten, das nächste Blatt.

## Intention aus erleuchteter Sicht

Was macht Ihnen Angst? Wodurch verlieren Sie Kraft und Energie? Was lässt Sie im Anblick drohender Gefahr erstarren? Als Sie klein waren, hatten Sie vielleicht Angst vor Monstern, Alpträume von Ungeheuern aus einer fernen Zeit, als uns noch überall wilde Tiere auflauerten. Diese nächtlichen Bedrohungen führten dazu, dass Sie sich nach dem Licht sehnten, um zu sehen, dass es nichts gab, wovor Sie sich fürchten mussten.

Inzwischen sind wir älter geworden und die Monster sind verschwunden, aber die Angst bleibt. Sie lauert uns immer noch in der Dunkelheit auf, verknüpft mit Dingen, die wir nicht sehen können. Sie ist mit beidem verbunden, mit dem Schrecklichen und mit dem Erhabenen. Die Angst vor dem Unbekannten, vor Verlust, Ablehnung, Demütigung und Lächerlichkeit sowie die Angst davor, die Kontrolle zu verlieren, verschlägt uns die Sprache, wenn wir uns frei äußern sollten, und hält uns davon ab, das zu tun, was wir für richtig halten.

Sobald sich Angst in unserem Leben breitmacht, frisst sie uns von innen her auf. Unser Handeln wird immer kraftloser, bis wir müde, deprimiert und entmutigt sind. Angst lässt sich an vielen Symptomen erkennen: Sie macht uns faul, eifersüchtig und manipulierbar. Aber das Schlimmste an der Angst ist, dass sie Entmutigung, Depression und Müdigkeit benutzt, um uns davon abzuhalten, für unsere eigene Sicherheit zu sorgen. Sie lähmt uns im Angesicht des Schreckens. Wie können wir uns vor der Angst schützen oder sie aus unserem Leben verbannen, wenn sie sich schon in uns breitgemacht hat und unsere Zielstrebigkeit untergräbt? Wie können wir ihren lähmenden Fluch brechen?

Wir reagieren deshalb so stark auf Angst, weil sie oft dem Schmerz, dem grundlegendsten Ausdruck von Leiden, vorausgeht. Aber wenn wir gelernt haben, die Dinge zu vermeiden, die uns Schmerzen verursachen, braucht unser Körper die Angstreaktion nicht mehr.

Zu Beginn unserer Geschichte wurde Hannah daran erinnert, dass ein heißer Teekessel Schmerzen hervorrufen kann, aber wenn sie das nächste Mal einen Teekessel sieht, lässt sie ihn nicht schreiend fallen und läuft weg. Sie wird einfach nur besser aufpassen.

Tatsächlich gibt es nicht viele wirkliche Gründe in unserem Leben, um Angst zu haben. Manchmal hat es den Anschein, als entstünden umso mehr irrationale Ängste, je weniger tatsächliche Gründe für Angst es in unserem Leben gibt. Wenn wir Angst haben, obwohl es nicht angemessen oder sinnvoll ist, dann erlauben wir ihr, sich auszubreiten und Schwäche, Faulheit, Missgunst und Eifersucht hervorzurufen. Aufgrund seiner lähmenden Natur kann der Angstreflex, wenn er unnötig ausgelöst wird, unser Wohlbefinden bedrohen und manchmal sogar unser Überleben.

Angst wird durch die hartnäckigste Ursache des Leidens hervorgerufen – durch Unwissenheit. Es hat einen Grund, warum wir vor der Dunkelheit Angst haben. Angst und das Unbekannte sind unerbittlich miteinander verknüpft. Obgleich unser Körper physisch auf Angst reagiert, ist die Angst als solche keine Aktion; sie ist ein Gefühl, das durch unsere Gedanken hervorgerufen wird. Während wir normalerweise die physische Kausalität von Handlungen akzeptieren, übersehen wir manchmal den großen nichtphysischen Einfluss, den wir auf unser Handeln ausüben. Dieser Einfluss besteht in unserer *Intention*. Wir können unsere Angst nur dadurch überwinden, dass wir es auch wollen.

Intention, oft auch als *Wille* bezeichnet, ist untrennbar mit dem Leben verbunden wie die Fasern des Stoffes mit einem Kleidungsstück. Diese Intention zeigt sich im Unkraut, das durch einen Riss im Asphalt aufkeimt und sich nach der Sonne streckt. Trotz verschwindend geringer Chancen und vieler Hindernisse kämpft das Leben, um sich selbst zu erhalten – und sei es auch nur für eine weitere Sekunde. Der Instinkt des Körpers und der Drang, Schmerzen zu vermeiden, sind Teil dieses radikalen Selbsterhaltungstriebs. Selbst auf Ebenen, die so subtil sind wie ein Nadelstich, empört und wehrt sich der Körper gegen die Bedrohung, damit er weiterhin auf der Grundlage dessen, was er gelernt hat, wahrnehmen, interpretieren und reagieren kann.

Intention ist ein perfektes System, das dem der physischen Kausalität stark ähnelt. Beide haben keinen Anfang und kein Ende. Auch als wir noch nicht über die komplexen Gedanken und Vorstellungen verfügten, die wir als Erwachsene haben, hatten wir als kleine Kinder – geprägt durch unsere vorherigen Erfahrungen und Lebensumstände – die willentliche Intention zu atmen, zu leben, zu essen und das Angenehme zu suchen. Bevor wir Kleinkinder waren, existierten wir als Fötus im Mutterleib, wo wir uns aus einem inneren Antrieb heraus entwickelten und bewegten. Noch weiter zurück entstanden wir aus zwei Zellen, die von zwei verschiedenen Körpern stammten und von denen jede einem Programm folgte, das noch nicht auf ein sichtbares Nervensystem angewiesen war – zwei Zellen, die miteinander verschmolzen, um eine neue einzigartige Intention zu bilden. Unabhängig davon, ob wir davon ausgehen, dass uns Gott den Willen geschenkt hat oder dass sich dieser erst nach und nach entwickelt hat, können wir weder seinen Anfang noch sein Ende bestimmen, solange das Leben im unermesslichen Bereich des Daseins fortdauert. Und dennoch ist die Kraft, mit der Wille oder Intention die Welt formen, nicht zu leugnen. Sie ist allgegenwärtig.

Aufgrund von Erfahrungen aus erster Hand durch die eigene

Wahrnehmung, Interpretation und Interaktion überwinden wir viele Formen der Unwissenheit. Dieser Drang zu verstehen ist uns angeboren. Mit jedem Tag unseres Lebens erfahren wir mehr über die Welt, wie die Dinge funktionieren und wie die Menschen miteinander umgehen. Wir versuchen, die Welt ein bisschen mehr so zu gestalten, wie wir sie uns wünschen, und hoffen, dabei ein bisschen glücklicher zu sein. Wir tun dies nicht in dem Bewusstsein, damit gezielt unsere Unwissenheit zu bekämpfen, weil dieser Prozess ganz natürlich in uns abläuft. Wir erfahren unser Leben anhand der täglichen Dramen, des täglichen Auf und Ab. Wir erleben unsere Beziehungen zu anderen, empfinden Langeweile und Begeisterung. Aber wenn wir das menschliche Leben von außen betrachten, wird schnell offensichtlich, dass wir mit wenig Wissen, wenig Fähigkeiten und wenig Schutzmechanismen geboren werden. Während wir heranwachsen, nehmen wir die Welt um uns herum wahr. Wir interpretieren sie und kommunizieren mit anderen Menschen. Auf diese Weise lernen wir und teilen anderen das mit, was wir gelernt haben.

Wenn wir uns die Menschheit als Ganzes im Verlauf der letzten Jahrhunderte anschauen, dann wird offensichtlich, dass unser Wissen ständig zunimmt. Wir werden uns immer mehr unserer Beziehung zu anderen Menschen, zur Umwelt und zu uns selbst bewusst. Von den Tiefen der Ozeane bis zur Oberfläche des Mars wissen wir heute im Durchschnitt bedeutend mehr als noch vor hundert Jahren. Erleuchtung ist die Freiheit von Unwissenheit und Leiden. Auch ohne etwas Spezielles dafür zu tun, nähert sich die Menschheit dieser Befreiung stückchenweise an, indem wir jeden Tag auf natürliche Weise unseren Willen einsetzen.

Die menschliche Intention ist eine Kombination aus der

Vorstellung neuer Möglichkeiten und dem Mut, die Möglichkeiten in die Realität umzusetzen. Diese Kombination treibt uns nach außen, richtet unsere Aufmerksamkeit aus, bestimmt unser Handeln und gestaltet dadurch die Welt. Die Intention ist die stärkste Kraft im Universum, aber meistens gehen wir gedankenlos mit ihr um und erkennen nicht ihr unglaubliches Potenzial, das sich entfalten könnte, wenn wir unsere Imagination und unseren Mut bewusst einsetzen würden.

Wenn Sie irgendeine Vision in die Tat umsetzen wollen, sollten Sie einfach damit anfangen, sich die Welt in einem anderen Zustand vorzustellen. Wie unterscheidet sie sich vom gegenwärtigen Zustand? Setzen Sie Ihrer Vorstellungskraft keine Grenzen, denn zu oft beschränken wir uns, indem wir in einem zu kleinen Rahmen denken. Wir sollten unserer Vorstellungskraft und unserer Kreativität freien Lauf lassen. Irgendwer hat einmal gesagt, dass wir all das erreichen können, was wir uns vorstellen können – und diese Person hat Recht. Wir brauchen nur den Mut, unsere Vorstellungen auch Wirklichkeit werden zu lassen.

Mut ist die Eigenschaft, die es uns ermöglicht, Gefahren und Ängsten selbstbewusst, souverän und ohne zu zögern entgegenzutreten. Mut hat etwas mit Entschlossenheit zum Handeln zu tun, aber er geht noch weit darüber hinaus. Mut ist die Kraft, die allem Leben innewohnt. Und anders könnte es auch gar nicht sein. Wir wissen alle, dass das Leben voller Herausforderungen ist. Unser einziger Lohn ist entweder flüchtiges körperliches Vergnügen oder aber die Möglichkeit, das Leiden zumindest so lange zu verringern, bis wir verstehen, wie das Dasein funktioniert – und Erleuchtung erlangen. Genau dazu aber müssen wir entschlossen sein. Es gibt viele Hindernisse auf unserem Weg, und wir errichten selbst ständig neue Hürden, aber bevor wir überhaupt wissen, wohin wir wollen, besitzen wir bereits einen Willen, der uns vorantreibt.

Hannahs Vater ist dabei, diesen Lebenswillen für sich zu entdecken. Obwohl er sein ganzes Leben lang nicht auf seine Gesundheit geachtet hat, ist er – im Angesicht seiner eigenen Sterblichkeit – plötzlich bereit, Maßnahmen zum Überleben zu ergreifen, die er bislang abgelehnt hatte.

Aber wie oft legen wir diesen Mut an den Tag? Wie oft stellen wir uns das Leben einmal ganz anders vor und tun alles, um diese Vorstellung zu verwirklichen? Viel öfter, als wir in der Regel annehmen. Fast alles, was wir tun, entsteht aus einer solchen Intention heraus. Am Mittag stellen wir uns vor, was wir gerne essen würden, und haben dann den Mut, den Kühlschrank zu öffnen oder etwas von einer Speisekarte zu bestellen. Als Hannah sich fertig machte, um Otto zu treffen, stellte sie sich das richtige Outfit vor, das zu dem passte, was sie vorhatte, und dann hatte sie den Mut, es aus ihrem Schrank zu nehmen und anzuziehen. Als Otto bewusst wurde, wie sehr seine Beziehung zu Chloe gefährdet war, stellte er sich vor, dass er ihr seine wahren Gefühle bekennen wollte, und dann hatte er den Mut, sie auch tatsächlich anzurufen. Otto und Hannah hatten sich vorgestellt, was sich für sie daraus ergeben würde, wenn sie Drakes Hinweisen folgten, um die Hintertür zur Erleuchtung zu entdecken, und dann hatten sie den Mut, ihr Ziel bis in die Kellergänge ihrer Chefin zu verfolgen. Wir sind alle Experten darin, unbewusst unseren Willen einzusetzen; warum benutzen wir dieses machtvolle Werkzeug also nicht bewusst, um uns das Leben zu erschaffen, das wir wirklich führen wollen?

Wenn wir über menschliche Größe nachdenken, kommen uns Menschen in den Sinn, die durch ihre Vorstellungskraft und ihren Mut dazu beigetragen haben, dass wir die Welt und unser eigenes Bewusstsein besser verstehen. Wir bewundern Menschen, die uns durch den geschickten Einsatz ihres Willens zeigen, wie wir unsere Fertigkeiten, Talente, Charaktereigenschaften und Einflussmöglichkeiten gezielt einsetzen können. Hierüber mehr zu erfahren, hat für uns einen großen Wert, und diejenigen, die uns unsere eigenen Möglichkeiten vor Augen führen, sind unsere Helden. Die Menschheit strebt immer nach wahrer Erkenntnis und nach Befreiung vom Leiden; sie sehnt sich nach Erleuchtung. Wir können uns höchstens beschweren, dass wir zu wenig Helden haben und es uns an Vorstellungskraft und Mut mangelt, ihnen nachzueifern.

Warum haben wir nicht genug Helden? Wenn Mut ein so wichtiger Teil unseres Lebenswillens ist, warum nutzen ihn dann so viele Menschen nicht? Warum knien wir, anstatt zu stehen? Es scheint, als hätten wir Angst davor, auch nur unser winzigstes Licht leuchten zu lassen, weil riesige Motten kommen und es auslöschen könnten. Aber in Wirklichkeit fürchten wir uns nicht vor riesigen Motten oder anderen übernatürlichen Monstern. Wir fürchten uns voreinander.

Wenn wir uns nicht trauen, vor anderen Menschen zu sprechen, dann liegt das nicht daran, dass wir befürchten, die Menge würde uns wegen unseren Ideen lynchen; wir haben einfach Angst, keine gute Figur zu machen und ausgelacht zu werden. Wenn wir das schreiben, was gut bei anderen ankommt, anstatt bei der Wahrheit zu bleiben, dann tun wir dies nicht, weil wir immer noch befürchten, wegen Ketzerei auf einem Stapel unserer eigenen Bücher verbrannt zu werden; wir haben einfach nur Angst, dass sich niemand für das interessiert, was wir schreiben. Wenn wir nicht gegen Ungerechtigkeit einschreiten, dann geschieht das nicht, weil wir befürchten, wegen Volksverhetzung am Galgen zu landen, sondern weil wir Angst haben, unseren Arbeitsplatz, unseren guten Ruf oder unsere Beliebtheit zu verlieren. Wir tun das, wofür wir gelobt und bezahlt werden, und es hat sich erwiesen, dass wir heute mit diesen goldenen Handschellen effektiver zum Schweigen gebracht werden als in zurückliegenden Zeiten, in denen freie Denker mit Folter und Mord bedroht waren.

Wir möchten wie alle anderen aussehen, handeln und denken. Das ist der Grund, warum populäre und modische Dinge weit mehr geschätzt werden, als sie eigentlich wert sind. Wir fürchten das, was in anderen Menschen anders ist, und möchten nicht den Verdacht anderer auf uns lenken. Wir wissen wohl, was Mut ist. Wir kannten diese Eigenschaft sehr gut, bevor wir sie aus unserem Leben verbannt haben, damit andere sie nicht in uns entdecken und uns dafür verachten.

Wir scheitern dadurch nicht nur selbst, sondern sind auch weit davon entfernt, uns gegenseitig zu wahrer Größe und heldenhaften Taten zu inspirieren. Stattdessen entmutigen wir uns gegenseitig, die Dinge zu tun, die wir nicht selbst tun können oder wollen. Neun von zehn Menschen sind zum Beispiel gegen Innovationen. Neun von zehn Menschen wollen das, was die Welt ihnen anzubieten hat, aber nur einer will das, was er selbst anbieten kann. Neun von zehn Menschen tun die Dinge so, wie sie immer getan worden sind, und nur einer macht sich Gedanken, ob es nicht auch bessere Möglichkeiten gäbe. Neun von zehn Menschen warten in einer Schlange vor einem abgeschlossenen Gebäude, und nur einer geht um das Haus herum, um nachzusehen, ob die Hintertür vielleicht geöffnet ist.

Unser Fortschritt als Spezies lastet voll und ganz auf den Schultern dieser zehnten Person. Neun Personen geben sich mit Dingen zufrieden, die andere für wertvoll halten; sie wollen inspiriert werden. Die zehnte Person schaut nach vorn. Neun Personen tun das, was ihnen gesagt wird; die zehnte tut das, was sie innerlich für richtig hält. Neun Personen wollen Sicherheit; die zehnte will Erleuchtung. Leben auch Sie so wie die zehnte Person.

Wir alle sollten Ziele und Möglichkeiten anstreben, die wirklich etwas mit uns selbst zu tun haben. Um Erleuchtung zu erlangen, müssen wir so sein, wie nur wir sein können, und das tun, was kein anderer tun kann.

Wenn wir dies verstanden haben, erkennen wir auch, wie verrückt es ist, wenn wir unsere Vorstellungskraft und Vielfalt an Möglichkeiten nicht nutzen. Wenn es darum geht, unser volles Potenzial zu verwirklichen, müssen wir uns gegenseitig den Raum geben, den wir brauchen, um unser Ziel zu erträumen und unseren Zenit erreichen zu können. Wenn wir all das genießen wollen, was uns das Menschsein anzubieten hat, dann sollten wir erkennen, dass jeder von uns etwas Besonderes ist. Wenn wir diese Tatsache anerkennen, werden wir auf dem Pfad zu wahrer Größe voranschreiten; wenn wir sie leugnen, folgen wir der Schafherde. Es ist unsere Entscheidung.

Wir können unsere Intention dafür einsetzen, großen materiellen Reichtum, Ruhm und Liebesglück zu erlangen oder um die Hungrigen zu speisen und den Armen ein Dach über dem

Kopf zu geben. Wir wissen nun um die Unbeständigkeit der Welt
und sind frei, das zu tun, was wir tun wollen. Wir erkennen die
Auswirkungen unseres Handelns und den Einfluss unserer Gedanken. Mit ein wenig innerer Einkehr und Einsatzbereitschaft
können wir die Ziele anstreben, die uns wirklich interessieren.
Aber was geschieht, wenn wir unsere Ziele erreicht haben?

Obwohl wir dadurch unsere Situation stark verbessert und
vielleicht sogar viel Schmerz eliminiert haben, werden wir immer noch auf verschiedenste Weise leiden. Wir können ein
ganzes Leben lang für den materiellen Wohlstand anderer schuf-
ten, und es wird uns nicht gelingen, das Leiden in der Welt
aufzuheben. Wir können die ganze Welt satt machen, und in
ein paar Stunden sind alle wieder hungrig. Wir können allen
Armen großen Reichtum zukommen lassen, und dennoch werden alle weiterhin aus unterschiedlichen Gründen leiden. Das
Leid liegt in der Natur der Unbeständigkeit. Die Welt würde
uns in der Tat auf Trab halten, aber ist das alles, was wir vom
Leben erwarten können? Plackerei, um die Launen anderer zu
befriedigen?

In einer unbeständigen Welt gibt es kein Kommen oder
Gehen, das irgendetwas ändern würde. Ebenso wie Otto und
Hannah in ihrem Labyrinth umherirrten, führen Handlungen
nur zu einem endlosen Kreislauf immer weiterer Handlungen.
Auf körperlicher Ebene können wir diesem Kreislauf nicht ent-
kommen. Um unsere Ziele zu erreichen, müssen wir unseren
Verstand benutzen. Indem wir unser Unwissen verringern, wer-
den wir weniger leiden.

Die ersten drei Vollkommenheiten handelten von unserer
Beziehung zur Außenwelt: der Unbeständigkeit unserer kör-

perlichen Form, der Freiheit unserer inneren Einstellung und der kausalen Natur unserer Handlungen. Das Leiden, mit dem sich diese drei Vollkommenheiten befassen, entsteht ebenfalls aus der Interaktion mit der Außenwelt: Schmerz und Unzufriedenheit, geistige Konstrukte und die ständige Notwendigkeit zu handeln entstehen durch unser Tun und dadurch, wie wir das, was wir wahrnehmen, interpretieren.

Die letzten drei Vollkommenheiten – Intention, Sein und Einheit – erfordern keine Sinne, keine Bewegung, keine Interaktion, sondern nur Bewusstsein. Sie können verwirklicht werden, wenn man allein im Raum ist. Das Leiden, mit dem sie sich befassen, entsteht nur in unserem Innern. Um uns selbst und anderen wirklich helfen zu können, müssen wir die grundlegende Ursache des Leidens verstehen: unsere eigene Unwissenheit.

Wenn wir die Vollkommenheit des Muts verwirklichen wollen, müssen wir erkennen, dass alle Handlungen ohne Intention nur leer sind. Wenn wir diese Wahrheit verstehen und uns wie ein Verdurstender nach einem erleuchteten Leben sehnen, werden wir auf der Stelle erleuchtet.

## Durch die Hintertür: Intention

Es sind nicht nur physische Handlungen, die unser Leben beeinflussen, auch unsere Gedanken bestimmen unsere Erfahrungen und entscheiden darüber, ob aus unseren Wünschen Wirklichkeit wird. Unsere Intention bestimmt den Verlauf unseres Lebens. Selbst wenn wir die physischen Handlungen ausführen, die notwendig sind, damit wir unsere Ziele erreichen, könnten unsere Bemühungen zum Scheitern verurteilt sein, wenn wir diese Handlungen nicht mit unterstützenden Gedanken und einem starken Willen fördern.

Der nächste Schritt durch die Hintertür besteht darin, eine gedankliche Strategie zu entwickeln, die uns dabei hilft, dass sich unser Ziel erfüllt. Wir alle kennen inzwischen die Macht des positiven Denkens, aber wir müssen auch unsere Intention fokussieren, um das zu erreichen, was wir uns vorgenommen haben. Es geht dabei einfach nur darum, die Augen fest auf das Ziel gerichtet zu halten. Wir sollten uns unserer negativen Gedanken und geistigen Muster bewusst sein, die sich schnell wieder einschleichen und uns ablenken können.

Manchmal erfüllen sich unsere Träume nur deshalb nicht, weil wir sie schon wieder vergessen haben, bevor sie überhaupt die Chance hatten, Wirklichkeit zu werden! Wir lassen uns ablenken und schenken flüchtigen Launen unsere Aufmerksamkeit, anstatt bewusst unserer Intention zu folgen. Das Festhalten an der Intention ist unverzichtbar, wenn sich unsere Wünsche erfüllen sollen.

### Fünfter Schritt: *Fokussieren* Sie Ihre Intention und halten Sie daran fest!

Geben Sie sich genügend Zeit, damit sich die Auswirkungen Ihres Handelns entfalten können. Dies ist nicht leicht, denn Sie können in dieser Zeit schnell entmutigt werden. Ungeduld kann ein weiterer Fallstrick sein. Sabotieren Sie nicht Ihr Handeln, indem Sie sich in widersprüchliche Gedanken und Aktionen verwickeln lassen. Wenn Sie es mit einem Erfolgserlebnis eilig haben, können Sie leicht der Versuchung erliegen, Ihre wirklichen Wünsche aufzugeben, und stattdessen etwas anstreben, was leichter zu verwirklichen ist. Tatsächlich verschwenden Sie dadurch jedoch nur Ihre Energie. Halten Sie an Ihren Zielen fest, und Sie werden sehen, wie sie in Erfüllung gehen.

Eine große Hilfe bei dieser Aufgabe ist es, sich jedes Ziel kurz verbal ins Gedächtnis zu rufen. Achten Sie dabei genau auf Ihre Worte und vermeiden Sie es, vage und unbestimmt zu sein. Wählen Sie Ihre sprachliche Darstellung so, als ob Ihr Ziel ein gegenwärtiger Prozess ist; drücken Sie es also weder in der Zukunfts- noch in der Vergangenheitsform aus. Sie wollen doch sicherlich nicht, dass Ihr Ziel für immer außerhalb Ihrer Reichweite bleibt oder bereits erreicht worden ist, ohne dass Sie es mitbekommen haben! Halten Sie es schriftlich fest und vergegenwärtigen Sie es sich regelmäßig.

Zum Beispiel:

*Ich liebe mein neues, zuverlässiges (Auto).*
*Ich habe mit (Name) eine liebevolle Beziehung.*
*Ich verdiene im Jahr (xxx Euro) als (Art der Beschäftigung).*
*Ich bin ein erleuchtetes Wesen.*

Wiederholen Sie diese Affirmationen jeden Morgen nach dem Aufstehen, damit Sie auf Ihre Träume ausgerichtet bleiben. Wiederholen Sie sie auch im Verlauf des Tages, um sich vor Ablenkungen zu schützen. Sprechen Sie die Affirmationen jeden Abend vor dem Schlafengehen, um Ihr Unterbewusstsein darauf zu programmieren, Ihre Ziele im Schlaf nicht aus den Augen zu verlieren.

Geben Sie sich auch nonverbale Hinweise und beziehen Sie alle Sinne mit ein. Schneiden Sie Bilder aus, die Ihre Träume repräsentieren, und hängen Sie diese dort auf, wo Sie sie den ganzen Tag über sehen können. Machen Sie ein Bild von Ihrem Traumhaus und speichern Sie es auf dem Display Ihres Handys. Legen Sie sich eine CD ins Auto, die Sie immer an Ihre neue Liebesbeziehung erinnert, wenn Sie das Autoradio einschalten. Benutzen Sie Lotionen, die nach Kokosnuss duften, um den Urlaub unter Palmen im Fokus zu behalten, für den Sie gerade sparen. Wichtig ist dabei, Ihren Geist voll auf das auszurichten, was Sie erreichen wollen.

**Visualisieren:** Schließen Sie die Augen. Atmen Sie ruhig und tief und entspannen Sie sich total. Stellen Sie sich vor, dass Sie gutgelaunt einen wunderschönen Berg besteigen, mit prachtvollen Bäumen und mächtigen Felswänden. Nehmen Sie den Duft der frischen Pflanzen und der reichen Erde wahr, während Sie den Ausblick hinunter ins Tal genießen. Fühlen Sie die kühle Bergluft in Ihrem Gesicht. Der nahe Gipfel stößt fast an die Wolken und hat oben ein großes, felsiges Gesicht. Sie fühlen sich stark und voll von Energie. Sie nehmen Ihren ganzen Mut zusammen, um diesen Gipfel zu besteigen. Sie überwinden jedes Hindernis auf Ihrem Weg nach oben und verlieren niemals Ihre Entschlossenheit und Ihren Schwung. Als Sie den Gipfel erreichen, liegt vor Ihnen auf dem blanken Felsen ein Hammer und ein Meißel. Erinnern Sie sich an Ihre Ziele! Nehmen Sie Hammer und Meißel und meißeln Sie Ihre Ziele in den Stein.

Wischen Sie die Splitter und den Staub weg und lesen Sie sich diese Ziele im schönsten Sonnenschein laut vor. Genießen Sie Ihre Zufriedenheit mit dem Erreichten. Ihre Ziele werden hier für immer unverändert in Stein gemeißelt stehen.

## Vorteile und Nutzen

Die Intention ist die Brücke zwischen Trägheit und Handeln, zwischen Verzweiflung und zielgerichteter Aktivität. Wenn wir auf die vielen Entschuldigungen und Zugeständnisse verzichten, die wir uns selbst zurechtlegen, setzen wir unseren Lebensmut frei, um uns durch aufreibende und verzweifelte Situationen sicher hindurchzuführen.

Wenn Sie sich das nächste Mal antriebslos fühlen, sollten Sie sich mit Ihrem jetzigen Wissen die geistigen Konstrukte anschauen, die Ihren natürlichen Impuls zu wachsen unterdrücken. Überprüfen Sie Ihre Pläne; lassen Sie alle Konzepte und Überzeugungen los, die Sie behindern, und handeln Sie dann einfach. Behalten Sie Ihre Ziele im Auge und benutzen Sie nicht Ihre Unentschlossenheit als Ausrede, um Sachen auf die lange Bank zu schieben. Auf diese Weise vermeiden Sie es, irgendwo stecken zu bleiben. Fürchten Sie das Handeln niemals so sehr wie die Stagnation.

Wenn Sie es zulassen, dass Sie manipuliert werden, dann sind Sie einfach nur bequem und träge. Sie glauben dann fälschlicherweise, dass es einfacher ist, wenn andere für Sie die Entscheidungen treffen. Aber auch Feiglinge können nicht dem Gesetz der Kausalität entrinnen. Wenn wir die Anweisungen eines anderen befolgen, bedeutet dies nicht, dass wir dadurch alle Schuld von uns weisen können. Anweisungen sind nur ein

Einfluss; jede Handlung aber ist eine Ursache. Es ist befriedigender, für die Resultate unserer eigenen Ideen geradestehen zu müssen als für die Ideen anderer.

Wenn Sie neidisch, missgünstig oder eifersüchtig sind, sollten Sie sich mehr auf sich selbst konzentrieren! Wenn Sie sich mehr mit Ihren Zielen befassen und sich weniger ablenken lassen würden, hätten Sie diese Probleme gar nicht. Die Leute können kaum ihr eigenes Leben führen, und doch wollen sie sich auch noch in das Leben anderer einmischen. Anstatt Ihre Zeit mit Neid, Eifersucht und Missgunst zu verschwenden, sollten Sie sich besser an den Mut der Menschen erinnern, die Sie bewundern. Hätten diese Menschen das erreicht, was sie erreicht haben, wenn sie nichts anderes zu tun gehabt hätten, als Sie zu beobachten? Tun Sie lieber das, was getan werden muss!

Wenn Ihnen Ihre Arbeit nicht gefällt, sollten Sie Ihre Situation und Ihre innere Einstellung verändern, um Ihre Lebensumstände zu verbessern. Es führt zu nichts, wenn Sie irgendetwas ungern tun. Wenn es Ihnen nicht gelingt, sich dort, wo Sie sind, wohlzufühlen, sollten Sie eine Ortsveränderung vornehmen. Der Sinn des Lebens besteht darin, sich anzustrengen, zu lernen und zu wachsen. Selbst die einfachsten Organismen funktionieren nach diesem Prinzip. Verdienen Sie nicht die gleiche Lebensqualität wie Einzeller, Bakterien und Pilze? Fragen Sie sich, wenn Sie das nächste Mal an Ihrem Arbeitsplatz sind oder am Schreibtisch sitzen: »Wäre ein Pilz mit diesen Arbeitsbedingungen hier glücklich?« Wenn Ihre Antwort ein ehrliches Nein ist, sollten Sie sich nach etwas anderem umschauen.

Sie haben die Macht, all das zu erreichen, was Sie sich wünschen. Nutzen Sie Ihren Mut und Ihre Vorstellungskraft, um Ihre

Ziele zu verwirklichen, und verringern Sie Ihre Unwissenheit. Wenn Sie die Vollkommenheit der Intention verwirklichen, verstärken Sie Ihre Begeisterungsfähigkeit und Ihr Selbstwertgefühl und überwinden auf diese Weise Trägheit, Neid, Missgunst und Entmutigung. Mit einem gezielt ausgerichteten Willen kann Sie nichts mehr aufhalten.

## INTENTION AUF DEN PUNKT GEBRACHT

*»Ein Sucher, der sich zur Übung von Tugend nicht auf Handlungen verlässt, weiß, dass es keinen Sinn hat, einen Felsbrocken einen endlosen Berg hochzurollen; er wird nie sein Ziel erreichen. Der Felsbrocken kann leicht in seinem Geist bewegt werden.«*

**Die Vollkommenheit der Intention** besteht darin, sich neue Möglichkeiten vorzustellen und diese dann auch in die Tat umzusetzen. Sie lenkt unsere Aufmerksamkeit, bestimmt den Inhalt unseres Handelns und gestaltet auf diese Weise die Welt.

### Durch die Hintertür

**Fünfter Schritt: *Fokussieren* Sie Ihre Intention und halten Sie daran fest!**

### Übung

Fassen Sie Ihre Ziele zu einer kurzen verbalen Intentionserklärung zusammen. Wiederholen Sie diese jeden Morgen und jeden Abend.

**Vorteile und Nutzen**
Die Vollkommenheit der Intention zu erkennen, hilft auch bei Symptomen der Unwissenheit, wie zum Beispiel:
- Depression
- Entmutigung
- Trägheit
- Manipulierbarkeit
- Neid, Eifersucht und Missgunst

**Fazit**
Erkennen Sie, dass die Intention Sie dorthin tragen kann, wohin Sie sonst im endlosen Kreislauf des Handelns niemals gelangen.

## Kapitel 6:
# Die Vollkommenheit des Seins

*Wenn du kein Dichter sein kannst, sei das Gedicht.*

DAVID CARRADINE

»Vielleicht solltest du dich hinstellen«, flüsterte Otto unten im Kellerlabyrinth. »Ich halte dich.«

Irgendwo über ihm versuchte Hannah, auf seinen Schultern kniend, das Gleichgewicht zu halten. Sie konnte das Bündel, das an die Betondecke geklebt worden war, jedoch nicht erreichen, da sie Angst hatte, sich aufrecht auf Ottos Schultern zu stellen. Otto schwankte unter ihrem Gewicht.

»Das tue ich auf keinen Fall! Dieser Vorschlag kommt von einem Mann, der versprochen hatte, mich aufzufangen, als ich vom Baum sprang – und es dann nicht getan hat.«

»Wir können ja auch die Plätze tauschen«, flüsterte Otto wütend. »Es wäre viel leichter, als dich zu halten. Du hast überhaupt keinen Gleichgewichtssinn; wie ein Sack Kartoffeln.«

»Warte, ich versuch's«, sagte Hannah. Sie bemühte sich, auf ihre Füße zu kommen, und benutzte dabei seinen Kopf als Stütze. Otto schwankte hin und her, und eine Sekunde, bevor sie ihr Gleichgewicht endgültig verlor, streckte sie sich nach dem

Bündel aus, bekam eine Ecke zu fassen und riss es von der Decke
los. Hannah fiel mit beiden Händen und einem Knie auf den
Steinboden.

Kaum hatte das Bündel den Boden berührt, fing Otto auch
schon an, es auszupacken.

»Nichts zu danken«, sagte Hannah. »Und mach dir um mich
keine Sorgen, mir geht es gut.«

»Du warst wirklich großartig. Vielleicht kannst du zusammen
mit deinem Akrobatenfreund Bobby in einer Partner-Show auftreten.«

Im Licht von Hannahs Taschenlampe verschwand das schwarze Blatt fast in der Dunkelheit, sodass die goldene Vignette oben
darauf, eine Vase, vor ihnen in der Luft zu schweben schien.
Nachdem Otto das Blatt einen Moment lang betrachtet hatte,
suchte er in der Verpackung nach der Übersetzung. Dann lasen
beide schweigend:

*»Ein Sucher, der sich auf Gedanken verlässt, wenn er Konzentration
üben will, ist wie jemand, der versucht, Nektar in ein Gefäß zu
gießen, das mit Sand gefüllt ist. Erst wenn er den Sand ausschüttet,
schafft er Platz für den Nektar. Sei still und einfach nur präsent. Um
Erleuchtung zu erlangen, muss man die einfache Vollkommenheit des
Seins erkennen und verwirklichen.«*

Otto suchte das Umschlagpapier zuerst ruhig und dann ver-
zweifelt durch. »Es gibt keinen Hinweis«, sagte er. »Nur diese
Übersetzung.«

»Das kann doch nicht sein. Zeig mal her«, forderte Hannah
ihn auf.

»Überzeug dich selbst«, sagte Otto und reichte ihr alle Papiere. »Ich sage dir, es ist kein Hinweis da.«

»Es muss aber einer da sein, weil es sonst keinen Weg aus diesem Keller gibt«, beharrte Hannah.

Ihr fiel auf, dass sein Akzent viel breiter wurde, wenn er aufgeregt war. Sie durchstöberte ebenfalls die Verpackung und untersuchte auch noch einmal das Blatt, während Otto mit seinem Feuerzeug hierhin und dahin leuchtete und nach einem Weg aus dem Labyrinth suchte.

Schließlich gaben beide auf und kamen zu dem Schluss, den sie bereits befürchtet hatten: Drake hatte ihnen diesmal keinen Hinweis hinterlassen. Durch welchen Eingang sie auch immer gekommen waren, sie wussten nicht mehr, wo er war.

Hannah machte die Taschenlampe aus, um die Batterien zu schonen. Ihr war zum Heulen zumute, und Otto hätte am liebsten auf irgendetwas eingeschlagen. Da ihn weit und breit jedoch nur Stein umgab, entschied er sich dafür, seinem spontanen Impuls besser nicht nachzugeben.

»Okay, am besten, wir gehen alles Schritt für Schritt durch«, fing Otto an. Er glitt an der Wand hinab und setzte sich auf den harten, unbequemen Boden. Er konnte den kühlen Stein durch seine Hose hindurch fühlen. »Hast du dein Handy dabei?«, fragte er schließlich.

»Wen sollen wir denn anrufen? Man wird uns einsperren«, wimmerte Hannah.

»Du hast es also dabei, sehr gut. Hast du hier unten einen Empfang?«

Hannah probierte es aus. Die Anzeige leuchtete nicht.

»Sollen wir laut um Hilfe rufen?«, fragte Hannah. »Die Wycombes müssten jetzt zu Hause sein. Aber morgen ...«, sie verstummte plötzlich. »Morgen werden sie den ganzen Tag nicht da sein. Niemand wird uns hören.«

»Denk nach, Hannah. Hast du irgendetwas von ihnen dort oben gehört? Ein Fernsehgerät? Eine Stimme? Ich habe nämlich nichts gehört. Wir müssen einfach abwarten und ganz in Ruhe überlegen.«

Seine Worte ließen ihren Mut sinken, denn ihr wurde klar, in welcher Situation sie sich befanden. Vielleicht würden sie nicht festgenommen, sondern niemals gefunden. Sie diskutierten lange alle Möglichkeiten durch und besprachen die Optionen. Hannah bestand darauf, alle Hohlräume in den Wänden systematisch nach einem Ausgang abzusuchen, während Otto es für besser hielt herauszubekommen, wie der Mechanismus funktionierte, der die Tür geschlossen hatte, und wie man sie wieder öffnen konnte.

Schließlich ebbte ihr Gespräch ab und sie verfielen in hoffnungsloses Schweigen. Otto hatte seine Füße gegen die Wand gestemmt, und Hannah saß zusammengerollt da und war froh, dass sie ihren Pullover mitgenommen hatte. Nicht lange, nachdem sie es sich so bequem gemacht hatten, wie es unter diesen Umständen möglich war, hörten sie ein lautes Klicken, und nach und nach ging an der Decke eine Neonlampe nach der anderen an, bis der gesamte Keller hell erleuchtet war.

Beide setzten sich auf und warteten geduldig darauf, entdeckt zu werden, aber niemand kam. Verwirrt liefen sie im Labyrinth umher, denn sie sahen es nun zum ersten Mal im hellen Licht. Es war viel kleiner, als sie es sich vorgestellt hatten, und hatte die Form von ineinandergreifenden Achten.

»Hier ist unser Ausgang«, rief Hannah aus einem Spalt in der Wand. »Ich weiß nicht, wie wir ihn übersehen konnten.«

»Wir haben nichts übersehen«, sagte Otto. »Er muss sich wieder geöffnet haben, als das Licht anging.«

»Als wir aufgehört haben zu reden«, fügte Hannah hinzu.

»Und uns zu bewegen«, ergänzte Otto. »Die Beleuchtung muss mit einem Geräusch- und Bewegungsmelder verbunden sein. Derjenige, der die Blätter versteckt hat, muss Ruhe und Frieden wirklich geschätzt haben.«

»Oder er wollte uns eine Lektion erteilen. Die Zeituhr, die das Licht anschaltete, war offensichtlich auf etwa zehn Minuten eingestellt, aber es hat sich wie eine Ewigkeit angefühlt.«

»Wir mussten uns nur hinsetzen und zehn Minuten lang still sein. Wusstest du, dass manche so gut im Meditieren sind, dass sie vier Stunden lang vollkommen bewegungslos dasitzen und ein bestimmtes Bild im Geist betrachten können?«

»Was willst du damit sagen?«, fragte Hannah.

»Keine Ahnung. Ich wette, diese Leute sind jedenfalls richtig abgeklärt.«

Hannah schüttelte den Kopf. »Oder langweilig. Lass uns von hier verschwinden.«

Aber Otto war gedanklich woanders. Er zeigte auf eine Stelle, wo die Decke niedriger war. Der Beton sah dort irgendwie anders aus. Otto streckte seinen Arm nach oben und klopfte an die Decke. *Tattarrattat.* Es handelte sich um Holzplatte, die wie Beton aussah. Beim näheren Hinsehen zeigte sich, dass eine kleine Ritze darin war. Otto fuhr mit seinem Daumen hinein und zog an der Platte. Sie klappte nach unten. An ihr war die unterste Sprosse einer breiten Leiter befestigt, die zu einer wei-

teren Klappe führte. Otto stieg die Leiter hoch, drückte die
Klappe auf und schaute hinaus. Überrascht stellte er fest, dass
er in der Eingangshalle von Drakes altem Haus gelandet war.
Sein Blick schweifte über den Mahagoni-Fußboden und blieb an
einer gewaltigen Standuhr hängen. Die große Ziffer 12 schien
ihn förmlich anzustarren.

Hannah kletterte zu Otto hoch und schaute ebenfalls hinaus.
Als sie hörte, wie die Zeit im Sekundentakt verging, musste sie
an ihren Vater denken. Vielleicht blieb ihm nicht mehr viel
Zeit. Sie dachte an die Zeit, die sie zusammen verbracht hatten,
als sie noch ein kleines Mädchen war. Die ganze Familie war
einmal mit dem Zug zum verschneiten Grand Canyon gefahren.
Sie konnte sich noch gut an die Dampfwolken des Zugs erin-
nern, während ihr Vater ihr ein Sandwich in die Hand drückte.
Er hatte immer darauf geachtet, dass sie genug zu essen bekam.
»Wenn man es ihr direkt vor die Nase setzt«, pflegte er zu ihrer
Mutter zu sagen, »dann isst sie es auch.« Hannah schmunzelte
traurig.

Sie konnte im Moment nur in Erinnerungen schwelgen und
sich nichts vorstellen, was sie zusammen mit ihrem Vater in
der Zukunft unternehmen könnte, wenn er nach der Operation erwachte. So muss es sein, wenn Menschen sterben, dachte
Hannah. Wenn man an sie denkt, sind sie für immer in der
Vergangenheit gefangen.

Während Otto die Zeit verrinnen sah, musste er an verschiedene Dinge denken. Irgendwann in naher Zukunft würde sein
kleiner Sohn auf die Welt kommen und – zumindest für ein paar
Jahre – noch kein Zeitgefühl haben. Ohne Vergangenheit würde
sich sein Leben endlos vor ihm erstrecken. Otto versuchte sich

vorzustellen, wie es wäre, wenn das ganze Leben noch vor ihm liegen und er sich unsterblich fühlen würde, in glücklicher Unwissenheit darüber, wie schnell die Jahre dahinfliegen. Er dachte daran, wie sein Sohn aufwachsen und er ihn beim Älterwerden beobachten würde. Er stellte sich dabei vor, dass Chloe an seiner Seite war.

Plötzlich hörten sie ein Geräusch, das sie jäh aus ihren Zeitreisen riss. Sie zogen schnell die Klappe wieder zu und stiegen die Leiter hinab.

»Was war das?«, fragte Otto.

»Keine Ahnung. Ich glaube, hier gibt's Gespenster.«

»Willst du noch etwas Gespenstisches sehen?«

»Nicht unbedingt«, sagte Hannah. Otto zeigte trotzdem auf die oberste Sprosse, auf der die folgende Frage geschrieben stand: »*Lässt sich die Zeit aufhalten?*«

»Die Leiter muss hellsichtig sein«, sagte Otto, »denn ich hatte gerade selbst diesen Gedanken.«

»Ich auch.« Über ihnen knarrte es. »Dieses Mal habe ich aber definitiv etwas gehört«, sagte Hannah. Otto stieg die Leiter wieder hoch und öffnete die Klappe ein wenig.

In einem Zimmer neben dem Eingangsraum lief ein Fernsehgerät ohne Ton, auf dem ein Fußballspiel zu sehen war. Otto sah den Hinterkopf eines Mannes, der über die Stuhllehne hinausragte. Das muss Mr. Wycombe sein, dachte er. Dann sah er, wie Ronaldo den Ball zu Rooney spielte. Rooney wagte einen Schuss – verpasste aber knapp das Tor. Otto und Mr. Wycombe schüttelten gleichzeitig enttäuscht den Kopf. Als Emma ins Zimmer kam, wurde die Übertragung im selben Moment ausgestellt, und Otto duckte sich wieder unter den Fußboden.

»Was ist da oben los?«, fragte Hannah.

»Manchester United spielt gegen Chelsea«, erklärte Otto. »Rooney hat gerade knapp das Tor verfehlt.«

»Ist da oben jemand?«, fragte Hannah

»Und ob. Der alte Drachen hat gerade die Fußballübertragung ausgestellt. Ich glaube, sie will, dass ihr Mann nach oben ins Bett geht. Meine Mutter hat das mit meinem Vater auch die ganze Zeit gemacht«, sagte Otto.

»Ich glaube, ich weiß, was zu tun ist«, sagte Hannah. »Hast du oben auf der Standuhr die goldene Vase gesehen? Du musst hochgehen und die Uhr anhalten. Was könnte es sonst bedeuten?«

»Und was geschieht dann?«, wollte Otto wissen.

»Dann werden wir sehen, was geschieht.«

»Na, das ist ja ein wunderbarer Plan!«, rief Otto aus.

»Besser als deiner«, entgegnete Hannah.

»Und der wäre?«, fragte Otto.

»Fußball durch die Fußbodenklappe zu schauen, bis du erwischt wirst«, flüsterte Hannah. »Hast du keinen Kabelanschluss?«

Otto zuckte mit den Achseln. Er hätte es gut gefunden, wenn Rooneys Schuss getroffen hätte.

Sie warteten so lange, bis sie sich sicher waren, dass die Wycombes im Haus oben schlafen gegangen waren, bevor Otto aus der Klappe stieg, langsam die Glastür der Uhr öffnete und in sie hineingriff, um das Pendel anzuhalten.

»Warte!«, flüsterte Hannah

In diesem Moment, genau zur vollen Viertelstunde, ertönte das Westminster-Glockenspiel. Erschrocken sprang Otto zurück und ließ dabei die Tür mit einem lauten Knall zuschlagen.

»Was war das?«, hörten sie Emmas Stimme aus dem ersten Stock.

Hannah gab Otto ein Zeichen, sich zu beeilen. Er fasste noch einmal in die Uhr und stoppte das Pendel. Aus ihrem Versteck heraus konnte Hannah sehen, wie ein Bündel aus dem Uhrwerk fiel, aber aus Ottos Perspektive schien nichts geschehen zu sein. Hannah atmete tief durch, sprang aus der Bodenluke, ergriff das Bündel und lief zurück zur Falltür, die so gut im glänzenden Fußboden versteckt war, dass Hannah sie nicht wiederfand. Otto packte sie am Arm und zog sie in den Raum neben dem Eingangssaal. Genau in dem Moment, als Emma von oben herunterkam, schloss er hinter ihnen die Tür.

Im Wohnzimmer sah Emma ein kleines graues Tier zusammengerollt neben dem Kamin. Einen Waschbären. Sie nahm einen Stockschirm aus dem Ständer neben der Tür und schaltete hastig das Licht an. Im Schein des Lichts stellte Emma fest, dass das Tier in Wirklichkeit eine Decke war, die von der Sofalehne gefallen war. Sie stellte den Schirm zurück an seinen Platz. Bevor sie wieder nach oben ging, bemerkte sie jedoch zu ihrer Überraschung, dass die große Standuhr in der Diele auf unerklärliche Weise zu schlagen aufgehört hatte.

## Sein aus erleuchteter Sicht

Was tun Sie jetzt gerade? Sie haben nicht gelesen. Sie lesen jetzt, aber im Moment der Frage haben Sie es nicht getan. Probieren Sie es aus. Was tun Sie jetzt gerade? Sobald Sie den Satz zu Ende gelesen haben, hören Sie auf zu lesen und denken eifrig über die Frage nach. Haben Sie mit dem Fuß gewippt oder hoch zur Decke geschaut? Haben Sie geatmet und verdaut? Sich über das Geräusch im Nachbarzimmer gewundert? An etwas gedacht, was vor Kurzem erst geschehen ist? Sich gefragt, was als Nächstes kommen und wohin sich dieser Gedankengang entwickeln wird? Was tun Sie in diesem Moment? Was bedeutet »jetzt«?

Wenn wir uns bewusst mit unseren Gedanken beschäftigen, werden wir feststellen, dass sie nicht viel damit zu tun haben, was wirklich vor unseren Augen oder in unserem Körper geschieht. Unsere Gedanken sind überall und nirgends. Wie können wir mit so einem verrückten Geist den Überblick behalten, ganz zu schweigen Erleuchtung erlangen?

Die Lösung für dieses Problem ist Konzentration oder Meditation. Es gibt zwei grundlegende Arten von Meditation. Die erste ist die *analytische Meditation*. In dieser Meditation fokussieren wir unsere Gedanken und unsere Aufmerksamkeit auf ein bestimmtes Phänomen oder Problem, um es zu begreifen. Wir müssen nicht in einer Klosterzelle sitzen, um auf diese Weise zu meditieren. Wenn wir nicht wissen, wie wir das Leiden der Welt überwinden oder mit einem neuen Computer umgehen sollen, dann ist die analytische Meditation eine Möglichkeit, unseren Alltag besser zu verstehen.

Hannah und Otto demonstrierten diese Art von Meditation, als sie darüber nachdachten, wie sie wieder aus dem Labyrinth herauskommen könnten. Indem sie sich auf ein konkretes Problem konzentrierten, es in seine Bestandteile zerlegten und mögliche Lösungen ins Auge fassten, verfielen sie beide in einen meditativen Zustand, auch wenn es ihnen nicht bewusst war.

Die zweite Art von Meditation ist die *stabilisierende Medita-*

*tion.* Sie ist das, was man üblicherweise unter Meditation oder Kontemplation versteht. Bei der stabilisierenden Meditation sitzt man einen längeren Zeitraum still da und macht seinen Geist leer oder lenkt seine Aufmerksamkeit auf ein einziges Ziel, wie zum Beispiel auf den Atem, einen Gedanken oder ein bestimmtes Bild.

Mit genügend Übung ist es nach einiger Zeit möglich, eine längere Zeit in Meditation zu sitzen und sich ohne große Anstrengung auf das Objekt der Meditation zu konzentrieren, ohne dabei müde oder überreizt zu werden. Und genau wie Otto es beschrieb, können viele Menschen ein geistiges Objekt klar und deutlich sehen. Wenn der Meditierende vier Stunden lang sitzen kann, ohne vom Körper, Geist oder der Außenwelt abgelenkt zu werden, dann heißt es, er hat einen Zustand erreicht, der *ruhendes Verweilen* genannt wird. Er sieht die Welt dann klarer, so wie eine ruhige Wasseroberfläche den Himmel besser reflektiert als eine aufgewühlte.

Viele Menschen genießen beide Arten von Meditation, und die Vorteile sind unbestreitbar, es sei denn, man will unbedingt streiten. Es gibt Zeiten im Alltag, wo es notwendig und wohltuend ist, sich vom Trommelfeuer der Gedanken auszuruhen. Meditation kann zur Entspannung und zu einer inneren Ruhe führen, mit deren Hilfe man die Welt gelassen betrachten kann.

Ist es jedoch notwendig, stunden- oder tagelang seinen Atem zu beobachten, um erleuchtet zu werden? Es handelt sich hierbei zweifelsohne um eine beeindruckende Fähigkeit, wie Seiltanz oder Akrobatik, und sie erfordert eine besondere Konzentrationsfähigkeit. Aber dennoch ist es bloß eine besondere Fähigkeit. Erleuchtung ist kein dreifacher Axel mit einer perfekten

Landung und auch kein Balanceakt auf dem Hinterrad. Sie ist kein Trick, sondern eine bestimmte Einsicht, vergleichbar mit dem Wissen, dass die Erde rund ist und um die Sonne kreist. Die Fähigkeit zur Konzentration ist wichtig, sei es, um sich daran zu erinnern, wo man sein Glas hingestellt hat, oder um Erleuchtung zu erlangen. Ohne unsere Fähigkeit, uns auf ein bestimmtes Objekt konzentrieren zu können, würden wir in der Welt und in unseren eigenen Gedanken verloren gehen. Das Sein ist kein geistiges Konstrukt, sondern das Kontinuum unserer Existenz. Aber die Vorstellung, dass wir stundenlang dasitzen und uns dabei auf ein beliebiges Objekt konzentrieren müssen, wenn wir erleuchtet werden wollen, ist ein geistiges Konstrukt. Es handelt sich dabei nur um eine Annahme. Wenn es Ihnen Spaß macht, stundenlang zu meditieren, können Sie gerne daran glauben; wenn Sie es nicht tun, sollten Sie diese Vorstellung loslassen.

Was ist das Sein? Zu sein bedeutet, in einer Wirklichkeit zu existieren. Das Sein ist kein geistiges Konstrukt, sondern der grundlegendste Zustand, in dem wir uns befinden können. Er erfordert noch nicht einmal unsere körperliche Existenz. Die Vollkommenheit des Seins ist keine zusätzliche Ergänzung zu diesem Zustand; sie besteht vielmehr darin, diesen Zustand so unverfälscht wie möglich wahrzunehmen und zu verwirklichen. Um das tun zu können, müssen wir ein geistiges Konstrukt aufgeben, nämlich unsere Vorstellung von Zeit, die wir unweigerlich mit diesem Zustand verbinden. Wenn wir die Vollkommenheit der Intention verstanden haben und über unsere Angst hinausgehen, die wir davor haben, die Ursache für unsere Unwissenheit aufzudecken, dann sollten wir uns auch von unseren übrigen geistigen Konstrukten verabschieden. Zum größten Teil fügen unsere elementaren geistigen Konstrukte unserer Wahrnehmung eine andere Dimension hinzu, aber sie hindern uns nicht daran, normal in der Welt zu funktionieren. Die erstaunliche Fähigkeit zur Sprache ist ein gutes Beispiel dafür. Das Wort *grün* ist nicht notwendig, um die Farbe Grün zu sehen, aber die Existenz des Wortes beeinträchtigt auch nicht unsere Fähigkeit, diese Farbe zu erkennen.

Aber nicht alle geistigen Konstrukte sind positiver Natur. Sobald wir unsere Angst abgeschüttelt haben und erkennen, dass wir den Mut besitzen, die Welt so zu sehen, wie sie ist, müssen wir uns mit einem wesentlichen Aspekt der Realität befassen: mit der Zeit. Während unsere Vorstellung von Zeit extrem nützlich für Kommunikation, Organisation und unser Überleben ist, stehen unsere falschen Überzeugungen in Bezug auf die Zeit unserem Erwachen unmittelbar im Wege und verhindern, dass wir erleuchtet werden. Unsere Vorstellungen von der Zeit untergraben unser Glücksempfinden und verstärken die Unwissenheit auf so durchdringende Weise, dass wir das Leiden, das dadurch entsteht, kaum wahrnehmen. Um erleuchtet zu werden, brauchen wir jedoch nicht der Zeit zu entfliehen und mitten in einem schwarzen Loch zu leben; wir brauchen nur die Illusionen zu durchschauen, die unsere Vorstellungen von der Zeit erzeugen.

Um Unwissenheit zu überwinden, reicht es nicht aus, mutig nach Weisheit zu suchen; wir müssen auch die Zeit dazu haben. Glücklicherweise haben wir alle Zeit der Welt. Wir haben den endlosen gegenwärtigen Moment. Die Vollkommenheit des Seins besteht darin, dass wir in jedem Moment in der Gegenwart leben.

Die grundlegende Erkenntnis, dass wir im gegenwärtigen

Moment existieren, ist nicht leicht zu verstehen. Das Sein ist so fundamental, dass wir es leicht – wie unseren Herzschlag – als gegeben betrachten. Im Verlauf unseres Lebens verbringen wir wahrscheinlich höchstens ein paar Minuten damit, über unseren Herzschlag nachzudenken. Aber wir sind sofort von der Wichtigkeit unseres Herzschlags überzeugt, sobald er aussetzt.

Unser Bewusstsein ist fest mit dem gegenwärtigen Moment verbunden. Es kann die Zeit nicht überholen, und es kann sich auch nicht irgendwo verankern und zurückbleiben, während die Zeit alleine weitergeht. Wir marschieren Hand in Hand mit der Zeit weiter. Aber es scheint gar nicht so zu sein, nicht wahr? Die Zeit scheint von der Zukunft sofort in die Vergangenheit überzugehen und die Gegenwart kaum zu streifen, während sie vorbeizischt. Wir verbringen viel Zeit damit, uns auf etwas zu freuen, aber sobald der Zeitpunkt gekommen ist, ist er auch schon wieder vorbei, und wir verbringen wieder viel Zeit damit, uns an ihn zu erinnern. Unser Bewusstsein scheint mehr Zeit in der Vergangenheit und der Zukunft zu verbringen als in der Gegenwart. Wie ist das möglich?

Solange wir keine Zeitmaschine erfinden, die noch niemand bislang entdeckt hat, können wir nicht in die Vergangenheit oder Zukunft reisen, sondern sind an die Gegenwart gebunden. Dennoch erlauben wir es unserem Geist, sich in Trugbildern zu ergehen – fiktiven Vergangenheits- und Zukunftsszenarien –, die fern der Realität sind. Die Vergangenheit existiert nicht so, wie wir uns an sie erinnern; wir rufen lediglich eine gespeicherte Interpretation unserer Wahrnehmung ab. Im Laufe der Zeit fügen wir immer mehr Wunschdenken oder frei Erdichtetes hinzu, bis unsere Interpretation schließlich zur totalen Fiktion wird.

Hannahs Erinnerungen an ihren Vater können zutreffen oder nicht. Sie hängen von ihrer jeweiligen Stimmung ab; wenn sie zärtliche Gefühle hat, erinnert sie sich an die guten Dinge und wenn sie sich ärgert, an die schlechten. Sie wählt ihre Erinnerungen entsprechend der jeweiligen Situation, und ihre Gefühle geben ihnen die entsprechende Färbung. Otto hat ebenfalls bestimmte Fantasievorstellungen in Bezug auf die Zukunft. Hat Chloe sich in seiner Fantasie von ihm getrennt, als er letzte Woche von ihr genervt war? Es spielt keine Rolle, denn er kann nicht wissen, was die Zukunft bringen wird. Die Zukunft existiert nicht so, wie wir sie uns vorstellen; unsere Vorstellungen sind nur Projektionen und dadurch fiktiv.

Wir denken so gern an die Vergangenheit und die Zukunft, dass wir diesen Gedanken viel Aufmerksamkeit schenken – viel mehr, als sie eigentlich verdienen, denn immerhin handelt es sich nur um Fantasien. Wir verbringen Zeit damit, uns an etwas zu erinnern, das durch unsere Gedanken gefärbt ist, oder stellen uns eine Zukunft vor, die eine komplette geistige Erfindung ist. Auf diese Weise berauben wir uns der Gegenwart als der einzigen Zeit, die wirklich existiert.

Seltsamerweise geschieht unsere Wahrnehmungs- und Interpretationsreaktion immer kurz nach dem gegenwärtigen Moment. Wenn uns klar wird, dass wir einen Bären gesehen haben, ist der Bär schon wieder verschwunden. Das Ereignis, das den Donner, den wir hören, ausgelöst hat, geschah vor ein paar Sekunden. Die Information braucht eine gewisse Zeit, um uns zu erreichen, und wir brauchen nochmals etwas Zeit, um die Daten zu interpretieren. Wir sehen die Dinge nur, *nachdem* sie geschehen sind, und erst danach verstehen wir sie. Unser Geist kann

Sinneseindrücke schnell interpretieren, aber er kann sie nie in demselben Moment interpretieren, in dem sie geschehen.

Unsere Wahrnehmung liefert uns nur Informationen über das, was in der Vergangenheit geschehen ist. Wenn wir auf einer Wiese sitzen und die Vögel zwitschern hören, hören wir nur das Echo aus der Vergangenheit unserer Umgebung. Wir sind immer einen Schritt zurück. Wenn wir effektiv auf Ereignisse reagieren wollen, müssen wir mehr tun, als einfach nur auf das zu reagieren, was wir wahrnehmen; wir müssen den weiteren Verlauf des Reizes begreifen und den Weg vorausahnen, den er in der unmittelbaren Zukunft nehmen wird.

Nehmen wir beispielsweise das Fußballspiel, das Otto aus der Luke im Fußboden betrachtet hat. Als Ronaldo den Ball zu seinem Mannschaftskollegen abspielte, zielte er dorthin, wohin Rooney seiner Meinung nach laufen würde, um den Ball anzunehmen. Ronaldo spielte den Ball also nicht dorthin, wo Rooney war, sondern wo Rooney bei der Ballannahme sein *würde*. Hätte er den Ball dorthin gespielt, wo sich Rooney zum Zeitpunkt der Ballabgabe *befand*, hätte dieser seinen Pass niemals annehmen können, weil er schon längst woanders gewesen wäre.

Das Gleiche trifft auf das Autofahren zu. Wenn Hannah ihre Eltern besuchen fährt, benutzt sie die Autobahn. Wenn sie die Spur wechselt, dann denkt sie daran, dass sie und die anderen Autos mit unterschiedlicher Geschwindigkeit fahren. Sie muss geistig vorwegnehmen, wo die Autos, die sie umgeben, zu dem Zeitpunkt sein werden, in dem sie ihre Spur verlässt. Würde sie einfach nur auf die gegenwärtige Situation reagieren, wäre es immer zu spät für einen Spurwechsel.

Wenn wir unsere Sinneswahrnehmungen interpretieren, verlassen wir uns gewöhnlich auf Informationen aus der Vergangenheit, um mit ihrer Hilfe die Zukunft vorauszusagen. Und was ist mit der Gegenwart? Wir nehmen zwar Dinge wahr, aber aufgrund der Information, die uns zur Verfügung steht, kennen wir weder die Art noch den Ort der Quelle unserer Sinneswahrnehmungen im gegenwärtigen Moment. Es mag nach Apfelkuchen duften, was aber nicht heißen muss, dass sich tatsächlich ein Apfelkuchen in der Nähe befindet. Wir können wahrnehmen, dass Licht auf unsere Netzhaut trifft, aber in der Zeit, die vergeht, um dieses Licht zu registrieren, kann die Lichtquelle ihre Position schon verändert haben. Wir können hören, dass eine Klangwelle unser Trommelfell stimuliert, aber wir können keine Aussage darüber treffen, wo die Klangquelle sich in diesem Moment befindet.

Unsere Sinne teilen uns etwas über unseren gegenwärtigen Zustand in unserer unmittelbaren Umgebung mit, aber nichts über den gegenwärtigen Zustand der Sinnesreize an ihrem Ausgangspunkt. Wenn wir also den gegenwärtigen Moment voll erleben wollen, und sei es nur für einen kurzen Augenblick, dann müssen wir erst einmal erkennen, dass unsere Sinneswahrnehmungen nur ein Widerhall aus der Vergangenheit sind. Wir brauchen unsere Sinne nicht auszuschalten oder zu unterdrücken. Wir brauchen nicht aufhören zu handeln oder zu reagieren, denn es geht nicht darum, das Leben zu unterdrücken oder gar zu stoppen. Wenn wir jedoch die Vollkommenheit des Seins erkennen und verwirklichen wollen, dürfen wir uns nicht länger von unseren Sinnen täuschen lassen. Wir müssen einsehen, dass sie uns aktuelle Informationen über alles liefern, nur nicht über das, was in diesem Moment im Auge, im Ohr, in der Nase, im Mund und auf der Haut vor sich geht.

Die meiste Zeit nehmen wir die Dinge sowieso nicht besonders genau wahr. Schauen Sie sich in dem Zimmer um, in dem
Sie sich befinden. Sehen Sie es wirklich so, wie es ist? Sehen Sie
die Abnutzung der Gegenstände? Den Staub, der sich auf ihnen
angesammelt hat? Wir neigen dazu, die Dinge dem Gedächtnis
einzuprägen, und oft sehen wir das, was wir zu sehen erwarten,
und nicht das, was tatsächlich da ist. Wenn Sie sich ein ausge-
drucktes Familienfoto anschauen, sehen Sie dann das Papier und
die farbige Druckertinte oder sehen Sie einfach das Bild eines
Familienmitglieds? Die spezielle Bedeutung, die wir einem bestimmten Gegenstand geben, beeinträchtigt unsere Wahrnehmung. Schauen Sie sich das Foto noch einmal an. Achten Sie
auf die Gestalt der Körper, die auf ihm abgebildet sind. Stimmt
ihre Form mit der Gestalt überein, die Sie wahrnehmen würden,
wenn diese Menschen direkt vor Ihnen stünden? Unser Gehirn
ergänzt ständig fehlende oder verzerrte Einzelheiten, damit wir
ein wiedererkennbares Bild wahrnehmen. Wenn Sie sich einen
alten 8-mm-Film anschauen, konzentrieren Sie sich darauf, eine
kontinuierliche Bildabfolge zu sehen, anstatt Bildsprünge und
Flimmern wahrzunehmen, die von den Filmbildern ablenken.
Nach einer Weile fallen Ihnen die technischen Mängel vielleicht gar nicht mehr auf, und Sie folgen nur noch der Handlung. Was hat sich dann verändert, die Qualität des Films oder
Ihre Wahrnehmung?

Unsere Augen und Ohren sind die größten Missetäter, weil
wir sie dafür benutzen, Sprache und visuelle Information zu interpretieren, die eine bestimmte Bedeutung transportieren. Wir
sind daran gewöhnt, leere Stellen auszufüllen oder Bedeutung
aus Näherungswerten zu konstruieren. Denken Sie an die Hand-

schrift. Jeder Mensch hat eine andere Handschrift, aber solange sie lesbar ist und zu einer Sprache gehört, die man kennt, werden wir sie sehr wahrscheinlich entziffern können. Wenn wir uns gegenseitig beim Sprechen derselben Sprache zuhören, ist eine große Bandbreite verschiedener Akzente möglich, bevor wir nicht mehr in der Lage sind, die Bedeutung der Worte zu verstehen.

Emma machte diese Erfahrung, als sie eine heruntergefallene Decke mit einem Waschbären verwechselte. Als Otto die Tür der Standuhr zuschlagen ließ, schien Emmas Gedanke, ein Waschbär sei in der Küche, eine naheliegende Erklärung für den Lärm zu sein. Sie war so von ihrer Annahme überzeugt, dass sie nach Hinweisen suchte, die ihre Annahme bestätigten. Als sie keine fand, unterstützte ihr Gehirn ihre Theorie, indem es das vage Bild einer Decke als Umrisse eines Waschbären deutete. Zum Glück für die Decke machte Emma erst einmal das Licht an, bevor sie auf sie losging.

Sinneswahrnehmungen wie Schmecken und Berühren sind in dieser Hinsicht zuverlässiger. Wir vertrauen diesen beiden Sinnen, uns vor Gefahr zu bewahren, und wir halten uns nicht lange mit Interpretationen auf. Wenn wir Schmerz empfinden, reagieren wir sofort körperlich. Wir warten nicht, bis uns klar ist, was er zu bedeuten hat, oder bis wir entschieden haben, ob er eine reale Gefahr darstellt oder nicht. Das Gleiche gilt für den Geschmack. Wenn etwas schrecklich schmeckt, spucken wir es sofort wieder aus und vertrauen dabei darauf, dass unser Körper unmittelbar auf Substanzen reagiert, die unsere Gesundheit gefährden. Wir können diese Reaktion natürlich auch wieder verlernen. Ein Kind reagiert zum Beispiel heftiger auf den Geschmack von Alkohol als ein Erwachsener. Aber dann lernen wir, unsere Sinne durch geistige Konstrukte abzustumpfen.

Ein großer Teil unserer Unwissenheit stammt von der Frustration darüber, dass wir nicht in der Lage sind, den gegenwärtigen Moment festzuhalten. Wir haben uns daran gewöhnt, mit dem komplexen Netzwerk des Nervensystems unsere Fühler in die Welt auszustrecken, aber sosehr wir uns auch anstrengen, wir können mit unserem Nervensystem nur aktuelle Informationen über seinen eigenen Zustand erhalten. Und wenn wir den gegenwärtigen Moment – die Zeit, in der wir existieren – schon nicht festhalten können, wie können wir dann sicher sein, dass es uns überhaupt gibt? Aus unserer Enttäuschung heraus beschäftigen wir uns zwanghaft mit der Vergangenheit und der Zukunft. Wir versuchen, uns unsere eigene Wirklichkeit zu erschaffen, in der wir alle Zeit der Welt haben, um unsere Existenz zu beweisen und Rückschlüsse aus allem und jedem zu ziehen – mit anderen Worten, um allwissend zu sein. Aber unser Geist kann das, was geschehen ist, nicht ungeschehen machen oder alle Aspekte eines Ereignisses kontrollieren, das in der Zukunft stattfinden wird. Unsere geistigen Schöpfungen sind lediglich Illusionen.

Wenn man aber versucht, zur Gegenwart vorzustoßen und an ihr festzuhalten, dann ist das so, als würde man nach seiner Brille suchen, obwohl man sie auf der Nase trägt. Unabhängig davon, an was wir denken – Vergangenheit, Gegenwart oder Zukunft – und ob wir den Hinweisen unserer Sinne folgen oder sie ignorieren und in Meditation sitzen: Wir leben immer bereits in der Gegenwart. Wir tun dies nicht, weil wir besonders begabt sind oder besonderes Glück haben, sondern weil den Wesen und Dingen, die existieren, nur die Gegenwart als einzige Zeit zur Verfügung steht. Der nächste Schritt, Unwissenheit zu überwinden, besteht in dem Erkennen, dass wir nur in der Gegenwart wirklich existieren.

## Durch die Hintertür: Sein

Es geschieht schnell, dass wir uns durch die ständige Notwendigkeit zu handeln im Alltag verheddern. Wie sehr man sich auch auf die Intention konzentriert, manchmal fühlt sich das Leben an, als ob man in einem sturmgepeitschten Meer schwimmen würde. Wenn die Wellen von allen Seiten über uns zusammenschlagen, ist es schon schwer genug, einfach nur den Kopf über Wasser zu halten, ganz zu schweigen davon, in eine bestimmte Richtung zu schwimmen.

In einer solchen Situation können Sie die Vollkommenheit des Seins wie eine magische Fernbedienung benutzen und alles so lange auf Zeitlupe schalten, bis Ihnen klar ist, wie Sie am besten auf Ihre Umgebung reagieren.

### Sechster Schritt: *Erlauben* Sie es sich, im gegenwärtigen Moment zu sein!

Nehmen Sie sich jeden Tag, entweder nach dem Aufstehen oder vor dem Schlafengehen – am besten aber morgens *und* abends – Zeit für die folgende Übung. Sie ersetzt das einfache Verbalisieren Ihrer Intention, das wir im vorangegangenen Kapitel besprochen haben.

**Visualisieren:** Machen Sie diese Übung an einem ruhigen Ort. Halten Sie Zettel und Bleistift griffbereit. Benutzen Sie, wenn nötig, Ohrstöpsel und eine passende, dunkle Augenmaske, um mögliche Ablenkungen auszuschließen. Machen Sie es sich bequem und schließen Sie die Augen.

Benutzen Sie Ihre Intention wie ein Mantra, das Sie ständig im Geist wiederholen und mit einem ruhigen Ein- und Ausatmen synchronisieren. Gedanken an die Vergangenheit oder die Zukunft werden in Ihr Bewusstsein treten, aber beobachten Sie einfach, wie diese kommen und gehen, während Sie Ihre Intention wiederholen. Es wird nicht lange dauern, bis Ihr Geist sich dem Rhythmus der wiederholten Absichtserklärung anpasst und Sie nur noch den gegenwärtigen Moment erleben. Das merken Sie daran, dass Sie ruhig und konzentriert sind und sich rundherum wohlfühlen.

Analysieren Sie nun Ihre Intention. Machen Sie sich ein klares Bild von Ihrer Situation. Stellen Sie sich Schritt für Schritt vor, wie sich Ihr Ziel entfaltet. Sollten Sie sich gestresst fühlen oder vor einem Problem stehen, können Sie Ihre Lage in diesem entspannten Zustand genauer analysieren. Die Situation wird immer klarer für Sie werden, und bestimmte Gesichtspunkte, die Sie bislang nicht mit einbezogen haben, werden ans Tageslicht kommen. Wenn Sie eine klare Vorstellung davon haben, wie sich Ihr Ziel manifestieren wird, wie Sie schwierige Herausforderungen bewältigen und wie Sie positiv auf Ihre Situation reagieren können, sollten Sie Ihre Intention noch ein paar Mal im Geist wiederholen. Öffnen Sie die Augen und schreiben Sie das auf, was Sie erkannt haben.

Wenn Sie sich im Laufe des Tages gestresst, abgelenkt oder

zerschlagen fühlen oder einfach nicht so effektiv wie sonst sind, dann machen Sie eine Entspannungspause. Schließen Sie die Tür, setzen Sie sich ins Badezimmer oder ins Auto und machen Sie diese Übung. Sobald Sie wieder mit Ihrer Umgebung im Einklang sind, verwandelt sich die eben noch stürmische, unkontrollierbare See in ein gleichmäßiges Auf und Ab der Wellen.

Mithilfe dieser Übung trainieren Sie Ihren Geist, klar, entspannt und effektiv über Ihr Ziel nachzudenken. Wenn Sie Ihre Intention verbal ausdrücken, zeigen Sie Ihrem Geist damit an, dass Sie bereit sind, auf friedliche und effektive Weise Ernst zu machen und konkrete Resultate zu erzielen. Schon bald brauchen Sie in einer bestimmten Situation einfach nur Ihre Intention zu wiederholen, dann wird Ihr Geist ruhig und klar sein, und Sie werden spüren, dass Sie alles im Griff haben. Vor welchen Herausforderungen Sie auch stehen mögen, nutzen Sie diese Methode, um sich neuen Schwung zu geben und gleichzeitig im Unterbewusstsein Ihre Ziele zu bekräftigen.

## Vorteile und Nutzen

Wenn Sie die Vollkommenheit des Seins erkennen und verwirklichen, wird Ihnen auch klar, dass Schuldgefühle und Bedauern Synonyme dafür sind, in der Vergangenheit zu leben. Wenn Sie nicht in der Lage sind, Ereignisse vorauszusehen und zeitig genug auf sie zu reagieren, um ein positives Ergebnis zu erzielen, werden Sie sich oft frustriert fühlen. Diese Frustration kann dazu führen, dass Sie die Situation immer wieder innerlich durchleben, bis Sie eine perfekte Fantasielösung gefunden haben. Machen Sie sich klar, dass dieses besondere Ereignis seine Zeit gehabt hat und nicht mehr aktuell ist. Wenn Sie es vermeiden wollen, dass

Sie in Zukunft Dinge bereuen, sollten Sie Ihre Aufmerksamkeit ganz auf die gegenwärtige Situation richten, anstatt sich ständig den Kopf zu zerbrechen, was Sie hätten besser machen können. Vielleicht gelingt es Ihnen nicht, unmittelbar auf den gegenwärtigen Moment zu reagieren, aber Sie erreichen immerhin Ihr Höchstmaß an Effektivität, wenn Sie so schnell wie möglich auf die neuesten Informationen reagieren, die Ihnen zur Verfügung stehen. Jedenfalls hilft es Ihnen nicht, bewusster mit gegenwärtigen Anregungen und Ereignissen umzugehen, wenn Sie zwanghaft in einer Traumwelt leben.

Gehen Sie unnötige Risiken ein? Sind Sie immer auf der Suche nach dem besonderen Kick? Nervenkitzel zu suchen ist eine extreme Möglichkeit, Ihre Aufmerksamkeit auf den gegenwärtigen Moment zu richten. Wenn Sie in Gefahr sind oder Ihr Leben bedroht wird, scheint alles andere in den Hintergrund zu treten, dann existieren nur noch die Gegenwart und die bevorstehende Aufgabe. Sobald Sie in die Vollkommenheit des Seins eintreten, existiert dieses Gefühl immer, und zwar unabhängig davon, ob Sie den Rasen mähen, am Schreibtisch sitzen oder mit dem Fallschirm springen.

Ein Zeichen dafür, dass Sie in der Zukunft leben, ist es, wenn Sie nicht das beenden, was Sie angefangen haben, wenn Sie unschlüssig sind oder wenn Ihre Aufmerksamkeit gestört ist. Was Sie auch tun, Sie stellen sich vor, dass hinter der nächsten Ecke etwas Besseres auf Sie wartet, das Sie mehr erfüllt und das Sie auf keinen Fall verpassen wollen. Sie springen von einer Sache zur anderen und wollen alles ausprobieren. Sie verhalten sich dabei wie jemand, der sich eine Karte für ein Multiplex-Kinocenter kauft und dann zwei Stunden damit verbringt, in jeden Film hineinzuschauen, der in diesem Center läuft. Sobald er sich hinsetzt, um sich einen Film anzuschauen, fragt er sich, was er gerade im benachbarten Kinosaal verpasst, und so rennt er hinüber und schaut nach. Wenn die zwei Stunden zu Ende sind, hat er von allen Filmen ein paar Ausschnitte gesehen, ohne eine Geschichte ganz verfolgt zu haben. Wollen Sie, dass Ihr Leben wie eine Kollage aussieht und sich aus lauter oberflächlichen Erfahrungen zusammensetzt oder dass es Tiefe, Sinn und Bedeutung hat? Wenn Sie etwas, das Sie genießen, aufgeben für etwas anderes, von dem Sie sich noch mehr Genuss erhoffen, dann verhalten Sie sich wie jemand, der Erfahrung gegen Fantasie eintauscht. Wenn Sie sich dieses Thema genauer anschauen, stellen Sie vielleicht fest, dass es Ihnen leichter fällt, sich bestimmte Sachen zu erträumen, als konkrete Ergebnisse zu erzielen. Vergessen Sie nicht, ab und zu auch zu konkreten Ergebnissen zu kommen.

Sein ist das Gegenmittel zu Verwirrung. Lassen Sie sich nicht von der Vergangenheit verwirren, denn sie ist vorbei. Lassen Sie sich auch nicht von der Zukunft verwirren, denn dadurch sind Sie nur abgelenkt, wenn es an der Zeit ist zu handeln. Lassen Sie alle Tagträume und Gedanken los, die nicht real sind, und konzentrieren Sie sich stattdessen darauf, klarer wahrzunehmen, was in Ihnen und um Sie herum vor sich geht. Wenn Sie dann handeln müssen, wissen Sie, was zu tun ist.

Fühlen Sie sich manchmal einsam? Warum haben Sie dieses Gefühl? Manchmal hat es weniger damit zu tun, dass Sie die Gesellschaft anderer vermissen, als damit, dass Sie zu viel mit Ihren Gedanken allein sind. In der Gegenwart zu sein mildert dieses unbehagliche Gefühl, weil dadurch Ihre Vorstellungen über die Vergangenheit und Ihre Ängste vor der Zukunft relativiert wer-

den. Es handelt sich dabei nur um Ihre eigenen geistigen Konstrukte und Fantasien. Diese haben nur wenig mit dem gemein,
wie die Dinge wirklich waren, sein werden oder – und dies ist
am wichtigsten – in diesem Moment sind. Die Gegenwart ist
die einzige Zeit, in der Sie konkret etwas unternehmen können.
Ihre Vorstellung der Vergangenheit und der Zukunft besteht nur
aus Ideen und Konstrukten. Jede Handlung und Einsicht muss
immer im gegenwärtigen Moment geschehen.

Wer Durst hat, trinkt bei der ersten Gelegenheit, die sich ihm
bietet. Er fragt sich nicht, ob er sich seinen Durst nur einbildet
oder ob das Wasser ein Fata Morgana ist. Er kommt nicht an eine
Quelle und entscheidet sich dafür, noch nicht jetzt, sondern erst
bei der nächsten Gelegenheit zu trinken. Er wird nicht von der
Quelle weggehen und dabei bedauern, dass er nicht getrunken
hat, und gleichzeitig darüber fantasieren, wann er die nächste
Quelle findet. Vergessen Sie nie, dass Sie Weisheit nur in der
Gegenwart verwirklichen können. Wie auch alles andere, geschieht Erleuchtung immer *jetzt*.

Im gegenwärtigen Moment zu sein beseitigt die Unwissenheit,
die daher rührt, dass wir Vergangenheit und Zukunft nicht als
unsere eigenen geistigen Konstrukte verstehen. Unentschlossenheit, Verwirrung, Ablenkung und unnötige Aufregung entstehen aus dieser Täuschung heraus und sind Symptome dafür,
dass wir von unserem Geist in der Vergangenheit oder Zukunft
gefangen gehalten werden, anstatt das Leben frei in der Gegenwart zu erfahren. Verabschieden Sie sich von der Vorstellung,
dass Zeit in bestimmte Abschnitte zerteilt ist, und Sie werden
sehen, wie hier, in der unmittelbaren Gegenwart, nur noch ein
klares Bewusstsein existiert, das die Weisheit des Seins erfährt.

## SEIN AUF DEN PUNKT GEBRACHT

*»Ein Sucher, der sich auf Gedanken verlässt, wenn er Konzentration üben will, ist wie jemand, der versucht, Nektar in ein Gefäß zu gießen, das mit Sand gefüllt ist. Erst wenn er den Sand ausschüttet, schafft er Platz für den Nektar.«*

**Die Vollkommenheit des Seins**
Wir existieren immer nur in der Gegenwart.

**Durch die Hintertür**
   **Sechster Schritt:** *Erlauben* **Sie es sich, im gegenwärtigen Moment zu sein!**

**Übung**
Wenn Sie sich gestresst fühlen, sollten Sie Ihre Intention so lange wie ein Mantra wiederholen, bis Sie sich innerlich beruhigt haben, und dann die Situation analysieren.

**Vorteile und Nutzen**
Wenn Sie die Vollkommenheit des Seins erkennen, lösen Sie auch Probleme, die durch Unwissenheit entstehen, wie zum Beispiel:

- Aufmerksamkeitsstörungen (ADS)
- zwanghafte Suche nach dem nächsten Kick
- nicht beenden, was man angefangen hat
- Schuldgefühle
- Bedauern

**Fazit**
Um Weisheit erfahren zu können, müssen Sie im gegenwärtigen Moment leben.

## Kapitel 7:
# Die Vollkommenheit der Einheit

*Die tatsächliche Einheit und die Vorstellung von Einheit sind zwei verschiedene Dinge.*

GAUTAMA BUDDHA

Otto und Hannah hockten auf dem Fußboden in dem merkwürdigen Raum neben der Diele und stemmten sich mit dem Rücken gegen die Tür. Auf der anderen Seite konnten sie Emma Wycombe durch die Diele schleichen hören. Dann fiel ein Lichtschein unter dem Türspalt hindurch, und sie hörten, wie Emma etwas Bedrohliches auf Chinesisch murmelte.

Otto und Hannah schauten sich irritiert an. Emma brummelte etwas in dieser fremden Sprache in sich hinein und hörte dann abrupt auf.

Ihre Schritte kamen auf die Tür zu, aber plötzlich war es wieder still. Weder Otto noch Hannah wagten zu atmen. Dann entfernte sich Emma wieder ein paar Schritte. Sie hörten, wie die Standuhr aufgezogen und die Glastür geschlossen wurde. Dann setzte das beruhigende Ticktack-Ticktack wieder ein, und die dreiminütige Ruhepause war beendet. Die Lampen in der Diele wurden ausgeschaltet, und Emma ging die Treppe nach oben ins Bett.

Hannah und Otto entspannten sich und nahmen das erste Mal ihre Umgebung wahr. Die dunkle Holzvertäfelung, die gläsernen Bücherschränke, der majestätische Schreibtisch mit seinen gedrechselten Beinen deuteten darauf hin, dass sie sich offensichtlich in Drakes Arbeitszimmer befanden. In eine Wand war großflächig das komplette Modell eines asiatischen Tempels eingelassen. Zu dem Modell gehörten auch ein kleiner Spiegelweiher und die Bepflanzung mit Bonsaibäumchen; alles leuchtete im violetten Licht, das im Himmel über dem Tempel installiert war. Die Detailgenauigkeit war beeindruckend.

»Okay«, sagte Hannah zu Otto und riss ihre Augen von dem prächtigen Gebilde los. »Emma ist nach oben gegangen. Lass uns verschwinden. Dieses Mal nehmen wir die Abkürzung und gehen durch die Eingangstür.«

»Abkürzung? Was redest du da?«, fragte Otto mit gedämpfter Stimme. »Niemand nimmt hier irgendeine Abkürzung, Hannah. Hast du nicht das Schloss an der Eingangstür gesehen? Es ist eins von diesen Doppelschlössern, und wir haben keinen Schlüssel.«

»Das ist ein Brandrisiko«, flüsterte Hannah.

»Wirklich? Warum weckst du dann die Wycombes nicht und sagst es ihnen? Ich bin mir sicher, dass sie gerne darüber informiert wären. Wir hätten uns einfach wieder in die Bodenluke verkriechen können, aber du hast uns ja ausgeschlossen!«, sagte Otto und hob dabei seine Stimme gerade so weit, wie er es sich traute.

»Immerhin habe ich das Blatt.« Hannah hielt es hoch, um ihre Aussage zu unterstreichen.

»Dann wollen wir es uns einmal anschauen.«

»Hier?«, fragte Hannah.

»Würdest du es lieber in der Küche bei einer Tasse Tee lesen?«
»Ich weiß nicht, was diese Chloe an dir findet«, sagte Hannah und wickelte dabei das Blatt so vorsichtig wie nur möglich aus.
»Schau an, ein Extrablatt!«, sagte Otto.
Es bestand kein Zweifel: In der Verpackung befanden sich zwei schwarze Schriftblätter. In der Mitte von jedem prangte ein Goldfischpaar. Otto und Hannah lasen schweigend die Übersetzung:

*»Ein Sucher, der auf Wissen vertraut, um Weisheit zu praktizieren, ist wie jemand, der jedes Sandkorn untersuchen und katalogisieren will; er wird nie an ein Ende kommen. Wenn er sich jedoch nicht auf Wissen verlässt, um Weisheit zu praktizieren, findet er Vollkommenheit in sich selbst und in jedem Sandkorn:*

> *Beides ist unbeständig,*
> *frei von Begriffsbildung,*
> *physisch voneinander abhängig,*
> *beeinflusst sich gegenseitig,*
> *und beides existiert, aber nicht als*
> *voneinander getrennte Phänomene.*

*Der Sucher und jedes Sandkorn im Universum sind eins. Um Erleuchtung zu erlangen, muss man erkennen, dass wahre Weisheit darin besteht, die Einheit zu verstehen.«*

»Okay, lass uns später darauf zurückkommen«, sagte Otto. »Aber wo ist der Hinweis?« Zu seiner Erleichterung standen auf der nächsten Seite die Worte, nach denen er suchte.

*»Wenn du dem Buddha auf der Straße begegnest, dann drehe ihn um. Löse dich von der Vorstellung, dass die Erleuchtung außerhalb von dir selbst gefunden werden kann, denn nichts existiert außerhalb deiner selbst. Um wirklich befreit zu sein, musst du erkennen, dass selbst die perfekt nummerierten Dinge der Erde nicht so getrennt sind, wie sie erscheinen, sondern in einem System vereint. Wenn dir dies klar ist, findest du den Schlüssel, der die Hintertür zur Erleuchtung aufschließt.«*

»Ich dachte, das Sprichwort lautet: ›Wenn du dem Buddha auf der Straße begegnest, dann *bringe* ihn um‹«, sagte Hannah.

»Nur zu! Zertrample sein Mandala, zerreiß seine wertvollen Bücher, zerstöre seinen Wasserfall, brich in sein Haus ein und töte ihn. Ich glaube, du schaust zu viel fern. Ich bin jedenfalls froh, dass wir niemanden töten müssen, um in unserem kleinen schwarzen Buch weiter lesen zu können. Aber unsere Revolverlady hier ist voll im Blutrausch«, sagte Otto.

»Ich meinte bloß, dass es sich dabei um einen Hinweis handeln könnte. *Drehe ihn um.*«

»Okay, ich werde deine Anregung im Hinterkopf behalten, falls wir hier jemals wieder rauskommen sollten.« Er folgte ihren Augen zu dem meisterhaft gestalteten Tempel aus Perlen, Jade und Gold an der gegenüberliegenden Wand. »O nein, du willst doch nicht etwa …«

Hannah ging auf den Tempel zu und spähte durch die offenen goldenen Tempeltore. Im Innern waren die Wände mit kunstvollen Szenen bemalt und mit geschnitzten Reliefs ausgestattet. Auf dem Tempelboden befand sich ein Miniaturmandala, das genauso aussah wie das Mandala, das Otto zerstört hatte. Es war umgeben von kleinen weinroten Kissen. Es gab ein langes goldenes Horn und eine Trommel, die riesig gewesen wäre, wenn man sie lebensgroß dargestellt hätte. Darüber hinaus schmückten viele Statuen das Innere, die mit zarten weißen Schärpen und kleinen Blumengirlanden verziert waren. Vor dem Hintergrund der rückseitigen Wand des Tempels sah Hannah, was sie suchte.

»Im Tempel steht eine kleine Buddha-Statue«, sagte sie. Otto schaute ins Tempelinnere und fand ihre Aussage bestätigt. Im Innern befand sich tatsächlich die kleine Statue eines stehenden Buddhas, ungefähr 20 cm groß. Otto schüttelte ungläubig den Kopf.

»Es gibt absolut kein Anzeichen dafür, dass wir irgendetwas in diesem Raum anfassen sollen. Wie konnte Drake überhaupt wissen, dass wir hier landen würden?«

»Wie konnte er überhaupt so viele Dinge gewusst haben?«, insistierte Hannah.

»Wenn wir bis morgen früh keinen Weg nach draußen gefunden haben, wollen wir dann hier den Wycombes dabei zuschauen, wie sie feststellen, dass wir einen weiteren ihrer unersetzlichen Schätze zerstört haben?«

»Ich habe nicht vor, irgendetwas zu zerstören«, sagte Hannah. »Ich werde nur hineinfassen und die Statue wenden.«

»Ich verbiete dir entschieden, dies zu tun«, sagte Otto, während Hannah genau das tat, was sie angekündigt hatte. Indem sie sich Mühe gab, nichts im Tempel zu berühren, versuchte sie die goldene Statue umzuwenden. So weit, so gut. Aber die Statue ließ sich nicht drehen.

»Sie ist fest mit dem Boden verbunden«, sagte Hannah.

»Du wirst sie zerbrechen«, beharrte Otto.

Hannah nahm ihren ganzen Mut zusammen, griff noch einmal zu und drehte die Statue. Ein kleines hölzernes Brett klappte im Dach des Tempels auf.

»Das kann doch wohl nicht wahr sein«, sagte Otto.

Dahinter befand sich eine Zahlentastatur.

»›*Um wirklich befreit zu sein, musst du erkennen, dass selbst die perfekt nummerierten Dinge der Erde nicht so getrennt sind, wie sie erscheinen, sondern in einem System vereint*‹«, las Otto laut aus der Übersetzung vor. »Zahlen. Nicht getrennt. Sechs Vollkommenheiten, sechs Zahlen. Ein paar unserer Hinweise enthielten Nummern. Die erste war 33. Seite 33, Vitrine 33. Willst du es mit dieser Nummer versuchen?«

»Sollten wir nicht behutsamer vorgehen? Wir wissen nicht, was mit dieser Tastatur verbunden ist. Wenn wir Pech haben, lösen wir eine Explosion aus«, sagte Hannah.

»Komm schon. Dreiunddreißig. Ich habe ein gutes Gefühl.«

»Bitte nach Ihnen«, sagte Hannah und gab den Weg frei.

Otto streckte die Hand hoch zur Tastatur. Hannah biss sich auf die Lippen.

»Warte«, sagte er. »Der Hinweis bezog sich nicht auf eine Vollkommenheit. Die erste Vollkommenheit war die Unbeständigkeit. Das Mandala. Wie lautete die Katalognummer?«

»Fünfundvierzig«, sagte Hannah, ohne zu zögern.

»Dann mal los.« Otto tippte die Zahl 45 ein, und ein Stück der Holzverkleidung der an den Tempel angrenzenden Wand ging knarrend ein paar Zentimeter auf. Hannah versuchte mit ihrer Taschenlampe in den Spalt zu leuchten. Eine Treppe führte nach unten, aber sie konnte nicht erkennen, wohin. Um die Tür in der Wand weiter zu öffnen, mussten sie offensichtlich eine weitere Nummer eingeben.

»Das Blatt vom Bodhibaum hatte auf der Rückseite eine Acht«, schlug Otto vor. Hannah nickte, und er gab die Zahl 8 ein. Die Tür in der Wand öffnete sich ein paar Zentimeter weiter.

»Wir mussten die dritte Steinlaterne anzünden«, sagte Hannah. »Drei.«

Otto gab die Zahl 3 ein. Die Tür sprang endlich weit genug auf, dass sie über das Ende der Treppe hinausschauen konnten. Hannah leuchtete mit ihrer Taschenlampe in die Öffnung. »Es ist ein Tresorraum«, sagte Otto.

»Erkennst du ein weiteres Blatt? Oder einen neuen Hinweis?«

»Er ist voll«, sagte sie.

»Voll wovon?«

»Von allem Möglichen. Büchern, Bildern.« Sie versuchte, Details zu erkennen. »Es sieht aus wie der Schatz eines Drachen. Gib die nächste Nummer ein.«

»22b«, sagte Hannah. »Das Schild an der Kellertür.«

Otto gab die Zahl 22 ein, und die Tür öffnete sich weiter.

»So, und was kam dann?«

»Die Vollkommenheit des Seins«, sagte sie.

»Ich weiß, aber ich erinnere mich nicht an eine Nummer.«

Hannah vergrub ihren Kopf in den Händen, als würde sie eine Antwort herausquetschen wollen. »Keller, Vase, Fußballspiel, Standuhr«, zählte sie auf und versuchte dabei, sich an irgendeine Zahl zu erinnern.

»Wir befinden uns jetzt im Haus, wie steht's mit der Adresse?«, schlug Otto vor. »Wenn der Keller 22b war, muss das Haus die Nummer 22a haben.«

»Das ist ein guter Hinweis«, sagte Hannah. »Versuch 22 noch einmal.«

Otto drückte zweimal die 2, im selben Moment klappte die Tür in der Wand wieder zu. Ein leises Signal ertönte, das immer lauter wurde und zu einer kontinuierlichen Warnmeldung anschwoll. Otto starrte Hannah an und erkannte die Ursache ihres Pechs: Sie hatte nichts Rotes an. Der Fluch der Fu-Hunde. Das Warnsignal wurde immer lauter, und ihnen blieb nicht mehr viel Zeit. »Die Zeit!«, dachte Otto.

Hannah lief zur Zimmertür und verschloss sie, während Otto damit kämpfte, die Zahlen diesmal richtig einzugeben: 45–8–3–22–12 (12 für die große Zahl oben auf der Standuhr) und schließlich als letzte Nummer – für die Vollkommenheit der Einheit – die Eins.

Die Tür in der Wand sprang auf. Otto verbarg die Tastatur wieder im Tempeldach und stürzte mit Hannah in den Tresorraum. Unten befand sich die gleiche Tastatur wie oben. Da Otto nun die Zahlenkombination kannte, schloss er die Tür hinter sich.

Im Tresor fand Hannah einen Lichtschalter und machte das Licht an. Sie hatte Recht gehabt: Vor ihren Augen lagen erstaunliche Schätze. Antike Bücher, Schriftrollen, Gemälde, Plastiken, griechische Keramik und edelsteinbesetzte Becher umgaben sie. Otto entdeckte sogar einen goldenen Sattel. Sie waren sprachlos. Hannah nahm eine Gutenberg-Bibel in die Hand und winkte mit ihr Otto zu.

»Glaubst du mir jetzt?«, fragte sie. »Wo du jetzt im Tresor der

Wycombes bist, der voll von Dingen ist, die eigentlich in der Bibliothek sein sollten, glaubst du mir jetzt endlich? Glaubst du etwa, sie haben diese Dinge gestohlen, um die Bibliothek mit den Verkaufserlösen finanziell über Wasser zu halten? Sieht nicht so aus, oder?«

Otto schaute sich um. Die Beweislast war so erdrückend, dass sich keine Diskussion lohnte. Er nickte.

»Aber was sollen wir jetzt mit unserem Wissen machen?«

»Da fällt mir schon was ein«, sagte Hannah. »Aber lass uns erst den Schlüssel zur Hintertür finden, von dem Drake im Hinweis gesprochen hat.«

Sie verbrachten Stunden damit, sich auf der Suche nach dem Schlüssel durch die Schätze im endlos erscheinenden Tresorraum zu wühlen. Manchmal hielten sie kurz inne und lasen ein paar Seiten eines seltenen Buchs, oder sie verweilten über den meisterhaften Pinselstrichen eines kostbaren Gemäldes. Während Hannah immer weiter nach dem Schlüssel suchte, schaute sich Otto noch einmal die Übersetzung des letzten Blattes, das sie gefunden hatten, an und verstand endlich die Bedeutung der Worte.

*»Wenn er sich jedoch nicht auf Wissen verlässt, um Weisheit zu praktizieren, findet er Vollkommenheit in sich selbst und in jedem Sandkorn:*

> *Beides ist unbeständig,*
> *frei von Begriffsbildung,*
> *physisch voneinander abhängig,*
> *beeinflusst sich gegenseitig,*

> *und beides existiert, aber nicht als*
> *voneinander getrennte Phänomene.*

*Der Sucher und jedes Sandkorn im Universum sind eins. Um Erleuchtung zu erlangen, muss man erkennen, dass wahre Weisheit darin besteht, die Einheit zu verstehen.»*

Otto schaute auf. Er sah sein Bild in einem alten Spiegel, der an der hinteren Wand des Tresors hing, und dachte über die Worte nach. Er sah im Spiegel müder aus, als er sich fühlte, und bei näherer Untersuchung bemerkte er die kleinen Veränderungen – seine Atmung, den Lidschlag, die Vene, die an seinem Hals pochte –, die ihm zeigten, wie unbeständig seine Existenz in Wirklichkeit war. War er dieser Körper, den er vor sich sah? War er nicht mehr als dieses flüchtige Äußere, das sterben und verfallen würde?

Dann musste er kurz laut auflachen. Wenn ein Hund in den Spiegel schaut, fängt er an zu bellen, weil er glaubt, dass sich vor ihm ein anderer Hund befindet, der ihn anstarrt. Die Vorstellung, die er von sich selbst hatte, war nicht wesentlich weiterentwickelt. Aber er war nicht das Bild, das er im Spiegel sah, nicht die Vorstellung, die er von sich selbst oder die jemand anders von ihm hatte. Es stand ihm frei, seine Vorstellungen über sich selbst und alle Emotionen, die dazugehörten, zu akzeptieren oder abzulehnen. Sie konnten also nicht das sein, was er wirklich war.

Er streckte seine Hand aus und berührte das andere Ich im Spiegel. Es war nur Glas. Und als sich der Spiegel durch seine Berührung bewegte, schwankte vor ihm sein Bild und stieß dann wieder gegen seinen Finger. Wo hörte er auf und wo fing der Spiegel an? Er wusste, dass auf der physikalischen Ebene die Atome keine klare Grenze zwischen ihm und seinem Spiegelbild ziehen, sondern miteinander verbunden sind. Sein Handeln verband ihn mit seiner Umgebung durch die Wirkung, die sie gegenseitig aufeinander ausübten. Und seine Intentionen beeinflussten seine Umgebung.

Er und der Spiegel existierten beide, aber nicht in einer Weise, wie er ursprünglich angenommen hatte, als er anfing, sein Spiegelbild genauer zu betrachten. Nun gab es keine Grenzen mehr zwischen ihm und dem Spiegel, dem Tresorraum und Hannah. Und er sah, dass alles nicht für sich selbst existierte, sondern sehr komplex miteinander und mit der übrigen Welt, mit seinem ungeborenen Kind, mit dem Universum verbunden war. In diesem Moment erkannte er die Vollkommenheit der Einheit.

»Ich hab's«, sagte Hannah.

Otto löste sich aus seinen Gedanken. Die Welt erschien ihm jetzt anders, so als ob er und seine Umgebung im gleichen Ozean schwammen und von den gleichen sanften Wellen getragen wurden. Und er erkannte auch, dass er die Wellen auf einer bestimmten Ebene selbst erzeugte.

»Was denn?«, fragte er.

»Ist alles in Ordnung mit dir?«, fragte Hannah und blickte ihn prüfend an. Er sah aus, als wäre er ganz woanders.

»Ja, mir ist nur gerade klar geworden, was dieses Blatt bedeutet. Das mit der Einheit.«

»Egal, du musst dir darüber keine Sorgen mehr machen«, sagte Hannah. »Ich habe den Schlüssel gefunden! Wir können jetzt die Hintertür suchen.«

»Wo war er denn?«, fragte Otto.

»In dem Schränkchen dort drüben. Komm schon, lass uns den Kode eingeben und von hier verschwinden. Wie lauteten die letzten beiden Nummern?«

Nachdem er so entspannt und in Gedanken versunken gewesen war, war Otto von Hannahs plötzlicher Eile ganz irritiert.

»Nein«, sagte er und schaute zurück in den Spiegel, um sich des Gefühls zu vergewissern, das er gerade empfunden hatte. Er sah, dass irgendetwas mit Hannah nicht stimmte; etwas, was schon immer da gewesen war, was er aber bis jetzt nicht genau hatte ausmachen können. Er ging zum schwarz lackierten Schränkchen, wo sie ihren Worten zufolge den Schlüssel gefunden hatte. Der Schrank war mit einem Paar goldener Fische verziert.

»Was machst du? Ich sagte doch, ich habe den Schlüssel bereits. Lass uns von hier verschwinden.«

Otto schaute in das Schränkchen. An Reihen von Haken hingen goldene Schlüssel, die genauso aussahen wie Hannahs Zugangsschlüssel. Die Haken waren alle beschriftet – *Vordertür, Toilette, Haupthaus, Arbeitszimmer, Vortragssaal* usw. Der Schlüssel unter der Bezeichnung *Hintertür/Büro* fehlte.

»Wir haben den Schlüssel schon immer gehabt?«, fragte Otto.

»Ja, ist das nicht verrückt? Es ist der Schlüssel, den uns Mrs. Granger gegeben hat«, sagte Hannah. Sie reichte Otto den Schlüssel. Er drehte ihn hin und her und schaute ihn sich genau an.

»Hast du dies hier gesehen?«, fragte er und zeigte Hannah das, was er meinte. Auf den Schlüssel war die Abbildung einer

Lotosblüte eingraviert, wenn auch – durch die Abnutzung jahrelangen Gebrauchs – nur noch sehr schwach zu erkennen.

»Wie in der Geschichte von dem Nomaden in der Wüste. Die Lotosquelle«, sagte er.

»Cool. Ich glaube, er könnte wirklich in die Hintertür der Bibliothek passen. Dort befindet sich der letzte Hinweis. Möchtest du nicht wissen, wie er lautet?«, fragte Hannah.

»Hier fehlt noch ein anderer Schlüssel, Hannah. Der Schlüssel zum Tresorraum. Den hast du nicht etwa auch noch, oder?«, sagte Otto.

Hannah war einen Moment lang still und wurde ganz rot. »Er hing nicht da, ich schwöre es.«

Otto durchschaute sie. »Was hast du mit ihm vor, Hannah?«

»Ich hab ihn nicht«, behauptete Hannah weiterhin.

»Schau mich nicht so an. Ich will die Wahrheit wissen und hier nicht ewig darauf warten.«

»Es ist doch alles ganz anders, Otto. Die Wycombes rauben die Bibliothek aus. Schau dir all die Sachen hier an! Ich bin im Kontakt mit dem Kurator eines berühmten Museums. Er ist bereit, fast alles dafür zu tun, um das Material sicherzustellen, bevor die Wycombes es an private Sammler verhökern.«

»Fast alles? Es sogar für das eigene Museum zu stehlen?«, fauchte Otto zurück. »Ich kann kaum glauben, was für eine Show du im *Derby* abgezogen hast, wo du beleidigt auf meinen Vorschlag reagiertest, das ganze Zeug zu verkaufen, obwohl du es selbst schon die ganze Zeit über vorgehabt hast.«

»Es ist anders, als du denkst. Du hast selbst gesagt, Drake würde gewollt haben, dass seine Sammlung für alle Menschen zugänglich ist. Deshalb wäre es gut, wenn die Sachen an ein Museum gingen.«

»Glaubst du im Ernst, sie würden Diebesgut ausstellen, damit alle es sehen können? Denk mal nach, Hannah. Aber ich bin mir sicher, daran hast du auch schon gedacht, stimmt's? Was springt denn für dich dabei heraus? Ein schönes Sümmchen?«

»Ein Arbeitsplatz«, gab Hannah zu. »Ich könnte mich dort als Bibliothekarin um alle Bücher des Museums kümmern, also auch um diese hier.«

Otto schüttelte den Kopf. »Ich kann nicht glauben, dass du so einfältig bist und wirklich annimmst, dass sie dich nach alledem wirklich anstellen würden. Und welche Rolle spiele ich dabei?«, fragte er.

»Das war offensichtlich ein Zufall. An dem Abend, als wir das erste Blatt fanden, hatte mir meine Kontaktperson am Museum eben erst das Angebot gemacht. Ich war gerade dabei, die Bücher wegzustellen und am Morgen nach den Blättern zu suchen, aber dann …«

»Ich glaube, den Rest kenne ich«, sagte Otto und hielt seine Hand hoch.

»Dazu kommt noch, dass du den ersten Hinweis entschlüsselt hast. Die Blätter waren noch nicht einmal Teil unserer Abmachung, aber …«, Hannah hielt mitten im Satz inne.

»Aber nun sind sie es«, sagte Otto. »Du hast mich benutzt.«

Sie dachten beide in diesem Moment an den Kuss unter dem Bodhibaum, aber keiner verlor ein Wort darüber, wenn auch jeder seine eigenen Gründe dafür hatte.

Hannahs Handy ertönte in ihrer Jackentasche. Sie schaute Otto an.

»Geh ruhig ran«, sagte er. »Es stört mich nicht.«

Sie schaute auf das Display, um den Anrufer zu identifizieren, und ihr wurde mulmig. »Hallo.«

Hannah hörte einen Moment lang zu und sank auf ihre Knie. Dann beendete sie das Gespräch, ohne einen Ton gesagt zu haben.

Ihre Welt war gerade trüber geworden. Bevor er überhaupt operiert werden konnte, war ihr Vater im Schlaf gestorben. Sie konnte es nicht glauben. Sie versuchte nachzudenken, aber ihre Gedanken wurden von einem rhythmischen Lärm unterbrochen, der irgendwoher kam. Sie erkannte, dass es ihre eigene Stimme war:

»Nein, nein, nein, nein!«

Plötzlich fühlte sie sich wie ein gefangenes Tier. Nein, sie konnte der Wahrheit nicht entfliehen. Sie würde ihren Vater nie mehr lachen sehen und nie mehr ohne das erdrückende Gefühl des Verlusts an ihn denken können. Es konnte nicht sein, dass er von einem Moment auf den anderen tot war. Sie hatte noch nicht aufgehört, ihn zu lieben; wie konnte er dann gegangen sein?

»Du musst mich hier rauslassen«, sagte sie zu Otto. »Mein Vater ist ...« Sie weigerte sich, das Wort auszusprechen.

Otto griff ihr Handgelenk und zog sie hoch.

»Du kleine Lügnerin. Glaubst du, ich falle wieder auf dich herein?«

»Ich schwöre«, sagte sie tränenüberströmt. »Bitte lass mich los. Ich meine es ernst.«

»Hast du bislang überhaupt schon mal etwas ernst gemeint?« Otto drehte sie am Arm herum und behielt den Arm fest in der

Hand hinter ihrem Rücken. Sie standen nun beide dem Spiegel gegenüber. »Schau dort hinein und sag mir, was du siehst«, sagte er und drehte mit der anderen Hand ihren Kopf, um sicherzustellen, dass sie es auch tat. Sie weinte. »Bist du dieses erstaunlich eigennützige Mädchen im Spiegel? Diese Diebin und Lügnerin?«

»Nein«, schluchzte sie. »Die Wycombes haben zuerst alles gestohlen. Ich habe nur geholfen!«

»Schau genau hin! Bist du dieses Mädchen, das sich vor dem Erfolg fürchtet und niemals eine glückliche Beziehung hat, weil niemand dir *vertrauen* kann? Wenn dein Vater tot ist, dann kann er dich jetzt hoffentlich sehen«, sagte Otto und drückte ihr Gesicht gegen den Spiegel. »Ich bin sicher, er wäre mächtig stolz auf dich.«

»Lass mich los!«

»Ich lass dich erst dann los, wenn du dir dein wahres Gesicht angeschaut hast. Danach kannst du die Blätter und den Schlüssel haben und damit machen, was du willst. Mir ist es völlig egal.«

Sie blickte in den Spiegel und fiel in sich zusammen. Otto ließ sie los und setzte sich neben die Tür, während Hannah wie gebannt vor dem Spiegel stand.

Sie war nicht diese Gestalt, die sie vor sich sah, dachte sie. Nicht diese Frau, nicht diese Äußerlichkeiten, nicht dieser Körper. Was sie getan hatte, war Teil einer endlosen Kette von Intentionen und Handlungen, die sie unentwirrbar mit der übrigen Welt verband. Und nun war es ihr fester Wille, sich von diesen schrecklichen Gefühlen und Ideen zu befreien. Sie nahm einen edelsteinbesetzten Becher und warf ihn gegen das

Gesicht im Spiegel. Als das Glas in lauter Scherben zerfiel, war sie schockiert und gleichzeitig erleichtert, weil sich ihr Bild so schnell auflöste. Und sie wusste, dass sie nie wieder ihre eigene Gefangene sein würde.

Wo eben noch der Spiegel war, hing jetzt nur noch ein vergoldeter Rahmen. Hinter ihm sah sie eine Tür, die zuvor verdeckt gewesen war.

Sie nahm den Tresorraumschlüssel aus ihrer Jackentasche und steckte ihn ins Schloss. Die Tür öffnete sich, und Otto und Hannah traten in ein kleines Zimmer mit ein paar staubigen Büchern. Vor ihnen befand sich eine weitere Tür. Hannah benutzte erneut ihren Schlüssel, und sie standen plötzlich auf der Schwelle zur philosophischen Bibliothek.

»Wie ist das möglich?«, fragte Hannah und wischte sich die Tränen fort.

»Einfach zwei Türen auf den beiden Seiten des einen Tresorraums«, sagte Otto.

»Aber ich habe den Tresor mit meinen eigenen Augen gesehen.«

»Du hast nur nicht gemerkt, dass mehr zu dem Tresor gehörte, als du sehen konntest. Wie können die Wycombes also etwas gestohlen haben, wenn die Bücher den Tresor der Bibliothek niemals verlassen haben?«

Hannah brauchte einen Moment, um ihr Bild von den Wycombes, ihre Vorstellung über sich selbst und ihre Beziehung zur Welt zu überdenken. Plötzlich wusste sie, dass ihr Vater überhaupt nicht weit weg war. In jeder Hinsicht war er ein Teil von ihr und würde es immer sein. Es würde ihr etwas fehlen, wenn sie ihn nun nicht mehr besuchen und mit ihm lachen könnte, aber

sie war sich sicher, dass seine besten Eigenschaften in ihr wei-
terlebten. Die Vorstellungen und Handlungen, die er im Laufe
seines Lebens gehabt und ausgeführt hatte, würden sich bis ans
Ende der Zeit auswirken. Er würde niemals abwesend sein.

Sie gab Otto den Schlüssel zum Tresorraum zurück. Er hängte
ihn wieder in das Schränkchen, bevor er den Tresor mit ihr
verließ und die Tür hinter sich und ihrer Suche verschloss.

## Einheit aus erleuchteter Sicht

Das letzte Hindernis vor der Hintertür zur Erleuchtung ist eine
andere Form der Unwissenheit: das Nichterkennen der Tatsache, dass wir mit dem übrigen Dasein eins sind, Bestandteile
eines einzigen großen Systems. Alle Wesen und Dinge sind so
miteinander verwoben, dass nichts für sich allein existiert. Uns
mag diese Tatsache intellektuell einleuchten, aber normalerweise führen wir unser Leben nicht so, also ob wir davon wirklich
überzeugt wären. Wir sind es gewohnt, uns als ein getrenntes
Etwas zu betrachten, und glauben, dass die Welt um uns herum
völlig verschieden von uns ist. Um die unglaublichen Auswirkungen, die das vollkommene Erkennen der Einheit mit sich
bringt, wahrnehmen und erfahren zu können, müssen wir die
Welt, uns selbst und die wirkliche Beziehung zwischen uns und
der Welt genauer untersuchen.

Zuerst einmal sind wir es gewohnt, die Welt aus zwei Perspektiven zu betrachten: der relativen und der absoluten. Diese
verschiedenen Sichtweisen produzieren zwei unterschiedliche,
aber dennoch höchst wertvolle Einsichten über die Welt und

unser Leben. *Relative Wahrheit* ist Wissen, eine Sammlung von Fakten, banalen Dingen und Einzelheiten. Jeder hat seine eigene Sammlung und seine eigene Sichtweise. Von daher hat jeder seine eigene relative Wahrheit, die aus den folgenden Gründen relativ ist:

**Erscheinungen sind relativ.** Da wir niemals ein Objekt aus allen möglichen Blickwinkeln sehen können, wird es immer eine Diskrepanz zwischen unserer Wahrnehmung eines Objekts und der tatsächlichen Existenz dieses Objekts geben.

**Werte sind relativ.** Es gibt nur wenige Dinge, die für alle gleichermaßen wichtig sind; die Werte schwanken daher von Person zu Person.

**Tatsachen sind relativ.** Während wir immer mehr verstehen, wachsen wir immer mehr über unsere Tatsachen hinaus. Unter extremen Bedingungen brechen die gewohnten Vorstellungen von Zeit und Raum zusammen, und viele Dinge, wie zum Beispiel Geschwindigkeit und Richtung, können nur bestimmt werden, wenn wir sie mit etwas anderem vergleichen.

Es kann Spaß machen, Wissen anzuwenden. In bestimmten Bereichen dient es uns zum Überleben und macht unser Dasein angenehmer. Dennoch sind die Tatsachen als solche unbegrenzt. Das gesamte menschliche Wissen umfasst die Wahrnehmungen und Schlussfolgerungen jedes fühlenden Wesens, das jemals gelebt hat und jemals leben wird. Mit jeder Sekunde, die vergeht, wächst diese Faktensammlung exponentiell. Ein einzelnes menschliches Gehirn ist nicht annähernd in der Lage, solch eine riesige Informationsmenge zu verarbeiten. Es ist daher nicht möglich, dass ein einzelner Mensch diese relative Wahrheit jemals in ihrer Gesamtheit erfassen kann.

Die *absolute Wahrheit* über die wirkliche Natur der Dinge ist sogar noch weniger Gegenstand individueller Erkenntnis. Es handelt sich um die Wahrheit jenseits von Sprache und Begriffsbildung. Wir sind es gewohnt, in geistigen Konstrukten zu denken, also mithilfe von mentalen Symbolen und Kürzeln dafür, wie und als was die Dinge letztlich existieren. Um die absolute Wahrheit zu verstehen, müssen wir unsere Konstrukte und Begriffe hinter uns lassen, genauso wie wir unsere Messer und Schusswaffen zurücklassen müssen, wenn wir die Sicherheitsschleuse auf dem Flughafen passieren. Jenseits von diesem Punkt ist keine Sprache mehr erlaubt. Unsere geistigen Vorstellungen sind zu begrenzt, um die wahre Natur der Dinge wirklich erfassen zu können. Die absolute Wahrheit ist per Definition unbeschreibbar.

Wir sind es gewohnt, die Welt aus der relativen Perspektive heraus zu betrachten. Sie ist eine unbegrenzte Ansammlung von Dingen, Handlungen und Belanglosigkeiten, obwohl wir wissen, dass aus der absoluten Perspektive – dem unbeschreibbaren Mysterium jenseits unserer Vorstellungskraft – alles völlig anders erscheint. Es ist kein Wunder, dass wir uns vom Absoluten getrennt fühlen. Aber wer ist diese Person, die sich getrennt fühlt? Wer ist dieses »Ich«?

Woraus besteht auf der relativen Ebene unsere Vorstellung von einem »Ich«? Was ist es genau? Ist es die Einheit einer Person? Ist diese Einheit unser Körper? Sind es unsere Gefühle? Unsere Wahrnehmungen? Unser Handeln? Unser Verstand? Oder umfasst das »Ich« mehr? Wir können all diese Fragen mit »ja« beantworten, aber wir wissen, dass wir keins dieser Elemente allein sind, sondern alle zusammen. Welche Kombination dieser Teile, in welchem Verhältnis, sind wir also? Wenn wir von so vielen Dingen abhängen, können wir uns dann selbst wirklich als eine Einheit betrachten?

Sind wir in irgendeiner Hinsicht beständig? Wir wissen alle, dass wir geboren werden und sterben und uns jeden Tag verändern. Wir wachsen und werden älter und haben unterschiedliches Essen im Bauch, warum glauben wir trotzdem, dass wir von einem Moment auf den anderen noch dieselbe Person sind?

Unsere Ich-Vorstellung ist erstaunlich dehnbar. Diese Tatsache deutet darauf hin, dass der physische Körper nicht notwendigerweise an die Grenzen des Ichs gebunden ist. Wir orientieren uns in unserem Selbstbild an den Beispielen von anderen und begrenzen unsere Ich-Wahrnehmung auch in Reaktion auf Hinweise und Winke, die uns andere geben. Die Vorstellung von einem »Ich« ist eine gelernte Annahme und Gewohnheit, wie die Kultur.

Kleine Kinder weiten ihre Identität manchmal so weit aus, dass ihre Eltern oder ihr Besitz mit eingeschlossen sind; aus diesem Grund sagen sie auch so oft »mein«. Wenn sie älter werden, bemerken sie jedoch, dass Erwachsene normalerweise eine Grenze ziehen, und folgen diesem Beispiel. Eltern betrachten ein Kind ebenfalls oft als Teil von sich selbst, wenn auch nur auf einer unbewussten Ebene, bis das Kind anfängt, seine eigenen Grenzen zu setzen, was in der Regel im Alter von zwei Jahren geschieht. Dies kann für Eltern eine schwierige Zeit sein, wenn sie sich dadurch von ihrem Kind »betrogen« fühlen; es führt dann meist dazu, dass sie das Kind aus ihrer eigenen Ich-Vorstellung ausschließen.

Das Ich geht auch über physische Begrenzungen hinaus, wenn wir uns mit politischen, religiösen und nationalen Gruppierungen identifizieren. Da wir uns bewusst für diese Identitäten entscheiden, ist es auch möglich, sie wieder abzulegen.

Wo also liegen die Grenzen des Ichs? Wir erkennen die Vollkommenheit des Seins und wissen daher, dass wir existieren, aber wie existieren wir? Wenn wir »ich« denken, worauf beziehen wir uns dann? Wo fängt das Ich an und wo endet es? Ist die Haut die Grenze? Wo hat es angefangen und wo wird es in der Zukunft enden? Fängt das Ich dann an, wenn wir geboren werden, und hört es dann auf, wenn wir sterben?

Jeder von uns tritt scheinbar unabhängig von allen anderen als eine permanente, unteilbare Person in Erscheinung. Aber sind wir wirklich unabhängig? Wir verdienen vielleicht unseren eigenen Lebensunterhalt und haben unsere eigene Meinung, aber wir sind nur hier, weil unsere Eltern uns gezeugt haben. Unsere Existenz hängt von ihnen ab. Wir sind abhängig von anderen, die dafür sorgen, dass wir etwas zu essen haben; wir sind abhängig von der Erde und ihrer Atmosphäre; wir sind selbst von unseren eigenen Körperteilen abhängig; wir sind das Ergebnis von Ursachen und erzeugen selbst Ursachen. Wir sind das Ergebnis einer Wirkung und haben selbst Auswirkung auf andere.

Alles, was wir sehen und wahrnehmen – das ganze beobachtbare Universum –, ist Teil eines einzigen Systems. In diesem System zu leben hat eine grundlegende Wirkung darauf, wer und was wir sind, weil wir so stark von ihm bestimmt werden. Andererseits wird dieses System, unser Universum, auch von uns und von seinen übrigen Bestandteilen geprägt und ist von diesen abhängig. Man kann das Ganze vergleichen mit der Leber, die ja nicht nur zum Unterleib gehört, sondern ein lebendiger Bestandteil des ganzen Körpers ist. Das System des Körpers versorgt die Leber mit Nährstoffen, entsorgt abgestorbene Zellen, schirmt sie vor der Wirkung der Elemente ab und beschützt sie vor Krankheiten. Die Leber handelt nicht allein, sondern im Einklang mit dem übrigen Körper. Ohne Ihre Leber wären Sie eine völlig andere Person, und Ihre Leber wäre ohne Sie ein völlig anderes Stück Fleisch.

Unsere Existenz hängt wiederum von der Erde ab. Unser Atem verbindet uns mit der Atmosphäre, der Mischung aus Gasen, die den Planeten umgibt. Wir atmen ein und aus, und Sauerstoff strömt durch unsere Arterien. Nicht nur unsere Füße, auch unser Verdauungssystem verbindet uns mit dem Boden oder der Lithosphäre, der Erdkruste. Wir nehmen ständig Mineralien vom Boden auf und geben sie wieder an ihn ab, ähnlich wie ein Regenwurm. Wir sind durch unsere Atmung und unseren Verdauungsapparat auch mit dem Lebenskreislauf der Biosphäre verbunden. Pflanzen verwandeln Kohlendioxid in den Sauerstoff, den wir atmen. Zusammen mit den Tieren produzieren sie die Nährstoffe, die wir für unsere Nahrung brauchen. Wir sind sehr vom Wasser der Erde abhängig, da fast 72 Prozent unserer fettfreien Körpermasse aus Wasser besteht. Wir sind Teil des Wasserkreislaufs der Hydrosphäre; wenn die Luftfeuchtigkeit abnimmt, wird unser Körper dementsprechend trockener. Wenn die Luft um uns herum feuchter wird, saugt unsere Haut diese Feuchtigkeit auf, so wie die Bäume und der Erdboden es tun.

Wir sind auch eng miteinander verbunden durch die Art und

Weise, wie wir entstehen, erzogen werden und uns gegenseitig mit den Dingen versorgen, die wir zu unserem Wohlergehen und Überleben brauchen. Die Entscheidungen, die ein jeder von uns trifft, und die Handlungen, die wir ausführen, haben eine Auswirkung auf alle.

Die Erde ist ein abhängiger Teil des Sonnensystems. Wenn man die Erde aus diesem System entfernen würde, würde sich das System radikal verändern. Die Eigenschaften der anderen Planeten hängen davon ab, wo sich die Umlaufbahn der Erde befindet und welche Eigenschaften die Erde selbst hat. Wenn die Erde der einzige Planet wäre, der die Sonne umkreist, sähe das Leben auf der Erde, wenn es überhaupt welches gäbe, anders aus, als wir es kennen. Zusammen mit den anderen Planeten sind wir offensichtlich von der Sonne abhängig. Ohne sie würde kein Leben existieren. Aber ohne die Planeten würde die Sonne auch mit einer anderen Temperatur brennen.

Unser Sonnensystem hängt von unserem Universum ab und umgekehrt. Schon wenn sich etwas so Winziges wie ein Atom verändert – wenn beispielsweise Menschen ein Atom spalten –, wird eine gewaltige Energiemenge freigesetzt, die potenziell eine große Zerstörung verursachen kann. Sobald wir die extremen Auswirkungen erleben, wird uns schlagartig klar, dass die Atome ein Teil unseres Systems sind.

Wir sind nicht nur auf unseren Körper angewiesen, sondern auch auf die Systeme, die in uns ablaufen oder von denen wir ein Teil sind. Wenn sie eine Wirkung auf uns haben, sind wir nicht unabhängig von ihnen. Ihre Existenz ist mit unserer so stark verwoben, dass man keine Trennung vornehmen kann, ohne dabei alle Bestandteile radikal zu verändern.

Darüber hinaus ist es noch nicht einmal möglich, irgendeinen Teil des Systems völlig aus dessen Einflussbereich zu entfernen. Wir können zwar ein krankes Organ aus unserem Körper beseitigen, aber es wird danach immer noch innerhalb unserer Welt verwesen. Sein Verfall wird zahllose Auswirkungen auf unseren Planeten haben.

Wo hört dieses große System miteinander verwobener Systeme auf? Stellen Sie es sich einen Moment lang vor. Können Sie sich eine Grenze vorstellen, die nicht an eine andere stößt? Es gibt keinen Anfang und kein Ende. Wir können die Dinge neu anordnen und ihren jeweiligen Zustand verändern, aber wir können sie nicht loswerden. Wir sind alle Teil eines großen Ganzen, der unser wahrer Körper ist.

Wir denken normalerweise, dass wir einfach so existieren, wie wir sind, aber unsere Existenz ist eigentlich »leer«, es gibt in ihr keinerlei völlig unabhängige Faktoren. Otto und Hannah haben dies erkannt, als sie in den Spiegel schauten. Jeder Teil unseres Daseins ist von etwas anderem abhängig. Wenn wir erkennen, dass unser hochgeschätztes Ich in Wahrheit *leer* ist – wie es Otto und Hannah taten –, dann sehen wir auch, wie es mit der Welt in gegenseitiger Abhängigkeit verbunden ist.

Wenn wir erleuchtet werden wollen, ist es wichtig, diese Art von »Leerheit« zu verstehen. Aber obwohl es entscheidend ist, diesen Zusammenhang zu verstehen, sprechen spirituelle Lehrer ihn nur selten direkt an. Entweder lassen sie ihre Schüler endlose Vorbereitungen durchlaufen, bevor sie ihnen eine Definition der Leerheit geben, oder sie packen die Vorstellung von Leere in Rätsel, Mehrdeutigkeiten und Magie. Als Folge davon liegt der Weg zur Erleuchtung genauso im Dunkeln wie das Ziel. Der indische Philosoph Nagarjuna hat die Leerheit im ersten Jahrhundert nach Christus folgendermaßen definiert. Phänomene sind »leer«, weil sie

1. unbeständig sind,
2. als getrennt erscheinen,
3. für ihr Entstehen von anderen Phänomenen abhängig sind,
4. sich in ihrem Ablauf mit anderen Phänomenen gegenseitig beeinflussen,
5. ohne Wesenhaftigkeit existieren,
6. untrennbar miteinander verbunden und »leer« von Unabhängigkeit sind.

Wenn wir uns die Vollkommenheiten anschauen, die wir in den vorangegangenen Kapiteln behandelt haben, dann sehen wir, dass wir diese Eigenschaften der Leerheit bereits verstehen:

**Unbeständigkeit:** Die Welt verändert sich ständig.
**Freiheit:** Wir sind frei von unseren geistigen Konstrukten, mit deren Hilfe wir die Welt einteilen.
**Kausalität:** Alle Phänomene treten durch den Kreislauf von Ursache und Wirkung in Erscheinung.
**Intention:** Die Phänomene werden von unserem Willen beeinflusst.
**Sein:** Wir existieren.
**Einheit:** Wir sind eins mit allen Wesen und Dingen.

Jetzt brauchen wir nur noch diese Eigenschaften der Leerheit in allen Erscheinungen zu erkennen. Wenn uns die Leerheit

in den einzelnen Dingen bewusst wird, nehmen wir wieder die
Einheit wahr, die alle Dinge umfasst. Automatisch verstehen
wir dann auch, dass ein wertvolles Buch aus dem Tresor zwar
beständig zu sein scheint, es aber in der Vergangenheit eine
Zeit gab, in der es nicht existierte, und es irgendwann eine Zeit
geben wird, in der es nicht mehr existiert. Wir verstehen, dass
ein Schlüssel zwar aus sich selbst heraus zu existieren scheint,
sein Dasein aber von der Schlüsselfabrik und den Menschen
abhängt, die dort arbeiten. Und wir erkennen, dass wir zwar eine
geistige Vorstellung von einer Bibliothek und ein Wort dafür
haben, aber weder unser Konzept noch der Begriff *Bibliothek* das
tatsächliche Gebäude ist, das voll mit Büchern ist. Wenn wir
aufhören uns vorzustellen, dass alles unabhängig voneinander
existiert, dann bleiben nur Objekte übrig, die sich gegenseitig
so stark beeinflussen, dass es unmöglich ist, sie voneinander zu
trennen. Wenn wir die Grenzen niederreißen, die wir zwischen
uns, unseren Vorstellungen und der Welt um uns herum ziehen –
ähnlich wie Hannah ihr Bild im Spiegel zertrümmerte –, dann
erkennen wir die Vollkommenheit der Einheit.

Das Verstehen der Leerheit ist die dritte Perspektive, aus der
heraus wir die Welt begreifen können. Dies ist die neue Grenze
unseres Erkenntnisvermögens. Wir sind in der Lage, diese *annähernde Perspektive* zu verstehen und einzunehmen, und sie nähert
sich der absoluten Perspektive so weit an, wie unser Verstand es
zulässt. Die annähernde Perspektive bildet die Grundlage der
Erleuchtung; den Punkt, von dem aus wir die Welt so sehen,
wie sie wirklich ist.

## Durch die Hintertür: Einheit

Wenn wir den roten Faden erkennen, der das ganze Dasein durchzieht, werden wir viel schneller von Unwissenheit geheilt, als es durch irgendeine Ansammlung von Fakten jemals geschehen könnte. Wenn uns der rote Faden bewusst ist, können wir Gefühle von Getrenntheit unter der Rubrik »gegenstandslos« ablegen. Wie können wir isoliert und getrennt sein, wenn es unmöglich ist, nicht mit einem System verbunden zu sein, das eine Wirkung auf uns hat? Wenn wir die Leerheit und die Vollkommenheit der Einheit erkennen, sind wir näher an unserem Ziel, als wir es jemals für möglich gehalten haben.

### Siebter Schritt: *Erkennen* Sie, dass Sie bereits eins mit Ihrem Ziel sind!

Gehen Sie hinaus in die Welt und spüren Sie die Wahrheit dieser Erkenntnis. Wenn es eine Person gibt, die Sie gerne näher kennenlernen möchten, dann gehen Sie auf sie zu und stellen Sie den ersten Kontakt her. Nehmen Sie einen Besichtigungstermin für Ihr Traumhaus wahr, wenn es zum Verkauf steht. Machen Sie eine Probefahrt mit dem neuen Auto, das Sie gern hätten.

Stellen Sie sich die Person vor, die Sie sein werden, wenn Sie Ihre Ziele erreicht haben. Wie verhält sich diese Person? Wie kleidet sie sich? Was sagt sie im Gespräch mit anderen? Was isst sie? Wie verbringt sie ihre Freizeit? Stellen Sie sich in allen Einzelheiten die Eigenschaften vor, die Sie gerne besäßen.

Verhalten Sie sich nun so, als wären Sie bereits diese Person. Fangen Sie langsam an, vielleicht jeweils für eine oder zwei

Stunden. Stellen Sie sich Ihre Kleidung und Ihr Vokabular zusammen. Verändern Sie den Inhalt Ihres Kühlschranks. Üben Sie auch die Gefühle und geistigen Eigenschaften ein, die Sie haben werden, wenn Sie Ihre Ziele erreicht haben. Es ist kein großer Unterschied, ob Sie *so tun*, als wären Sie glücklich, selbstbewusst und charismatisch, oder ob Sie *tatsächlich* glücklich und selbstbewusst sind und eine charismatische Ausstrahlung haben.

Trainieren Sie Ihre Fähigkeiten und Ihr Durchhaltevermögen so lange, bis Sie diese Person mehrere Tage oder gar Wochen lang spielen können und bis Sie schließlich nicht mehr unglücklich und unzufrieden sind. Weg mit der alten Person!

Normalerweise ist es besser, das besitzanzeigende Wort »mein« aus dem eigenen Wortschatz zu streichen, um Gefühle der Bindung an bestimmte Personen und Dinge zu begrenzen. Anders ist es jedoch, wenn Ihnen daran liegt, neue Personen und Dinge in Ihr Leben zu ziehen. Wenn es Ihnen ernst damit ist, Ihre Ziele zu manifestieren, sollten Sie für diese das gleiche Gefühl von Besitz und Anteilnahme entwickeln, wie Sie es gegenüber Ihrer eigenen Hand empfinden. Nennen Sie das Haus am anderen Ende der Straße ruhig »mein Haus«. Nennen Sie die Person, mit der Sie gerne eine bessere Liebesbeziehung hätten, ruhig »meine Liebste« oder »mein Liebster«. Scheuen Sie nicht davor zurück, Ihre Wünsche verbal zu besitzen.

Sie sollten aber aufpassen, dass Sie in Bezug auf Ihre Ziele keine Sehnsucht, kein heftiges Verlangen und keine Gier entwickeln, denn dadurch erzeugen Sie bloß noch mehr Grenzen sowie Gefühle von Isolation. Erlauben Sie sich selbst ausschließlich positive Gefühle, wenn Sie an Ihre Ziele denken, und stel-

len Sie sich Ihre Ziele so vor, als wären sie bereits ein Teil von
Ihnen selbst.

Werden Sie kreativ! Machen Sie Bilder und fertigen Sie
Kollagen an, die Sie zusammen mit Ihren Zielen zeigen – oder
benutzen Sie den Computer, um solche Bilder herzustellen. Benutzen Sie so viel oder so wenig Technologie, wie Sie wollen,
und lassen Sie Ihrer künstlerischen Ader freien Lauf. Wichtig
dabei ist, dass Sie und Ihr Ziel auf dem gleichen Bild sichtbar
sind. Erschaffen Sie sich das auf dem Papier, was Sie in der Realität verwirklicht sehen möchten. Sie können auch Ihre verbale
Intention als Bildunterschrift hinzufügen.

**Visualisieren:** Machen Sie es sich bequem und schließen Sie die
Augen. Fangen Sie mit einem tiefen Atemzug an. Entspannen
Sie Körper und Geist. Nehmen Sie sich wieder einen Moment
Zeit und untersuchen Sie Ihre eigene Leerheit. Achten Sie dabei
auf Ihr Atmen, auf die ständige Bewegung Ihres Körpers und die
Veränderung Ihrer Gedanken. Fühlen Sie die Luft, die Kleidung
auf Ihrer Haut und den physischen Kontakt mit dem Stuhl.
Achten Sie darauf, wie das, was um Sie herum geschieht, Ihre
Gedanken verändert. Nehmen Sie das Bild wahr, das Sie von
sich selbst haben, und erkennen Sie, dass diese Identität nur ein
geistiges Konstrukt ist. Untersuchen Sie nun Ihr Ziel. Scheint
es so, als würden sich bestimmte Aspekte Ihres Ziels verändern?
Ist Ihr Ziel beständiger, als Sie selbst es sind?

Stellen Sie sich vor, wie sehr Sie und Ihr Ziel voneinander abhängen. Wenn Ihr Ziel irgendwelche physischen Eigenschaften
besitzt, dann stellen Sie sich vor, wie diese mit Ihnen verknüpft
sind. Stellen Sie sich auch Ihre Verknüpfung mit den Menschen

vor, die Ihr Ziel erschaffen und bearbeitet haben oder die es instand halten. Stellen Sie sich Ihre Verknüpfung mit dem Material vor, aus dem es besteht, und wie die Ressourcen Wasser, Erde und Luft mit Ihnen in Verbindung stehen. Wenn Ihr Ziel von Ihren eigenen nichtphysischen Eigenschaften abhängt, sollten Sie erkennen, dass diese Eigenschaften einfach nur Aspekte Ihrer selbst darstellen, die Sie bislang nicht ausgedrückt haben.

Erkennen Sie nun, wie Ihre Vorstellungen Sie von Ihrem Ziel trennen. Lösen Sie diese Vorstellungen so lange auf, bis Sie ganz und gar mit Ihrem Ziel verschmelzen.

## Vorteile und Nutzen

Die größten Herausforderungen der Menschheit lassen sich bewältigen, wenn wir verstehen, dass alles eine Einheit ist. Es gibt kein isoliertes Problem. Wenn wir irgendeinem Teil des großen Systems Schaden zufügen, schaden wir uns selbst. Wir befinden uns nicht in einer Situation, in der es nur Gewinner und Verlierer gibt. Denken Sie in Bezug auf das Leben auf diesem Planeten in Systemzusammenhängen und nicht in Form von Einzelelementen. Weiten Sie Ihre Sichtweise aus, verarbeiten und integrieren Sie das Wissen, das Sie bereits haben. Erkennen Sie, dass die Umwelt nicht einem einzelnen Land gehört, das sie ausbeuten und dann vergessen kann. Wir können es uns nicht leisten, unsere Beziehung zur Erde als einen One-Night-Stand zu betrachten. Wenn man Milch haben will, muss man die ganze Kuh pflegen.

Wenn wir die Einheit verstehen, erkennen wir, dass Krankheit und Hunger in anderen Teilen der Welt auch unsere Sache sind. Selbst wenn es uns nichts ausmacht, andere Menschen leiden zu sehen, werden wir dann nicht länger wegschauen können, wenn die Verzweiflung so groß geworden ist, dass diese Menschen ihr Leiden bis vor unsere Haustür tragen und zu unserem Leiden machen. Das Verstehen der Einheit heilt uns von dieser Kurzsichtigkeit. Wir werden erkennen, dass ein System dann nicht reibungslos läuft, wenn zwei seiner Bestandteile kollidieren – und letztlich wird ein solches System scheitern. Wenn wir stattdessen alles Lebendige als einen Teil von uns selbst betrachten, nehmen wir die Vollkommenheit der Einheit wahr.

Wenn Sie in der Vollkommenheit der Einheit leben, erkennen Sie, dass die heilige Quelle in der Wüste nicht getrennt von Ihnen ist, sondern dass Sie selbst sowohl die Wüste als auch die Quelle sind. Wenn Ihnen bewusst ist, dass Sie eine heilige Quelle sind und viele Menschen zu dieser Quelle pilgern, dann sind Sie auch diese Pilger. Wenn diese Pilger Mauern um die Quelle ziehen, um sich selbst von der Quelle abzuschneiden, dann sind Sie auch diese Mauern. Und wenn ein Nomade nach langer Abwesenheit zurückkehrt und durch diese Mauern hindurchgeht und ohne Zögern aus der Quelle trinkt, dann sind Sie auch dieser Mensch.

## EINHEIT AUF DEN PUNKT GEBRACHT

*»Der Sucher und jedes Sandkorn im Universum sind eins.«*

### Die Vollkommenheit der Einheit

Wir sind eins mit allen Wesen und Dingen. Alles ist so fest miteinander verbunden, dass es nicht voneinander getrennt werden kann.

### Durch die Hintertür

**Siebter Schritt: *Erkennen* Sie, dass Sie bereits eins mit Ihrem Ziel sind!**

### Übung

Untersuchen Sie die Leerheit Ihrer selbst und die Ihres Ziels. Erkennen Sie, dass Sie bereits eins sind.

### Vorteile und Nutzen

Die Vollkommenheit der Einheit zu erkennen löst auch Probleme, die durch Unwissenheit entstehen, wie zum Beispiel:

• Gefühle des Getrenntseins
• Umweltprobleme
• Kriege

**Fazit**

Sie führen bereits ein erleuchtetes Leben, nun verstehen Sie es auch. Es liegt an Ihnen, in welchem Ausmaß Sie die Leerheit in Ihrem Leben erkennen.

## Kapitel 8:
# Erleuchtet, was nun?

*Alle Wahrheiten sind einfach zu verstehen, wenn sie erst einmal entdeckt sind; der Punkt ist, sie zu entdecken.*

GALILEO GALILEI

Es dauerte länger als eine Woche, bevor Hannah wieder in der Bibliothek auftauchte. Sie hatte die Blätter mit dem Titel *Die Hintertür zur Erleuchtung* sorgfältig zusammengepackt und in ihrer Büchertasche verstaut. Als sie die Auffahrt entlangging, kam Otto die Stufen von seinem Büro herunter, um sie auf dem Vorplatz abzufangen. »Du arbeitest hier immer noch die Wochenenden durch?«, rief sie ihm zu, als sie über den Parkplatz aufeinander zugingen.

»Ehrlich gesagt, nein«, erwiderte Otto. »Ich arbeite hier überhaupt nicht mehr, sondern packe nur noch meinen Kram zusammen und verschwinde dann.«

»Wow! Ich gratuliere«, sagte Hannah.

»Ja, danke. Ich habe mir jetzt eine richtige Stelle besorgt.«

»Als was? Ich bin gespannt zu hören, was du unter einer richtigen Stelle verstehst.«

»Ich bin gelernter Meeresbiologe, zumindest habe ich das studiert. Meine Spürnase kommt mir da gerade recht.«

Hannah staunte nicht schlecht. »Was genau machen Meeres-biologen?«

»Nun, als Erstes fahre ich mal auf einem von diesen großen kanadischen Fischtrawlern mit. Ich teste den Fang, das Wasser und so weiter. Aber ich habe mich nur bis Carlyle verpflichtet. Danach arbeite ich in Vollzeit für den Scottish National Trust. Zum größten Teil Umweltschutzarbeit, vielleicht ein paar Reden auf extravaganten Dinner-Partys und derlei«, sagte Otto mit einem Zwinkern.

»Du fliegst wieder nach Hause?«

»Ja, es wird Zeit. Ein ganzes Leben wartet dort auf mich. Und was ist mit dir?«

»Ich wollte bloß die Blätter wieder loswerden«, sagte Hannah. »Ich muss auch zurück, die Küste hoch.«

»Hast du den goldenen Schlüssel immer noch?«, fragte Otto mit listigem Blick

Hannah reagierte gereizt. »Mach dir keine Sorgen, ich gebe ihn zurück.«

»Deshalb habe ich nicht gefragt«, sagte Otto und ließ seinen Blick über den Parkplatz schweifen. Bibliotheksbenutzer und Gäste, die zu einem Vortrag gekommen waren, strömten auf das Gebäude zu. Otto neigte seinen Kopf und senkte die Stimme. »Wollen wir einen letzten Versuch wagen?«

Hannah wich zurück und war sich nicht sicher, was er meinte.

»Nein, nicht mit uns beiden!«, sagte er. »Du hast zu viele Hintergedanken. Ich habe meine Lektion mit euch Yankeemäd-chen gelernt. Wollen wir den Schlüssel noch einmal ausprobie-ren und den letzten Hinweis finden?«

Hannah dachte einen Moment lang nach. Sie freute sich, dass sie wieder sein Vertrauen und seine Freundschaft genoss, aber nach allem, was sie durchgemacht, und nach all den falschen Entscheidungen, die sie getroffen hatte, zögerte sie.

»Komm schon, du willst die Sache doch auch zu Ende bringen. Tu es diesmal für dich selbst.«

»In Ordnung«, sagte Hannah und fühlte, wie die gewohnte Aufregung wieder von ihr Besitz ergriff. »Also los!«

Sie versuchten so zwanglos wie möglich zu wirken, während sie über den Innenhof zur Rückseite der Bibliothek gingen. Hannah steckte den Schlüssel ins Tor; er passte nicht.

»Dann klettern wir über die Mauer«, sagte Otto. Er half Hannah beim Überqueren, warf ihr die Handtasche zu und kletterte dann selbst hinterher.

Sie gingen zusammen durch den wunderschönen Garten. Nach allem, was sie erfahren und gelernt hatten, wirkte er nun anders auf sie. Die Anlage des Gartens erschien ihnen inzwischen wohldurchdacht zu sein; die Wasserwege, die ihn durchströmten, bildeten ein bestimmtes Muster. Jetzt konnten sie den Frieden fühlen, der dem Landschaftsarchitekten, der diesen Garten geschaffen hatte, vorgeschwebt haben musste, und sie genossen die feinen Details seines Kunstwerks. Sie konnten nun die Dinge wertschätzen, die sie vorher übersehen hatten, wie zum Beispiel das zarte Farnkraut auf dem felsigen Untergrund und die harmonische Anordnung der Steine. Die Bäume in der Ferne erschienen nicht nur kleiner, weil sie weiter weg waren; in Wirklichkeit waren es Miniaturbäume, die die Illusion erzeugten, dass der Garten viel größer sei, als er tatsächlich war. Es war wirklich eine außergewöhnliche Anlage. Sie sahen weiße

Seerosen auf dem Teich blühen und wussten, dass sie dieses Mal erfolgreich sein würden.

Vom Bodhibaum aus beobachtete sie ein wunderschöner gelber Vogel, und die Schildkröte hatte schon ein Viertel ihres Rückwegs nach Hause in das obere Becken des Wasserfalls geschafft.

Schließlich standen sie wieder vor der Außenseite der geheimen Tür, die sie hinter dem Bücherschrank der Bibliothek entdeckt hatten. Hannah reichte Otto den Schlüssel.

»Dank dir«, sagte Otto.

»Nicht der Rede wert. Sollte irgendetwas in die Luft fliegen oder zusammenbrechen, wird es deine Schuld sein.«

»Du hast dich überhaupt nicht verändert«, sagte Otto und lächelte ihr zu. »Und ob du es glaubst oder nicht, das gefällt mir.«

Er steckte den goldenen Schlüssel in die Hintertür und drehte ihn um.

Genauer, er *versuchte*, ihn umzudrehen, denn er bewegte sich nicht.

»Vielleicht haben sie neue Schlüssel einsetzen lassen«, sagte Hannah.

»Oder wir haben den falschen Schlüssel«, fügte Otto hinzu.

»Von der anderen Seite hat er gepasst!«, beharrte Hannah.

»Nun, fest steht, dass er die Tür von hier aus nicht aufschließt«, sagte Otto enttäuscht.

»Sie suchen die Hintertür?« Ein rundlicher Mann im mittleren Alter, mit staubiger Arbeitskleidung und einem großen Sonnenhut im Nacken, kam auf sie zu.

»Sind Sie der Gärtner?«, fragte Hannah.

»Ja, der bin ich«, sagte der Mann. »Ich habe die Ehre, diese Arbeit tun zu dürfen. Sie müssen Otto und Hannah sein.«

»Woher wissen Sie das?«, fragte Otto.

»Weil ich gleichzeitig der Direktor des philosophischen Forschungszentrums bin.«

»Robert Drake?« Hannah hielt die Luft an.

Der Mann lachte. »So alt sehe ich nun wirklich nicht aus. Als ich das letzte Mal nachgeschaut habe, war der Direktor Henry Wycombe, und genau der bin ich«, sagte er und streckte seine Hand aus, die zuerst Hannah und dann Otto schüttelte.

»Ich arbeite hier schon seit Jahren und habe Sie niemals zu Gesicht bekommen«, sagte Otto.

»Ich arbeite meistens oben im Haus. Ich habe eine Studierstube, wo ich an den Büchern arbeiten kann. Ich bin eher ein Zahlenmensch. Emma ist diejenige von uns, die gern unter Menschen ist. Das ist wirklich ihre Leidenschaft.«

Otto und Hannah wussten, dass sie beide lachen würden, wenn sie sich jetzt anschauten. Hannah fragte sich, wie es wäre, mit Emma zusammenzuarbeiten, wenn sie *keine* Menschen mögen würde.

»Der Schlüssel hat sich also endlich eingefunden?«, fragte Mr. Wycombe.

»Äh, ja«, sagte Otto, zog den Schlüssel aus dem Schloss und legte ihn in die ausgestreckte Hand von Mr. Wycombe.

»Es ist schon eine Weile her, seit ich dieses alte Ding das letzte Mal gesehen habe«, sagte er und betrachtete den Schlüssel. »Ja, das ist der Schlüssel für die Hintertür«, damit gab er Otto den Schlüssel zurück.

»Er funktioniert nicht«, sagte Hannah.

»Ich fürchte, das liegt daran, dass dies hier nicht die Hintertür ist.«

»Es ist nicht die Hintertür?«, fragte Otto erstaunt.

Mr. Wycombe schüttelte den Kopf. »Es war Drake, der die Schlüssel beschriftet hat, und diese Tür hier hat er jeden Tag benutzt, um die Bibliothek zu betreten und zu verlassen. Es war seine *Vordertür*. Die *Hintertür* ist die Tür, durch die die Besucher gehen und die auf den Innenhof hinausführt.«

»Das ist aber sehr selbstbezogen«, sagte Otto.

»Nun, wer ist das nicht?«, antwortete Wycombe. »Probieren Sie den Schlüssel in der anderen Tür.« Er wandte sich zum Gehen.

»Warten Sie«, rief Hannah. Mr. Wycombe drehte sich ihr zu. »Wir haben dies hier in der Bibliothek gefunden. Ich glaube, es handelt sich um alte tibetische Manuskripte.« Hannah holte die Blätter aus ihrer Tasche. »Es ist ein ziemlich aufregender Fund.«

Mr. Wycombe wies sie mit einer Handbewegung ab. »Bringen Sie, was auch immer es ist, oben ins Büro der Bibliothek«, sagte er, ohne großes Interesse zu zeigen. »Und legen Sie den Schlüssel unter die Fußmatte. Mrs. Granger kommt pünktlich zu Mittag, um die Bibliothek zu öffnen.«

Hannah nickte.

»Es ist schade, dass Sie beide uns verlassen wollen«, fuhr er fort. »Aber ich habe gehört, dass bei einer großen Zeitschrift ein Job auf Sie wartet«, sagte er zu Hannah. »Und ich verstehe, dass bei Ihnen Nachwuchs unterwegs ist«, sagte er zu Otto. Hannah musste Otto ins Gesicht schauen, um ein Zeichen der Bestätigung zu bekommen. Und selbst dann konnte sie es kaum glauben. »In beiden Fällen bin ich mir sicher, dass Sie dort draußen in der Welt gut zurechtkommen werden. Jetzt mache ich mich aber lieber wieder an meine Gartenarbeit«, sagte er. »Meine Frau ist nämlich eine Sklaventreiberin. Und immer schön den Kopf hochhalten.« Er nickte ihnen zu und ging.

Hannah und Otto kletterten zurück über die Gartenmauer.

»Du hast mir nichts davon erzählt, dass du einen Job bei einer großen Zeitschrift bekommen hast«, sagte Otto, als sie über den Innenhof zur *wirklichen* Hintertür der Bibliothek eilten.

»Genauso, wie du mir nicht erzählt hast, dass deine Freundin schwanger ist. Es scheint heute ein Tag der Offenbarungen zu sein.« Hannah wandte sich Otto zu und lächelte. »Herzlichen Glückwunsch, Otto.«

»Dir auch, Hannah.«

Sie waren bereit, zur Sache zu kommen. Otto steckte den Schlüssel ins Schloss und drehte ihn um. Das Schloss sprang auf.

Sie öffneten die Tür und fanden die Bibliothek in fast dem gleichen Zustand vor, den sie beide kannten, seit sie angefangen hatten, hier zu arbeiten. Kein Geheimzimmer offenbarte sich ihnen. Kein verstecktes Buch fiel vom Regal. Sie standen an der Türschwelle und waren ein wenig enttäuscht.

»Komm schon«, sagte Hannah und schaltete das Licht ein. »Schau dich ein letztes Mal um, während ich die Blätter nach oben bringe.«

Hannah öffnete die Tür zu dem Büro, das sie niemals ganz zu ihrem eigenen gemacht hatte. Es hatte den Anschein, als wäre die schreckliche Mrs. Granger wieder eingezogen. Karteikarten aus dem Katalog waren auf dem Schreibtisch gestapelt, und ein dickes, ordentliches Notizbuch lag aufgeschlagen daneben.

Hannah musste lachen, als sie in ihm las. Mrs. Granger führte tatsächlich Buch darüber, wer nach welchem Buch gefragt hat, und wie viele Stunden oder Minuten die Bücher ihrer Kontrolle entzogen waren.

»Gott sei Dank komme ich hier raus, bevor ich auch so ende«, lachte Hannah, während sie durch die eng beschrifteten Seiten des makellosen Notizbuchs blätterte. Mrs. Grangers Aufzeichnungen reichten Jahre zurück.

Hannah nahm die Blätter aus ihrer Büchertasche. Es war schon komisch, dass sie nie wieder die Worte lesen würde, die ihr Leben so nachhaltig verändert hatten. Aber sie bedauerte nicht im Geringsten irgendwelche verpassten Gelegenheiten, als sie den Stapel auf den Schreibtisch legte. Sie hatte nur das Gefühl, dass sie sich letztlich einer Last entledigte und nun endlich frei war.

Sie berührte die handgeschriebenen Worte »*Die Hintertür zur Erleuchtung*« auf dem ersten Bündel, das sie gefunden hatten, und bedankte sich innerlich bei Drake dafür, dass er sie auf diese Suche geschickt hatte.

Irgendetwas erregte ihre Aufmerksamkeit. Waren es die geschwungenen *b*'s oder die übergroßen *E*'s, irgendwie kam ihr die Handschrift bekannt vor. Ihre Augen wanderten zurück auf den Schreibtisch zu den ordentlich geschriebenen Karten, dem fast zwanghaft sauberen Notizbuch. Die Handschrift war wackeliger, als sie einst gewesen war, aber es war die gleiche.

Mrs. Granger wusste anscheinend nicht nur von den Blättern, sie hatte sie auch selbst übersetzt. Hannah schüttelte den Kopf. Kein Wunder, dass sie so stark mit diesem Ort verwachsen war. Sie musste sehr eng mit Drake zusammengearbeitet haben. War eine Person nicht immer mehr als das, wofür man sie äußerlich hielt?

»Hast du dort oben irgendetwas gefunden?«, fragte Otto, als Hannah die Treppe herunterkam.

»Nichts Besonderes«, sagte Hannah. Sie wollte nichts mehr mit Drakes Geheimnissen zu tun haben, auch wenn es gleichzeitig die Geheimnisse der schrecklichen Mrs. Granger waren. »Nur die geistigen Ergüsse von Mrs. Granger.«

»Ha!«, sagte Otto. »Das ist ein furchteinflößender Gedanke. Komm mal kurz her.«

Otto erwartete sie vor der Kopie des Werkes *Die Schule von Athen.*

»Du bist ja die Expertin, also sieht das hier nicht ein wenig komisch aus? Ich meine in der Mitte?«

Hannah beugte sich vor, um das Bild genau zu betrachten. In der Mitte stand Plato und zeigte immer noch mit dem Finger hoch zum Himmel, während Aristoteles auf den Erdboden zeigte. Beide schienen ihre Argumente vorzubringen. Aber taten sie das tatsächlich? Bei näherer Untersuchung sah Hannah, dass Platos anderer Arm auf der Schulter von Aristoteles ruhte und dieser Plato mit einem verschmitzten Lächeln anschaute, so als ob sie sich gerade den besten Witz der Welt erzählt hätten.

»›Dort liegt die Wahrheit‹«, zitierte Otto Plato für Hannah, die neben ihm stand. »›Im spirituellen Bereich, im Unsichtbaren.‹«

»›Niemals, alter Mann,‹« zitierte Hannah Aristoteles für Otto. »›Die Wahrheit befindet sich hier auf Erden in den alltäglichen Dingen.‹«

Sie mussten beide lachen. »Glaubst du, sie wussten, dass sie beide nur die Hälfte der Wahrheit besaßen? Dass die Wahrheit in den unsichtbaren *und* in den sichtbaren Dingen liegt?«, fragte Hannah.

»Dass sich die Wahrheit in der materiellen Welt *und* im Geistigen befindet?«, sagte Otto mit vornehmem Akzent, als ob er in einem Dokumentarfilm der BBC spräche. »Glaubst du, die beiden Herren haben *Die Hintertür zur Erleuchtung* gelesen?«

»Bei ihrem Gesichtausdruck würde mich das nicht überraschen«, sagte Hannah.

»Hat Raffael das beim Malen gewusst? Stecken sie etwa alle unter einer Decke?«

Hannah schüttelte den Kopf. »Um dir die Wahrheit zu sagen, Otto, ich weiß es nicht.«

Otto zuckte mit den Schultern, und Hannah machte das Licht aus.

Als sie die Bibliothek des philosophischen Forschungszentrums zum letzten Mal verließen und die Vordertür abschlossen – die aus einem bestimmten Blickwinkel in Wirklichkeit die Hintertür war –, grummelte Otto etwas in sich hinein.

»Was?«, fragte Hannah.

»Irgendwie ist das Ganze zu einfach«, sagte Otto. »Sollte es wirklich nur der Schlüssel zu einer Tür gewesen sein?«

»Vielleicht bezieht es sich auf all die Bücher – dass alles anders ist, wenn man die Blätter gelesen hat.«

Seit dem Abend, an dem sie *Die Hintertür zur Erleuchtung* fand, hatte sich Hannahs Leben total verändert. Die Worte, die sie entdeckt hatte, hatten sie ihrem Vater nähergebracht denn je, und zwar sowohl in seinen letzten Tagen als auch jetzt, wo er gestorben war. Sie hatte keine Angst mehr, zu der Person zu stehen, die sie war, und fürchtete sich nicht mehr vor dem, was das Leben für sie bereithielt. Was sie anbelangte, so lebte sie in einer völlig neuen Welt.

»Das ist ein verdammter Trick«, knurrte Otto mit finsterem Blick. Hatten sie ihre ganze Zeit damit verschwendet, nach einem Schlüssel zu suchen, nur um mit ihm eine Tür aufzuschließen, durch die sie jeden Tag gingen? Otto sprach nicht aus, was er dachte, denn er wusste gleichzeitig, dass es keine Zeitverschwendung gewesen war. Wenn er die Blätter nicht gefunden hätte, hätte er sich nicht für eine Arbeit beworben, die er wirklich gerne tat. Er würde immer noch trinken und nicht mit dem Schiff nach Hause fahren, um ein neues Leben mit seinem Sohn – und hoffentlich auch bald seiner Ehefrau – zu beginnen.

»Guck nicht so, Otto. Was hat Wycombe gesagt?«, erinnerte ihn Hannah. »Immer schön den Kopf hochhalten.«

Instinktiv hoben Otto und Hannah ihren Blick. Dort, oberhalb der Tür, befand sich ein Schild, unter dem sie jeden Tag hindurchgegangen waren; an manchen Tagen hatten sie es gelesen und an manchen gar nicht wahrgenommen. Aber jetzt erkannten sie, dass es mehr bedeutete, als sie jemals zuvor hatten ahnen können: *Vollende das, was immer schon da war.* Über den Worten war eine einzelne Lotosblüte eingraviert.


## Erleuchtung aus erleuchteter Sicht

Was ist Erleuchtung wirklich? Sie ist mehr als nur ein glückliches Gefühl, nicht wahr? Sie ist ein Verstehen, das uns vom Leiden befreit. Aus unserer begrenzten Sicht lässt sich das Leiden in vier verschiedene Bereiche einteilen: das Leiden an Schmerzen und Unzufriedenheit, das Leiden an geistigen Konstrukten, das Leiden an der ständigen Notwendigkeit zu handeln und das Leiden an Unwissenheit. Aber auf der grundlegendsten Ebene ist Leiden einfach nur Kausalität und unsere Reaktion darauf. Schmerzen würden ohne eine Ursache oder einen Reiz nicht existieren. Unzufriedenheit würde nicht existieren, wenn wir nicht geistig auf die Veränderungen um uns herum reagierten. Das Leiden an der ständigen Notwendigkeit zu handeln entsteht nur dadurch, dass wir der Kausalität nicht entrinnen können. Unser Verstand produziert geistige Konstrukte und Unwissenheit, indem er auf Kausalität reagiert. Wenn wir also unsere Unwissenheit überwinden, indem wir die Sechs Vollkommenheiten verwirklichen, erfordert Erleuchtung nur noch eine Kleinigkeit mehr: Freiheit von der lästigen Kausalität. Wo also finden wir dieses nichtkausale Land namens Erleuchtung?

*Wo*, das ist das Schlüsselwort.

Wie definieren wir »hier« und »dort«? *Hier* ist immer da, wo sich das eigene Ichbewusstsein befindet. Wenn wir uns selbst fragen: »Wo bin ich?«, können wir immer antworten: »Hier!« Wo aber ist *dort*? Überall, wo ich *nicht* bin. Wenn wir die Worte *hier* und *dort* benutzen, haben wir schon die Vorstellung der Getrenntheit akzeptiert und die gegenseitige Abhängigkeit außer Acht gelassen, die uns mit allen anderen Wesen und Dingen verbindet.

Wenn wir alle ein Teil des Ganzen sind, teilen wir uns einen »wahren Körper«, der alles in Raum und Zeit umfasst. Wir können dann nicht wirklich irgendwohin *gehen*. Unser wahrer Körper kann sich nicht über den Raum hinausbewegen, den er einnimmt, weil er bereits *allen* Raum umfasst. Wir können nicht über die Zeit hinaus existieren, die unser wahrer Körper existiert, weil dieser alle Zeit umfasst, die es gibt.

Nehmen wir zum Beispiel den Tresorraum, den Hannah und Otto entdeckten. Es sah so aus, als würden die Wycombes die Schätze der Bibliothek stehlen, weil ihr Tresor gestohlene Sachen zu enthalten schien und der Tresor der Bibliothek den Eindruck erweckte, als wäre er geplündert worden. Die Wahrheit war jedoch, dass es sich nicht um zwei unterschiedliche Tresore handelte, sondern nur um zwei Teile ein und desselben Raums. Es hatte gar kein Diebstahl stattgefunden, weil keine Bücher aus einem Tresor in einen anderen gebracht wurden. Nur wenn man von zwei getrennten Tresoren ausgeht, kann die Illusion eines Delikts überhaupt entstehen.

Das ist die letzte Eigenschaft der Leerheit, die wir erkennen müssen, um Erleuchtung zu erlangen: Es gibt kein Kommen und Gehen. Und genau wegen dieses Einsseins ist Kausalität aus der absoluten Perspektive heraus gar nicht möglich. Es existiert nur die Illusion von Veränderungen. Unsere Kausalität hängt von den Faktoren Raum und Zeit ab, aber aus der absoluten Perspektive betrachtet, sind dies keine wirklichen Faktoren. Wie wir bereits sagten, ist die absolute Perspektive allerdings jenseits unseres Begriffsvermögens, weil unser Geist sich keine Realität ohne Raum und Zeit vorstellen kann. Können Sie sich eine Welt vorstellen, in der es kein Hier und Dort, kein Vorher und Nachher gibt? Sie sind vielleicht in der Lage, sich eine sehr abstrakte Vorstellung von solch einer Wirklichkeit zu machen, aber es würde Ihnen nicht gelingen, darüber zu sprechen. Uns fehlen einfach die Worte, um solch eine Welt zu beschreiben.

Die Kausalität, so wie wir sie kennen, ist eine Art Illusion einer Welt, die wir auf die Welt, wie sie wirklich ist, projizieren. Die wahre Welt ist eine Wirklichkeit mit unbegrenztem Potenzial, das frei von Raum und Zeit ist. Diese Freiheit erfordert kein Streben, kein Erreichen und kein Erkennen. Sie ist das Realisieren der Erleuchtung. Von der absoluten Perspektive aus betrachtet, sind wir immer bereits frei von Kausalität. Von der relativen Perspektive aus sind wir ihre Sklaven. Welche Perspektive wählen Sie für sich?

Die Vollkommenheit der Erleuchtung bedeutet aus der absoluten Perspektive, dass nichts geschieht. Alles ist nur ein Wunderland des Bewusstseins mit unbegrenzten Kombinationen, das aus sich selbst heraus erstrahlt und sich von jedem möglichen Blickwinkel aus selbst erlebt. Jeder Aspekt unseres wahren Körpers ist einzigartig. Die Funktion der relativen Wahrheit liegt darin, unseren wahren Körper vollständig zu erkennen. Dies ist Allwissenheit.

Die Allwissenheit der Erleuchtung besteht darin, dass wir die Getrenntheit der alltäglichen Welt sehen und gleichzeitig die Leerheit von allem, was uns umgibt, verstehen. Wir leben bereits im Zustand der Erleuchtung, nun verstehen wir sie.

Zur Erleuchtung gehört noch ein weiterer Aspekt, der auf natürliche Weise in Erscheinung tritt, wenn wir die Einheit allen Seins erkennen. Dieser Aspekt ist das Mitgefühl. Sobald wir verstehen, wie sehr wir mit der übrigen Welt verbunden sind, fangen wir an, die Interessen von anderen Menschen genauso wichtig zu nehmen wie unsere eigenen. So wie wir selbst nicht leiden wollen, möchten wir auch nicht, dass andere leiden. Wenn irgendein Teil des Ganzen leidet, leiden auch alle anderen Teile. Wenn das unnötige Leiden in der Welt zunimmt, wird auch unser persönliches Glücksgefühl davon negativ beeinflusst, und das wollen wir nicht.

Dies mag wie eine ziemlich selbstsüchtige Einstellung klingen, aber wenn wir die Welt aus der absoluten oder annähernden Perspektive heraus betrachten, umfasst unser Selbst alles, was augenscheinlich in Erscheinung tritt. Es geht dabei nicht um persönliches Mitgefühl, das man in einem Fall hat und in einem anderen nicht, sondern um unbegrenztes Mitgefühl ohne eine bestimmte Absicht, das sich auf die Gesamtheit unseres wahren Körpers erstreckt, also auf alles. Nichts und niemand ist davon ausgeschlossen.

Wenn wir an Mitgefühl denken, meinen wir normalerweise damit das Mitgefühl mit den Leiden anderer, das manchmal mit dem Wunsch verknüpft ist zu helfen. Obwohl dieses anteilnehmende Mitgefühl oft in der besten Absicht ausgedrückt wird, kann es – und die Handlungen, die aus ihm heraus entstehen – genauso viel Negatives wie Positives bewirken. Wie oft haben Sie schon die Erfahrung machen müssen, dass in Ihre Privatsphäre eingedrungen und Ihre Freiheit beeinträchtigt wurde, weil jemand Ihnen die »Hilfe« zukommen lassen wollte, die Sie seiner Meinung nach brauchten – egal, ob Sie darum gebeten hatten oder nicht? Haben Sie anderen jemals im Namen von Liebe und Mitgefühl Ihren Willen aufgezwungen?

Wir stellen uns alle gerne vor, dass unsere Motive rein und selbstlos sind, dabei tun wir alles, was wir tun, aus einem bestimmten Grund. Wir sind anderen gegenüber mitfühlend, weil wir annehmen, dass wir diese Menschen damit glücklich machen; wir genießen die Dankbarkeit, die sich aus unseren guten

Taten ergibt; wir vermeiden Schuldgefühle oder haben einen anderen Grund, uns so zu verhalten. Aber können wir ehrlich von uns behaupten, dass wir anderen mit Mitgefühl begegnen, weil wir allwissend sind und daher wissen, was das Beste für alle Beteiligten ist?

Normalerweise sind wir nur mitfühlend mit Menschen, die offensichtlich leiden. Andere hingegen, die in einem Zustand sind, den wir für schlechter als unseren eigenen halten, bedauern wir und nehmen an, dass ihr Zustand sich mit ein wenig Hilfe verbessern lässt. Und wenn wir mit Menschen zu tun haben, denen es unserer Meinung nach besser geht als uns selbst, empfinden wir Bewunderung, Neid oder Hohn.

Stellen Sie sich vor, dass sich vor Ihnen zwei Gruppen von Menschen befinden. Eine Gruppe besteht aus einer obdachlosen Frau, gezeichnet von Elend und Not, und ihren fünf kleinen Kindern. Sie sind in Lumpen gekleidet und offensichtlich hungrig. Einige der Kinder sind so schwach vor Hunger, dass sie nicht stehen können. In den Augen der Mutter sieht man, wie qualvoll es für sie ist, ihre Kinder nicht beschützen und versorgen zu können. Die andere Gruppe setzt sich aus jungen Männern in teuren Anzügen zusammen; sie lachen, während sie in einem vornehmen Restaurant zu Abend essen. Für welche Gruppe empfinden Sie mehr Mitgefühl?

Es ist leicht, Liebe und Mitgefühl für Menschen zu empfinden, denen es sichtbar nicht gut geht, aber die Wahrheit ist, dass alle fühlenden Wesen gleichermaßen leiden. Es geht dem einen nicht besser als dem anderen. Wenn die Welt der Kausalität, die uns umgibt, wie ein Ozean ist, dann befinden sich die jungen Männer auf einem Wellenberg, während die Mutter mit ihren fünf Kindern in einem Wellental ist, aber beide Gruppen sind dem Meer ausgesetzt. Ihr scheinbares Glück oder Unglück ist vorübergehend; es verändert sich und verkehrt sich ins Gegenteil. Wir werden alle alt und krank und sterben. Aus der relativen Perspektive leiden wir alle. Warum sollte es dann mehr Sinn machen, den einen gegenüber freundlich zu sein und den anderen gegenüber nicht? Sind wir so kurzsichtig?

Das absichtslose Mitgefühl eines erleuchteten Wesens ist anders. Erleuchteten Wesen ist bewusst, dass alle fühlenden Wesen gleichermaßen leiden, wenn auch vielleicht – auf der relativen Ebene – auf unterschiedliche Weise, und daher haben sie vorurteilslos Mitgefühl mit allen, unabhängig von der jeweiligen Situation.

Absichtsloses Mitgefühl beruht auf Liebe und Fürsorge. Der 14. Dalai Lama hat einmal erleuchtetes Mitgefühl damit verglichen, dass man für die ganze Welt genauso selbstverständlich sorgt wie für sich selbst. Wenn man einen Dorn im Fuß hat, zögert die Hand nicht und sagt: »Ich bin nicht der Fuß; dies ist nicht mein Problem.« Unsere Hand wird automatisch zufassen und den Dorn entfernen. Diese spontane Reaktion entspringt der inneren Einstellung universeller Verantwortung, die für all diejenigen völlig natürlich ist, die in einem erleuchteten Zustand leben.

Während die Welt mit den Auswirkungen der Kausalität zu kämpfen scheint, erkennen erleuchtete Wesen die Einheit hinter der Illusion der Getrenntheit. Sie wissen, dass es auf der absoluten Ebene keinen getrennten Dorn oder verletzten Fuß gibt. Ihr absichtsloses Mitgefühl beruht daher nicht auf einer Anteilnahme am Leiden anderer und dem Bedürfnis, ihnen zu helfen; es beruht vielmehr darauf, dass sie die vollkommene Natur anderer Menschen erkennen und Vertrauen und Zuversicht ausstrahlen, denn es gibt nichts auf der Welt, das in Ordnung gebracht werden müsste, allem begegnen sie mit der gleichen großen Liebe. Die absolute Wirklichkeit ist niemals bedroht, sie kann nur mit offenen Armen begrüßt und angenommen werden.

Erleuchtetes Mitgefühl ist kein Mitleid. Mitleid ist ein Gefühl von Traurigkeit, weil ein anderer leidet. Dieses Gefühl ist aus zwei Gründen unangemessen. Erstens, auf das Leiden anderer zu reagieren, indem wir mehr Leiden in uns selbst erzeugen, hilft niemandem. Mit diesem Verhalten tragen wir nur dazu bei, das allgemeine Leiden in der Welt zu vergrößern. Zweitens, wenn wir glauben, dass anderen ein Missgeschick widerfährt, das uns selbst erspart bleibt, dann täuschen wir uns. Das menschliche Leiden nimmt viele Formen und Größen an; und nichts bleibt uns erspart. Niemand ist in dieser Hinsicht etwas Besonderes.

Wenn wir die Vollkommenheit der Einheit vollständig verstehen, können wir zwar unnötiges Leiden aus unserem Leben verbannen, aber wir kämpfen immer noch mit den Problemen, die das Leben als solches mit sich bringt. Wir können Schmerzen und Leiden nicht eliminieren, weil sie unmittelbar mit den Veränderungen des Lebens verknüpft sind. Wir werden hungrig, alt und krank und irgendwann sterben wir. Wir können viele unterschiedliche Erfahrungen machen, und es besteht immer die Möglichkeit, dass wir die ganze Bandbreite erleben müssen.

Tut mir leid, aber es führt kein Weg darum herum, weder für Sie noch für Buddha. Aus der relativen Perspektive leiden wir alle; aus der absoluten Perspektive sind Mühsal und Entbehrung nur eine Illusion. Während Sie durchs Leben gehen, steht es Ihnen frei, welche dieser Perspektiven Sie einnehmen. Sie haben immer die Wahl.

Universelle Verantwortung zu fördern ist kein Freibrief, um sich in das Leben anderer einzumischen oder ihnen den eigenen Willen aufzuzwingen. Diese umfassende Verantwortung beruht nicht auf Handlungen, sondern auf der richtigen Sichtweise – nämlich eher auf einer absoluten als einer relativen Perspektive. Sie hängt nicht von der persönlichen Einschätzung ab, welche »Hilfe« nötig wäre, sondern allein vom absichtslosen Mitgefühl, das sich nicht in das Leben anderer einmischt. Diese Gewaltlosigkeit ist ein natürliches Nebenprodukt, wenn man die Sechs Vollkommenheiten des Daseins realisiert.

Das Leben ist ein Ganzes, das aus vielen verschiedenen Teilen besteht, die alle an sich vollkommen sind. Die Vollkommenheit der Unbeständigkeit ist unsere körperliche Gestalt. Der Körper ist nicht für die Ewigkeit geschaffen, sondern so angelegt, dass er wächst, sich verändert und schließlich stirbt. Die Vollkommenheit der Freiheit existiert in unseren Gedanken, die zwar beeinflusst werden können, jedoch frei sind von Ursache und Wirkung, die jedes Handeln bestimmen. Die Vollkommenheit der Kausalität zeigt sich in unserem Handeln, indem wir auf die Außenwelt reagieren. Sie hilft uns auf unserem Kurs durch die Welt. Die Vollkommenheit der Intention zeigt sich in unserem Lebenswillen oder in der Lebenskraft, die uns zum Handeln treibt. Die Vollkommenheit des Seins zeigt sich in unserem Bewusstsein, und die Vollkommenheit der Einheit ist unser wahrer Körper, der das gesamte Dasein umfasst. Die Vollkommenheit der Erleuchtung besteht in der Integration aller Perspektiven und Vollkommenheiten.

## Durch die Hintertür: Erleuchtung

Seit Sie dieses Buch in die Hand genommen haben, haben Sie viel geplant, gedacht und gehandelt. Sie haben sich mit Ideen beschäftigt, die möglicherweise völlig neu für Sie waren. Ich hoffe, das Lesen hat Ihnen Spaß gemacht und Sie haben ein paar von Ihren Träumen verwirklicht. Aber unabhängig davon haben Sie eine Menge Arbeit geleistet. Nun ist es an der Zeit, Bücher und Theorien beiseite zu legen und mit dem Leben anzufangen!

### Achter Schritt: *Leben* Sie Ihre Träume!

**Visualisieren:** Machen Sie es sich bequem und schließen Sie die Augen. Atmen Sie tief durch und entspannen Sie Körper und Geist. Stellen Sie sich vor, Sie sind an Ihrem Lieblingsplatz und tragen Ihre bequemste Kleidung. Sind Sie im Haus oder draußen? Wie ist das Wetter oder die Temperatur an diesem vollkommenen Tag? Was sehen Sie vor sich? Was hören Sie? Welche Düfte und Gerüche umgeben Sie?

Denken Sie nun an das, was Sie am liebsten erleben möchten. Schließen Sie nichts aus, weil es Ihnen unmöglich erscheint, denn hier in Ihrem erleuchteten Bewusstseinszustand stehen Ihnen alle Dinge offen. Hatten Sie immer schon den Wunsch, wie ein Vogel zu fliegen? Den Weltraum zu erkunden? Den Siegtreffer zu erzielen? Nehmen Sie sich Zeit und erkunden Sie Ihre kühnsten Träume und Wünsche. Es steht Ihnen frei, all das zu tun, was Sie tun wollen.

Denken Sie nun daran, auf welche Weise Sie Ihre Ziele verwirklichen. Stellen Sie sich jedes Detail lebhaft vor: was Sie anhaben, wie Ihre Umgebung aussieht, wer bei Ihnen ist und was Sie tun. Wie fühlen Sie sich jetzt, da Sie Ihr letztes Ziel erreicht haben? Stellen Sie sich die Freude, Begeisterung und Zufriedenheit vor, die damit verknüpft sind, dass Sie Ihren Traum leben. Fühlen Sie das zufriedene Lächeln in Ihrem Gesicht. Genießen Sie diese Freude so lange, bis Ihr Gesicht vom Lächeln wehtut. Entspannen Sie sich jetzt ein wenig, und öffnen Sie wieder die Augen.

Die Sechs Vollkommenheiten werden Sie im Alltag fast alle Schwierigkeiten meistern lassen. Nehmen wir zum Beispiel an, Sie sind durstig, und ein tiefer Brunnen voller Wasser ist in greifbarer Nähe. Praktischerweise stehen ein Eimer, eine Rolle und ein Seil zur Verfügung. Sie brauchen nur an dem Seil zu ziehen und den Eimer voll Wasser aus der Tiefe des Brunnens heraufzuholen. Das ist eigentlich nicht schwer. Sie ziehen und ziehen, und mit jedem Zug nähert sich der Eimer immer mehr Ihren durstigen Lippen. Schon sehen Sie den Eimer, und er ist vielleicht nur noch einen halben Meter außerhalb Ihrer Reichweite. Aber plötzlich lässt er sich nicht weiter hochziehen – egal, wie stark Sie auch ziehen. Sie haben offensichtlich ein Problem.

Wenn Sie die Vollkommenheit der Kausalität nicht realisiert haben, sind Sie bestimmt schnell frustriert. Da Sie sehr durstig sind, aber nicht an das Wasser gelangen können, zerren Sie vielleicht so lange gewaltsam am Seil, bis es reißt und der Eimer nach unten in den Brunnen fällt. Wenn Sie die Vollkommenheit der Kausalität realisiert haben, wissen Sie, dass etwas dazu geführt hat, dass der Eimer nicht weiter hochgezogen werden konnte, und suchen nach dem Grund dafür. Ihre Untersuchung ergibt schließlich, dass in dem Seil ein dicker Knoten ist, wodurch es nicht mehr über die Rolle läuft.

Wenn Sie die Vollkommenheit der Intention nicht realisiert haben, werden Sie mutlos und denken: *Dieses verdammte Seil hängt fest.* Es bewegt sich nicht weiter, und daher komme ich nicht an den Eimer mit Wasser. Dann gehen Sie Ihres Weges und versuchen eine neue Möglichkeit zu finden, um an Wasser zu kommen. Wenn Sie die Vollkommenheit der Intention realisiert haben, sehen Sie zwar, dass Sie ein reales Problem haben, aber Sie haben gleichzeitig auch ein reales Bedürfnis. Fest entschlossen entscheiden Sie sich dafür, Ihr Bestes zu tun, um das Problem zu lösen.

Wenn Sie die Vollkommenheit des Seins nicht realisiert haben, werden Sie abgelenkt sein und sich nicht entscheiden können, was zu tun ist. Sie werden sich ausmalen, wie großartig es wäre, an das Wasser zu kommen, und gleichzeitig an vergangene Misserfolge denken sowie daran, dass Sie noch nie vor so einem Problem gestanden haben. Sie werden das Interesse verlieren und bedauern, dass Sie jemals diesen Unsinn ausprobiert haben. Dann werden Sie weggehen und nach einem anderen Brunnen Ausschau halten. Wenn Sie die Vollkommenheit des Seins realisiert haben, konzentrieren Sie sich weiterhin auf das wirkliche Problem vor Ihren Augen.

Wenn Sie die Vollkommenheit der Einheit nicht realisiert haben, werden Sie Informationen über die Teile sammeln, über das Seil, die Rolle und den Eimer. Sie konzentrieren sich dabei auf die Details und nicht auf das Gesamtbild. Wenn Sie die Vollkommenheit der Einheit realisiert haben, erkennen Sie, wie die Teile zusammenwirken, wo der Fehler liegt und wie Sie das Wasser aus dem Brunnen in Ihren Mund bekommen können, weil Sie wissen, dass auch Sie zu diesem Gesamtbild gehören.

Sie werden wahrscheinlich Ihr Wasser bekommen, auch wenn Sie die Vollkommenheit der Erleuchtung noch nicht realisiert haben – aber wenn Sie sie realisiert haben, wird es eine viel reichere Erfahrung sein!

## Vorteile und Nutzen

Auch wenn Sie die Welt nicht in jedem Moment aus der absoluten oder annähernden Perspektive sehen können, ist es doch von großem Wert, wenigstens einmal die Erfahrung der absoluten Perspektive gemacht zu haben. Stellen Sie sich vor, wie die Welt aussehen würde, wenn die Menschheit den Zustand der Erleuchtung wenigstens einmal ausprobieren könnte. Es würde grundlegende Auswirkungen auf alles haben, was wir danach täten. Wenn Sie Schokoladenkuchen probieren, macht es keinen Unterschied, ob Sie dies zehn oder 25 Minuten lang tun, Sie wissen auf jeden Fall, wie er schmeckt. Haben Sie den erleuchteten Zustand einmal kennengelernt, werden Sie ebenfalls nie wieder vergessen, wie er »schmeckt«.

Stellen Sie sich vor, dass eine ganze Generation von Kindern mit Eltern aufwächst, die sich dafür entschieden haben, miteinander den erleuchteten Zustand zu erkunden, selbst wenn er nur ab und zu für wenige Augenblicke eintritt. Wenn Kinder in dem Wissen aufwachsen, dass Erleuchtung eine reale Möglichkeit ist und kein Mythos, werden sie in ihrem Leben den Zustand der Erleuchtung immer mehr vervollkommnen. Unser Bewusstsein wird in Bereiche vordringen, von denen wir noch nicht einmal geträumt haben, bis zum Schluss die Illusion, sich mit dem Leiden zu identifizieren, nur noch eine ferne Erinnerung ist.

Wenn Sie aufmerksam sind und genau hinschauen, werden Sie erkennen, dass Sie immer schon erleuchtet sind. Sie haben die Wahl, es zuzulassen oder nicht. Willkommen in einem Leben als erleuchtetes Wesen! Vor der Erleuchtung bezahlen Sie Ihre Rechnungen und kochen Ihr Essen; nach der Erleuchtung bezahlen Sie Ihre Rechnungen und kochen Ihr Essen. Aber jetzt sind Sie sich Ihres Potenzials und Ihrer Einflussmöglichkeiten voll bewusst. Sie haben die Macht, auf die kausale Welt einzuwirken und sie nach Ihren Wünschen zu verändern. Sie erkennen das scheinbare Getrenntsein, die kausale Natur der Existenz und das absolute Einssein aller Wesen und Dinge. Sie sind erwacht. Was werden Sie jetzt also tun?

## ERLEUCHTUNG AUF DEN PUNKT GEBRACHT

*»Vollende das, was immer schon da war.«*

**Erleuchtung** ist ein Zustand jenseits der Kausalität. Es ist der Zustand des Einsseins, in dem Sie sich jetzt befinden.

**Absichtsloses Mitgefühl** ist frei von Übergriffen und beruht darauf, dass man die vollkommene Natur des anderen Menschen erkennt.

**Durch die Hintertür**
   **Achter Schritt: *Leben* Sie Ihre Träume!**

**Übung**
Anderen Menschen helfen und sich dadurch selbst helfen.

**Vorteile und Nutzen**
Auch nur kurz den Zustand der Erleuchtung zu realisieren, hat sehr positive Auswirkungen:
   Wir sind weniger traurig, wenn andere Menschen leiden.

Wir erweitern unser Bewusstsein, bis wir uns nicht länger mit dem Leiden identifizieren.

**Fazit**
Leben heißt lernen. Sie sind erwacht. Was fangen Sie jetzt mit Ihrem Leben an?

# Epilog

Nachdem Mr. Wycombe Hannah und Otto verlassen hatte, kehrte er gerade noch rechtzeitig zum Teehaus im Garten zurück, um sich den letzten Bananenmuffin zu schnappen, bevor Mrs. Granger dies tat.

Als sie ihn daraufhin unwirsch anschaute, erinnerte er sie daran, dass sie bereits drei davon gegessen hatte.

»Lass sie in Ruhe«, sagte Emma. Sie nahm ihm den Muffin aus der Hand und gab ihn Mrs. Granger. »Du brauchst ihn nicht.«

»Habe ich irgendetwas verpasst?« Eine vertraute Gestalt aus der Bibliothek kam aus dem Haupthaus. Es war zwar ein alter Mann, aber für diejenigen, die ihn kannten, war er im Vergleich mit seinem Porträt in der Bibliothek noch gut zu erkennen. Er hatte immer noch die gleichen blauen Augen. Der alte Mann legte seinen Tweedhut ab und setzte sich an den Tisch.

»Eigentlich nur, dass Ihre Frau alle Muffins aufgegessen hat«, sagte Mr. Wycombe.

»Ich habe die Frau anscheinend nicht unter Kontrolle. Nach 30 Jahren kann ich sie noch nicht einmal dazu bringen, meinen Namen anzunehmen.« Er beugte sich vor und küsste Mrs. Grangers Kopf. »Guten Morgen, Schatz.«

Sie tat so, als wäre sie verärgert, und scheuchte ihn mit einer Handbewegung weg. »Hör auf damit, Robert.«

Er holte die Zeitung hervor und vertiefte sich sogleich in die Lektüre.

»Ihr werdet alle erfreut sein zu hören, dass Otto und Hannah jetzt auf dem richtigen Weg sind«, sagte Mr. Wycombe. »Ich habe sie gerade im Garten getroffen.«

Seine Bemerkung wurde von den Frauen am Tisch mit einem Seufzen und dem Ausspruch »Na endlich!« aufgenommen. Robert Drake reagierte auf die Neuigkeit lediglich damit, dass er mit seiner Zeitung raschelte.

»Dieser Otto arbeitet hier schon seit Jahren. Ich hätte nie gedacht, dass er einmal gehen würde. Kein sehr cleveres Kerlchen. Drei Bibliothekarinnen kamen und gingen, seit er hier ist, aber er rührte sich nicht. Ich hatte ihn bereits abgeschrieben. Wenn das Mädchen nicht gewesen wäre, hätte er meine Ankündigungsblätter ewig ruiniert«, sagte Emma.

Mrs. Granger schüttelte den Kopf. »Nein, nein. Das Mädchen war genauso dumm. Ich glaube nicht, dass sie ohne ihn das erste Blatt gefunden hätte, selbst wenn es direkt unter ihrer Rotznase …«

Robert Drake räusperte sich hinter seiner Zeitung, um Mrs. Granger zum Schweigen zu bringen.

»Ich weiß auch nicht, wie er überhaupt in die Sache mit hineingezogen wurde. Sehr fragwürdig, das Ganze. Erwähnte sie nicht ein Angebot von einem Museum?«

Drake blickte kurz auf, um zu sehen, ob irgendjemand auf ihn schaute. Aber keiner tat es. Außerdem mussten sie ja nicht alles wissen. Jeder braucht ab und zu einen kleinen Anstoß, und wenn er zu diesem Zweck mal die Rolle eines Museumskurators spielen musste, so war er sich dafür nicht zu schade.

»Ende gut, alles gut«, sagte Mr. Wycombe. »Ich habe den Mönchen eine E-Mail geschickt; sie werden nächste Woche kommen und mit der Arbeit an dem neuen Sandmandala beginnen. Mrs. Granger, können Sie dafür sorgen, dass alle anderen Blätter wieder an ihren Platz kommen? Die neue Bibliothekarin fängt am Montag an.«

Mrs. Granger nickte.

»Mich überrascht, dass du dich kaum noch für diese Dinge interessierst, Robert. Du bist immerhin derjenige, der mit der ganzen Sache angefangen hat.«

»Er war damals noch ein junger Mann und glaubte, die Welt retten zu müssen«, sagte Mrs. Granger.

»Emma und ich sind froh, dass Sie es getan haben, Robert. Zu unserer Zeit haben wir die Schatzsuche jedenfalls sehr genossen.«

»Frag mich mal!«, sagte Emma, drückte dann aber unterm Tisch liebevoll die Hand ihres Mannes.

Robert Drake legte seine Zeitung beiseite. »Mir hat es auch Freude gemacht.«

»Erinnerst du dich noch an die Nacht, die wir im Keller verbrachten?«, sagte Mr. Wycombe zu Emma. Als sie nicht reagierte, wandte er sich an Robert. »Ich weiß, Sie sind nicht an unseren täglichen kleinen Dramen interessiert, aber ich bin froh, dass Sie uns das Manuskript auf diese Weise lesen ließen. Und ich denke, die jungen Leute können dadurch eine Menge lernen.«

»Ich dachte, es würde anderen Spaß machen, die Blätter genauso zu entdecken, wie ich es getan habe. Ich bin inzwischen zu sehr mit meinen Studien beschäftigt, um mich damit zu befassen, aber ...«

»Sagtest du ›entdecken, wie ich es getan habe‹? Ich dachte, du hättest die Blätter auf einem Flohmarkt erstanden«, sagte Mrs. Granger.

»Das habe ich auch«, sagte Drake, der schon wieder in seine Zeitung vertieft war. »In Kairo.«

»Kairo?«, riefen Emma und Mrs. Granger gleichzeitig. Sie waren beide verwirrt, wenn auch aus unterschiedlichen Gründen.

»Sie haben mir erzählt, dass Sie die Blätter erstmals in der Mongolei gelesen haben«, insistierte Emma.

»Ja, das stimmt. Dort habe ich das *erste* Blatt gelesen.«

Mr. Wycombe unterbrach ihn. »Aber haben Sie Ihren Übersetzer nicht in Kalkutta getroffen?«

»Ja, aber die Frau wurde entführt, wissen Sie.«

»Die Frau?«, fragten alle Anwesenden auf einmal.

»Sie müssen den verstorbenen Mr. Granger fragen, wenn Sie mehr dazu wissen wollen«, sagte Drake.

Mrs. Granger blieb der letzte Bissen vom Bananenmuffin im Halse stecken, was Mr. Wycombe nicht ohne Schadenfreude bemerkte. »Nein, nein«, erläuterte Drake, um sie zu beruhigen. »Das war vor deiner Zeit, meine Liebe. Auf Johnny Granger war immer Verlass, er war ein guter Mann. Der beste, den ich kannte.« Mrs. Granger entspannte sich ein wenig, bevor Drake den Satz einfließen ließ: »Obgleich sie der Grund dafür war, dass er seinen Arm verlor.«

Als er die Verwirrung bemerkte, die seine Erklärung ausgelöst hatte, und die Fragen, die noch in der Luft hingen, legte er seine Zeitung zusammen und nahm Mantel und Hut.

»Wohin gehst du, Schatz?«, rief Mrs. Granger ihm hinterher.

»In die Bibliothek, um zu lesen. Dies ist genau der Grund, warum ich mich zur Ruhe gesetzt habe«, sagte er und winkte ihnen mit einem Finger zu.

Er ging in sein Arbeitszimmer, machte die Tür hinter sich zu und holte eine Landkarte aus einem Fach im Boden des Tempel-Dioramas.

Ihre Fragen zu beantworten würde Stunden dauern, und er hielt es für besser, die Vergangenheit ruhen zu lassen. Er blickte auf seine Armbanduhr und wählte mit seinem Handy eine Nummer. Er beschäftigte sich gerade mit einer neuen Entdeckung, die – sobald er die entsprechenden Dokumente wiedergefunden hatte – die Welt verändern würde.

Er brauchte Hilfe, aber zum Glück wusste er, an wen er sich wenden konnte.

Irgendwo am anderen Ende der Stadt saß Otto auf der Rückbank eines Taxis und war auf dem Weg zum Flughafen. Sein Telefon vibrierte in seiner Jackentasche. Er griff in die Tasche, um es herauszuholen. Es war eine Privatnummer.

»Ja?«

»Otto Mackenzie? Mein Name ist Robert Drake. Ich wollte Sie fragen, ob Sie einen Auftrag für mich übernehmen könnten.«

»Wer ist da?«, fragte Otto nach.

»Ich habe einen Schatz ausfindig gemacht, hinter dem ich schon mein ganzes Leben lang her war. Ich möchte, dass Sie ihn für mich finden. Es würde nur ein paar Wochen dauern, und hinterher zahle ich Ihnen das Doppelte von dem, was Sie auf dem Fischdampfer bekommen. Außerdem erhalten Sie für Ihren Heimflug ein Ticket 1. Klasse, damit Sie rechtzeitig zur Geburt Ihres Sohns zu Hause sind.«

»Ich höre«, sagte Otto wider besseres Wissen.

»Was, wenn ich Ihnen sage, dass es noch eine weitere Stufe auf dem Pfad zur Erleuchtung gibt?«, fragte ihn die Stimme am anderen Ende.

»Es gibt noch eine?« Nach allem, was er in Erfahrung gebracht hatte, was konnte es da noch geben? Dann erzählte ihm Drake etwas, das er nicht glauben konnte.

Otto schaute auf das Telefon in seiner Hand und klopfte dem Taxifahrer auf die Schulter. »Könnten Sie vielleicht, äh … anhalten, Sir?« Während das Taxi an den Straßenrand fuhr, hielt Otto den Hörer wieder an sein Ohr.

»Ich bin bereit«, war alles, was ihm noch zu sagen blieb.